GOTAS DE ALEGRÍA, CONSUELO Y SABIDURÍA PARA EL ALMA

365 reflexiones diarias

D1604188

GOTAS DE ALEGRÍA, CONSUELO Y SABIDURÍA PARA EL ALMA

365 reflexiones diarias

Hernandes Dias Lopes

editorial clie

EDITORIAL CLIE
C/ Ferrocarril, 8
08232 VILADECAVALLS
(Barcelona) ESPAÑA
E-mail: clie@clie.es
http://www.clie.es

Esta edición se publica con autorización de Editora Hagnos Ltda. Avenida Jacinto Júlio, 27 Cep 04815-160, São Paulo, SP, Brasil.

GOTAS DE ALEGRÍA, CONSUELO Y SABIDURÍA PARA EL ALMA
ISBN: 978-84-16845-39-2
Depósito Legal: B 11244-2017
VIDA CRISTIANA
Devocionales
Referencia: 225027

Sobre el autor

Hernandes Dias Lopes es graduado en Teología por el Seminario Presbiteriano del Sur, Campinas, SP, Brasil, y Dr. en Ministerio del Reformed Theological Seminary de Jackson, Misisipi, Estados Unidos. Es pastor de la Primera Iglesia Presbiteriana de Vitória, ES, Brasil, desde 1985. Conferenciante internacional y escritor, ha publicado más de 100 títulos en portugués.

Presentación

Existen circunstancias en nuestras vidas personales donde los sentimientos de *Alegría, Consuelo* y la necesidad de *Sabiduría* nos hacen buscar palabras y consejos donde apoyarnos en nuestro andar diario. Estar cansados y desconsolados, heridos en cuerpo y en alma, son fases normales en la vida; sin paz en el alma, sin sonrisa en los labios, sin amor en el corazón. A veces también nos toca vivir lo contrario a la alegría y debemos saber vivir el momento con gozo y generosidad. En una o otra etapa de nuestras vidas la Palabra de Dios tiene una *Gota para el alma* en forma de consejos y versículos para ayudarnos en nuestro caminar diario.

Deseamos de todo corazón que estas palabras en forma de devocional sean de ayuda en el camino y sirvan de descanso y guía junto con la fuente de vida que nunca se agota "Jesucristo nuestro Señor".

Gotas de Alegría…

Estad siempre Gozosos. Orad sin cesar. Dad gracias en todo, porque esta es la voluntad de Dios para con vosotros en Cristo Jesús (1 Tesalonicenses 5:16-18).

Gotas de Consuelo…

Nuestro Señor, dice el apóstol Pablo, es el "Dios de toda consolación" (2 Co 1.3).

El Espíritu Santo enviado de parte del Padre y del Hijo es el Consolador que estará para siempre con nosotros (Jn 14.16).

Gotas de Sabiduría…

Mejor es adquirir sabiduría que oro preciado y adquirir inteligencia vale más que la plata (Proverbios 16:16).

Introducción

Escribí estos devocionales con mucho cariño pensando en usted. Es una porción diaria como el maná que caía del cielo para alimentar al pueblo de Israel en el desierto. Son mensajes cortos, pero no vacíos; son breves, pero no superficiales; son extraídos de la Palabra de Dios y no fruto de la mera imaginación humana.

Son gotas diarias como el rocío que cae todas las noches. El rocío que cae sin hacer alarde. El rocío cae en las horas más oscuras de la noche. El rocío cae después del calor sofocante del día. El rocío cae para traer vida a la tierra. Mi ardiente expectativa es que estos mensajes diarios sean como rocío del cielo para su alma, trayendo sanidad, consuelo y entusiasmo a su vida.

Son gotas con una instrucción diaria para llevarles por el camino de la vida. Mi expectativa es que este devocional sea un libro de cabecera que le acompañe todos los días del año, sirviéndole de farol que le ilumine en los pasos, mostrándole el rumbo correcto, dándole instrucción segura sobre las mejores opciones que escoger.

Que el mismo Dios que inspiró el texto sagrado ilumine su corazón en la lectura y le dé gracia y poder para poner en práctica los principios aquí expuestos.

¡Comience su día leyendo una palabra, un consejo, en su devocional diario, unas *Gotas de Alegría, Consuelo y Sabiduría para el alma*!

Hernandes Dias Lopes

1

de enero

Un profundo contraste

> Porque Jehová conoce el camino de los justos; mas la senda de
> los malos perecerá.[1]
>
> **SALMOS 1:6**

El rey David hace un profundo contraste entre el impío y el justo. Mientras el impío es como paja que el viento dispersa, el justo es como un árbol plantado junto a una fuente. Mientras el impío está seco espiritualmente, el justo muestra verdor aun en los tiempos de sequía. Mientras el impío no produce frutos que agradan a Dios, el justo produce frutos en la estación correcta. Mientras el impío no tiene estabilidad y es lanzado de un lado para otro por el vendaval, el justo tiene sus raíces fijadas en el suelo de la fidelidad de Dios. Mientras las obras del impío son reprobadas por Dios, en todo cuanto hace el justo alcanza éxito. Mientras el impío busca la compañía de los escarnecedores, el justo se deleita en la ley del Señor. Mientras el impío no tendrá lugar en la asamblea de los santos ni prevalecerá en el juicio, el justo será conducido por Dios en la historia y recibido en la gloria. Mientras el camino del impío perecerá, el camino del justo es conocido por Dios. Es tiempo de que usted reflexione sobre su vida. ¿Quién es usted? ¿Dónde está su placer? ¿Dónde está su tesoro? ¿En cuál de estos dos moldes puede usted colocar su fotografía? Recuerde: El impío puede parecer feliz, pero su fin es trágico. El justo, no obstante, aun pasando por pruebas en la vida, ¡es bienaventurado!

2

de enero

Usted es alguien muy especial

Te alabaré, porque asombrosa y maravillosamente he sido hecho; maravillosas son tus obras, y mi alma lo sabe muy bien.

SALMOS 139:14 - LBLA[2]

Usted no es fruto del azar. Su vida fue planeada por Dios. Él pensó en usted antes de la fundación del mundo. Aun si sus padres no hubieran planeado su nacimiento, Dios sí lo planeó. Su concepción fue un acontecimiento extraordinario. Millones de espermatozoides hicieron la carrera de la vida, pero solo uno la ganó para fertilizar el óvulo, y por eso usted es esa persona singular. No existe nadie igual a usted. Dios lo tejió de forma asombrosamente maravillosa en el vientre de su madre. Dios vio su sustancia todavía informe. Antes de que sus huesos fueran formados, Dios ya lo conocía a usted. Él vio su corazón latir por primera vez. Vio su gestación y se alegró con su nacimiento. El amor de Dios siempre estuvo sobre su vida. Él jamás renunció a amarlo y atraerlo con cuerdas de amor. El amor de Dios por usted no fue escrito con letras de fuego en las nubes, sino demostrado en la cruz, cuando entregó a su Hijo unigénito para morir por sus pecados. Dios no escatimó a su propio Hijo, antes lo entregó para que usted pudiera tener vida, y vida en abundancia. Aunque el mundo entero lo desprecie, sepa que Dios lo ama y probó ese amor de forma superlativa.

La familia en crisis

Y el hombre respondió: "La mujer que me diste por compañera
me dio del árbol, y yo comí".

GÉNESIS 3:12

El pecado entró en la familia y dañó las relaciones. Nuestros primeros padres perdieron la comunión con Dios y, llevados por el miedo, se escondieron. Perdieron la comunión conyugal; y, en lugar de armonía en el matrimonio, surgieron acusaciones. Perdieron la paz interior y, por eso, fueron atormentados por la culpa. El matrimonio dejó de ser un jardín y llegó a ser un desierto lleno de espinos. Los hijos nacieron, crecieron y se hicieron prósperos, pero las relaciones estaban enfermas. Caín sintió envidia de su hermano Abel. En lugar de imitar sus virtudes, lo mató con tintes de crueldad. Todavía hoy, hay muchas familias en crisis. Los cónyuges ya no se entienden. Las palabras de cariño se han transformado en acusaciones despiadadas o en silencio frío. Los hijos, en lugar de ser amigos, se entregan a una competencia llena de celos. La familia que fue creada por Dios para ser reducto de seguridad y amor se ha transformado en la arena de las disputas más exacerbadas, de los dolores más profundos y del desprecio más cruel. La familia ha sido bombardeada con rigor excesivo tanto en los tribunales como en las calles. Torpedos mortíferos han sido lanzados sobre la familia para destruirla. ¡La única solución para una familia que está en crisis es volverse a Dios!

4
de enero

¡No tenga miedo, tenga fe!

Y les dijo: "¿Por qué estáis así amedrentados? ¿Cómo no tenéis fe?".

MARCOS 4:40

Los discípulos de Jesús atravesaban el mar de Galilea por orden suya. El Maestro, cansado del trajín del día, dormía sobre un cabezal, en la popa del barco. De repente, sobrevino una tempestad y el barco comenzó a ser lanzado de un lado hacia el otro por el vendaval. Los discípulos intentaron resolver el problema por sus propias fuerzas, pero el mar se hacía cada vez más bravo y el barco no obedecía ninguna orden. Mientras la embarcación se llenaba de agua, los discípulos se llenaban de miedo. Asaltados por el fantasma del miedo, no vieron otra alternativa que despertar a Jesús y gritar: "Maestro, ¿no tienes cuidado que perecemos?". Jesús despertó, reprendió el viento, calmó el mar y preguntó a sus discípulos: "¿Por qué estáis así amedrentados? ¿Cómo no tenéis fe?". ¿Por qué ellos debían tener fe y no miedo? Primero, por causa de la palabra de Jesús: "Pasemos al otro lado". Segundo, por causa de la presencia de Jesús con ellos. Tercero, por causa de la paz de Jesús, que, aunque la tempestad crecía, dormía serenamente. Cuarto, por causa del poder de Jesús, el creador de la tierra y del mar. En el camino de la vida, nosotros también somos sorprendidos por tempestades. No siempre conseguimos administrar esas crisis. Pero si Jesús va con nosotros, no necesitamos tener miedo; ¡debemos tener fe!

de enero

El drama de los celos

Le respondieron sus hermanos: "¿Reinarás tú sobre nosotros, o señorearás sobre nosotros?". Y le aborrecieron aún más a causa de sus sueños y sus palabras.

GÉNESIS 37:8

El celo es hermano gemelo de la envidia. Nació del mismo vientre, tiene la misma naturaleza y produce los mismos frutos amargos. La familia de Jacob era un caldero en ebullición. Sus hijos no eran trigo limpio. José pasó malos momentos en las manos de sus hermanos, que tenían celos de él, pues era el hijo predilecto de su padre. Un día resolvieron matarlo. Pero, por la intervención de Rubén, acabaron tomando una decisión menos radical. Lo vendieron como esclavo en Egipto. Por providencia divina, ese percance terminó siendo usado por Dios para salvar a la propia familia de Jacob. No obstante, la soberanía de Dios no anula la responsabilidad humana. Muchas familias todavía sufren por causa de los celos. Existen padres que comenten el error de amar más a un hijo que a otro. Existen padres que siembran discordia entre los hijos, demostrando favoritismo por un hijo en detrimento del otro. Existen hermanos que, en lugar de vivir como amigos, se comportan como competidores. En lugar de alegrarse con el éxito del otro, no miden esfuerzos para derrotarlo y destruirlo. El celo es una actitud mezquina. El celo es un pecado que ofende a Dios, atormenta el alma, enferma a la familia y amenaza al prójimo.

6

de enero

Jesús es nuestra paz

Porque Él [Jesús] es nuestra paz.

EFESIOS 2:14

La paz no es ausencia de problemas, es confianza en medio de la tempestad. Es el triunfo de la fe sobre la ansiedad. Es la confianza plena de que Dios está al control de la situación, aunque las riendas de nuestra historia no estén en nuestras manos. La paz no es un puerto seguro a donde llegar, sino la manera como navegamos en los mares revueltos de la vida. La paz no es simplemente un sentimiento, es sobre todo una persona, una persona divina. Nuestra paz es Jesús. Por medio de Cristo tenemos paz con Dios, pues en Él fuimos reconciliados con Dios. En Cristo tenemos la paz de Dios, la paz que excede todo entendimiento. Paz con Dios tiene que ver con relacionarse. Paz de Dios tiene que ver con sentimiento. La paz "de" Dios es resultado de la paz "con" Dios. Cuando nuestra relación está bien con Dios, entonces experimentamos la paz de Dios. Esa paz coexiste con el dolor, se mezcla con las lágrimas y sobrevive a la muerte. Esa es la paz que excede todo entendimiento. Es la paz que el mundo no conoce, no puede dar ni puede quitar. Es la paz venida del cielo, la paz que emana del trono de Dios, fruto del Espíritu Santo. ¿Usted conoce esa paz y disfruta de ella? ¿Ha sido inundado por ella? Esa paz está a su disposición ahora mismo. ¡Basta entregar su vida al Señor Jesús!

7
de enero

El Espíritu Santo, nuestro consolador

Y yo rogaré al Padre, y os dará otro Consolador, para que esté con vosotros para siempre.

JUAN 14:16

La vida es una jornada llena de tempestades. Es un viaje por mares revueltos. En esa aventura navegamos las aguas turbulentas del mar de la vida, cruzamos desiertos tórridos, subimos montañas escarpadas, descendemos valles oscuros y atravesamos puentes estrechos. Son muchos los peligros, enormes las aflicciones, dramáticos los problemas enfrentados en este camino. La vida no es sin dolor. Pero, en este camino sembrado de espinos, no caminamos solos. Tenemos un consolador. Jesús, nuestro Redentor, murió en la cruz por nuestros pecados y resucitó para nuestra justificación. Venció al diablo y desbarató el infierno. Triunfó sobre la muerte y nos dio victoria sobre el pecado. Subió al cielo y envió al Espíritu Santo para que esté para siempre con nosotros. Él es el Espíritu de Cristo, que vino para exaltar al Hijo de Dios. Él es el Espíritu de verdad, que vino para enseñarnos y hacernos recordar todo lo que Cristo nos enseñó. Él es el otro consolador, aquel que refrigera nuestra alma, nos alegra el corazón y nos hace cantar aun en el valle del sufrimiento. El consuelo no viene de dentro, viene de arriba. No viene del hombre, viene de Dios. No viene de la tierra, viene del cielo. ¡No es resultado de autoayuda, sino de la ayuda de lo alto!

8
de enero

El significado de la Pascua

Y cuando os dijeren vuestros hijos: "¿Qué es este rito vuestro?",
vosotros responderéis: "Es la víctima de la pascua de Jehová".

ÉXODO 12:26-27

La Pascua es una fiesta judeocristiana. Su significado es "paso". La Pascua marcó la salida del pueblo de Israel del cautiverio de Egipto. Después de 430 años en la tierra de los faraones, Israel estaba subyugado por los egipcios, en un amargo cautiverio. Bajo el látigo de los verdugos y sometido a trabajos forzados, el pueblo gemía y clamaba a Dios por su liberación. Dios vio el sufrimiento del pueblo, oyó su clamor y descendió para librarlo. Moisés estaba en Madián, apacentando los rebaños de su suegro, cuando Dios lo convocó para volver a Egipto para librar a su pueblo. La orden de Dios al Faraón era urgente: "Deja ir a mi pueblo". El corazón del Faraón se endureció, y Dios juzgó la tierra de Egipto, destronando sus divinidades y enviando diez plagas para asolar aquella tierra y quebrar el orgullo del Faraón. La última plaga fue la muerte de los primogénitos. Todas las familias israelitas debían matar un cordero y pasar su sangre en los dinteles de las puertas. Aquella noche, el ángel de Dios vendría y, al ver la sangre en el dintel de las puertas, pasaría de largo. En todas las otras casas, la espada de la muerte cortaría a los primogénitos. Ni siquiera el hijo del Faraón escapó. Esa noche, Israel fue librado por la sangre del cordero y salió de la esclavitud rumbo a la tierra prometida.

9
de enero

Gemidos indecibles

… pero el Espíritu mismo intercede por nosotros con gemidos indecibles.

ROMANOS 8:26B

E l apóstol Pablo habla sobre tres gemidos presentes en el mundo: los gemidos de la naturaleza, los gemidos de la iglesia y los gemidos del Espíritu Santo. La naturaleza gime aguardando la redención. Ahora ella está bajo el cautiverio de la corrupción, pues el pecado del hombre alcanzó por completo la naturaleza. Ella sufre contorsiones intestinales y cólicos severos. La iglesia también gime aguardando la plena redención, cuando tendremos un cuerpo de gloria, una recompensa eterna. Pero Pablo habla aún sobre los gemidos indecibles del Espíritu. Un gemido es una expresión de dolor tan profunda que no puede ser descrita con palabras. El Espíritu Santo es Dios e intercede por nosotros de forma tan intensa y agónica, que, aun conociendo todos los idiomas y dialectos de todos los pueblos, de todos los tiempos, no encuentra una única lengua para interceder por nosotros, en nosotros, al Dios que está sobre nosotros. ¡Entonces, gime! Los gemidos del Espíritu nos hablan sobre su compromiso de consolarnos en nuestro dolor, fortalecernos en nuestras debilidades, y animarnos en nuestras angustias. Los gemidos del Espíritu nos abren el camino de una felicidad verdadera y eterna. Una vez que Él intercede por nosotros y en nosotros, con gemidos indecibles, ¡podemos cantar ahora y eternamente!

10
de enero

Somos la morada de Dios

Y harán un santuario para mí, y habitaré en medio de ellos.

Éxodo 25:8

Moisés recibió una orden de Dios para construir un santuario porque había decidido venir a morar con su pueblo. Ese tabernáculo debía ser hecho de madera de acacia, una madera dura, retorcida y llena de nudos, símbolo de nuestra naturaleza pecaminosa. Moisés debía cerrar tablas iguales, unir unas a las otras por medio de engastes y colocarlas de pie sobre una base de plata. Después, debía revestirlas de oro puro, símbolo de la gloria de Dios. Quien mirara el tabernáculo no vería acacia, sino oro. Eso es un símbolo de lo que Dios hizo por nosotros cuando nos cubrió con la justicia de Cristo. Dios no nos ve según nuestros pecados; más bien, nos ve revestidos con la perfecta justicia de su Hijo. La acacia de nuestro pecado fue cubierta por el oro de la justicia de Cristo. Si el santuario es símbolo de la iglesia, el arca de la alianza que estaba dentro del santuario es símbolo de Cristo. Somos la morada de Dios. Cristo habita en nosotros. Somos el santuario del Espíritu Santo. Ni siquiera los cielos, en su grandeza, pueden contener a Dios, pero Él resolvió descender y habitar entre nosotros y en nosotros. ¡Qué verdad gloriosa! ¡Qué noticia propicia! ¡Qué privilegio bendito!

11

No construya monumentos
a su dolor

Y ella les respondía: "No me llaméis Noemí, sino llamadme Mara;
porque en grande amargura me ha puesto el Todopoderoso".

RUT 1:20

L a familia de Noemí moraba en Belén, la "casa del pan". Pero hubo un
día en que faltó pan en la casa del pan, y esa familia se mudó para Moab
en busca de supervivencia. En Moab encontraron la muerte, no la vida. Allí
Noemí sepultó a su familia. Ahora, ella está avanzada de edad, viuda y pobre
en una tierra extraña. Noemí regresó a su tierra cuando supo que Dios visitó
a Belén con pan. Rut, su nuera, le mostró admirable afecto y acompañó a su
suegra. Al llegar a Belén, Noemí erigió un monumento a su dolor, y cambió
su nombre. Ella dijo a las mujeres de Belén: "No me llaméis Noemí, sino
llamadme Mara; porque en grande amargura me ha puesto el Todopoderoso".
Noemí significa 'feliz', y Mara, 'amargura'. Contrariando el significado de su
nombre original, Noemí vistió el manto de la tristeza y plantó en el suelo de
su tierra natal un monumento a su desventura. Atribuyó a Dios todo aquel
caudal de sufrimiento, diciendo: "Yo me fui llena, pero Jehová me ha devuelto
con las manos vacías. ¿Por qué me llaméis Noemí, ya que Jehová ha dado
testimonio contra mí, y el Todopoderoso me ha afligido?" (v. 21). Noemí no
sabía en su dolor que Dios estaba escribiendo uno de los más bellos capítulos
de la historia. Dios todavía está trabajando en su vida. No construya monu-
mentos a su dolor.

12
de enero

La ley del Señor restaura el alma

La ley de Jehová es perfecta, que convierte el alma…
SALMOS 19:7A

Los cielos cuentan la gloria de Dios y el firmamento anuncia la obra de sus manos. Vemos en el esplendor del universo su poder y en la obra de la creación su majestad. Dios dejó sus huellas impresas en la creación. La magnitud de los mundos estelares, las galaxias con sus múltiples soles y estrellas, todo es prueba de la grandeza insondable del Creador. Si la naturaleza, no obstante, proclama un mensaje a los ojos, la ley del Señor anuncia un mensaje a los oídos. Si la creación anuncia el poder de Dios, su ley habla con respecto a su gracia. La ley del Señor es fuente de consuelo porque es perfecta y restaura el alma. Los corazones más atribulados encuentran en la Palabra de Dios una fuente de refrigerio. Los que caminan errantes ven en ella una luz que les alumbra el camino. Los que yacen en las sombras espesas de la confusión mental reciben de la Palabra verdadera sabiduría. Por intermedio de la Palabra encontramos vida, pues ella es espíritu y vida. Encontramos libertad, pues Jesús dijo: "Conoceréis la verdad y la verdad os hará libres" (Juan 8:32). Por intermedio de la Palabra somos sondeados por Dios, pues, a medida que la leemos, ella nos investiga. Por la Palabra somos santificados, pues Jesús afirmó en su oración: "Santifícalos en tu verdad; tu palabra es verdad" (Juan 17:17). Dwight L. Moody dijo con razón: "La Palabra lo apartará del pecado, o el pecado lo apartará de la Palabra".

13
de enero

La felicidad,
un aprendizaje constante

… pues he aprendido a contentarme, cualquiera que sea mi situación.

FILIPENSES 4:11B

El apóstol Pablo se encontraba preso en Roma. Estaba en el corredor de la muerte, en la antesala del martirio, con los pies en la sepultura y la cabeza en la guillotina romana. Viejo, traía en el cuerpo las marcas de Cristo. Pasaba por pruebas y privaciones. Pero, lejos de vivir amargado con la vida, declaró: "He aprendido a contentarme, cualquiera que sea mi situación". La felicidad no es una realidad que está fuera de nosotros, sino una actitud interior. Hay personas que tienen todo, pero no poseen nada. Hay ricos pobres y pobres ricos. Hay individuos que están encerrados en cadenas, pero su corazón vive en el paraíso. Otros pisan tapetes aterciopelados, pero su alma vive en el tormento del infierno. La felicidad no es algo automático. Es un aprendizaje. Somos felices cuando nuestra fuente de placer está en Dios y no en las cosas; cuando nuestra alma encuentra deleite en el proveedor y no en la provisión. Dios, y no las cosas, es el manantial de nuestra felicidad. ¿Usted ya se matriculó en la escuela del contentamiento? ¿Ya aprendió la tarea? La escuela de la vida es diferente de la escuela convencional. La primera da la lección y después la prueba; la escuela de la vida da primero la prueba y después enseña la lección.

23

14
de enero

Dios enjugará toda lágrima de sus ojos

Enjugará Dios toda lágrima de los ojos de ellos.

APOCALIPSIS 21:4A

La vida no es indolora. Nuestro camino en este mundo está marcado por sinsabores, decepciones, debilidad, angustias, sufrimiento y muerte. Aquí cruzamos desiertos tórridos, descendemos a valles profundos, atravesamos pantanos peligrosos. Nuestros pies son heridos, nuestro corazón, afligido y nuestra alma gime de dolor. No caminamos, sin embargo, rumbo a un atardecer lleno de incertidumbre. El fin de nuestra jornada no es una tumba helada, sino la bienaventuranza eterna. Entraremos en la ciudad celestial con vestiduras blancas y con palmas en las manos. Celebraremos un cántico de victoria y daremos gloria por los siglos de los siglos al Cordero de Dios que murió por nosotros, resucitó, subió al cielo y volverá en gloria para buscar a su iglesia. Tendremos un cuerpo inmortal, incorruptible, poderoso, glorioso y celestial, semejante al cuerpo de la gloria de Cristo. Dios enjugará toda lágrima de nuestros ojos. Los recuerdos del sufrimiento quedarán atrás. En la Nueva Jerusalén, en la ciudad santa, en el Paraíso, en la casa del Padre, no habrá dolor, ni luto ni llanto. Allí reinaremos con Cristo y disfrutaremos de las grandes bendiciones que Él preparó para nosotros. Nuestra tribulación aquí, por más severa, solo será leve y momentánea, comparada con las glorias por venir que serán reveladas en nosotros. ¡Nuestro llanto puede durar una noche entera, pero la alegría vendrá por la mañana!

15
de enero

El drama del luto

Entonces Job se levantó, y rasgó su manto, y rasuró su cabeza,
y se postró en tierra y adoró.

JOB 1:20

El luto es el dolor más agudo que asola nuestra alma. No existe ninguna familia que escape de ese drama. No es fácil ser privado de la compañía de alguien que amamos. No es fácil enterrar a un ser querido o a un amigo de infancia. No es fácil lidiar con el luto. He pasado varias veces por ese valle de dolor y sombras. Perdí a mis padres, tres hermanos y sobrinos. Sufrí amargamente. Pasé noches sin dormir y madrugadas de insomnio. Mojé mi almohada y lloré en la soledad de mi cuarto. El dolor del luto resuena en el alma, aprieta el pecho, aplasta el corazón, arranca lágrimas de los ojos. Jesús lloró en la tumba de Lázaro, y los siervos de Dios plañían sus muertos. Hay, no obstante, consuelo para los que lloran. Aquellos que están en Cristo tienen una viva esperanza, pues saben que Jesús ya venció la muerte. Él mató a la muerte y arrancó su aguijón. Ahora la muerte ya no tiene más la última palabra. Jesús es la resurrección y la vida. Aquellos que creen en Él nunca morirán eternamente. Ahora lloramos el dolor de la nostalgia, pero no el sentimiento de la pérdida. Solo perdemos a quien no sabemos dónde está. Cuando enterramos a nuestros muertos, sabemos dónde están. Ellos están en el cielo con Jesús. Para los hijos de Dios, morir es dejar el cuerpo y morar con el Señor. Es partir para estar con Cristo, lo que es incomparablemente mejor. ¡Los que mueren en el Señor son bienaventurados!

16
de enero

La oveja buscada

> ¿Qué hombre de vosotros… no deja las noventa y nueve [ovejas]
> en el desierto, y va tras la que se perdió, hasta encontrarla?
>
> LUCAS 15:4

En la parábola que Jesús contó sobre la centésima oveja, el pastor no desistió porque ella se había apartado del rebaño. El pastor podría haber encontrado justificaciones posibles para abandonar a esa oveja perdida a su propia suerte. Tal vez él ya le había advertido sobre los peligros de la soledad. Tal vez el pastor ya había atrapado a aquella oveja distanciándose del rebaño y caminando en dirección a lugares peligrosos. Tal vez el pastor podría haberse alegrado por el hecho de que todavía tenía seguras noventa y nueve ovejas que estaban bajo su cuidado y protección. El pastor no discutió las razones de la caída de la oveja. Él fue a buscarla. Enfrentó riesgos para rescatarla. No volvió al aprisco hasta traerla en sus brazos. Jesús no desiste de usted, aun cuando usted tropieza y cae. El amor de Cristo por usted es incondicional. Él no renuncia al derecho de tenerlo en sus brazos. Él descendió de la gloria para buscar y salvar al perdido. Para rescatarlo a usted de la muerte, Él soportó la muerte, muerte de cruz. Para darle la vida eterna, Él bebió el cáliz amargo de la ira de Dios. Sufrió el castigo que sus pecados merecen. ¿Usted ya fue hallado por el divino pastor?

17
de enero

La oveja hallada

Y cuando la encuentra, la pone sobre sus hombros gozoso.

LUCAS 15:5

En la parábola de la centésima oveja, el pastor buscó, encontró y festejó la recuperación de la oveja perdida. Al encontrar la oveja no la aplastó con su cayado, sino que la tomó en sus brazos. No la echó por haber creado problemas, sino que la cargó en sus hombros. No se enojó por el precio del rescate, sino que festejó con los amigos el rescate de la oveja perdida. Necesitamos no solo ir a buscar a la centésima oveja, sino también alegrarnos con su restauración. Hay fiesta en los cielos por un pecador que se arrepiente. La iglesia es el lugar de la vida y la restauración. La iglesia es el lugar de sanidad y perdón. La iglesia es el lugar de la aceptación y la reconciliación. No es suficiente con alegrarnos con las ovejas que están seguras en el aprisco; debemos buscar la centésima oveja que se extravió. Jesús fue al encuentro de Pedro después de su caída para restaurar su alma. Nosotros, de igual forma, debemos ir a buscar a aquellos que otrora estuvieron con nosotros y hoy están distantes. Estas personas deben ser objeto de nuestra oración y de nuestro cuidado pastoral. No debemos descansar hasta verlas restauradas por Dios e incorporadas a su rebaño.

18
de enero

La felicidad como resultado de lo que evitamos

Porque: el que quiere amar la vida y ver días buenos, refrene su lengua de mal, y sus labios no hablen engaño.

1 PEDRO 3:10

La felicidad es resultado de aquello que evitamos y no solamente de aquello que hacemos. El salmo 1 inicia así el salterio: "Bienaventurado el varón que no anduvo en consejo de malos, Ni estuvo en camino de pecadores, Ni en silla de escarnecedores se ha sentado". Hay tres progresos en este versículo. El primero es: andar, estar, sentarse. El segundo es: consejo, camino y silla. El tercero es: malos, pecadores, escarnecedores. Somos felices en la proporción que huimos de determinados lugares, rehusamos determinadas propuestas y nos apartamos de determinadas personas. Frecuentar lugares equivocados, vivir de acuerdo con patrones errados y andar en la compañía de las personas equivocadas, forman el camino más rápido para la infelicidad. La felicidad consiste en el coraje de romper con determinadas amistades, decir un sonoro no a determinadas propuestas y huir de determinados lugares. Cuando dejamos de hacer estas cosas, somos felices, muy felices. Este concepto está en el entramado del hedonismo contemporáneo. Los medios intentan influenciarnos diciendo que la felicidad es el manjar más delicioso servido en el banquete del pecado, pero esos aperitivos, aunque dulces al paladar, son amargos en el estómago; aunque proporcionen instantes de placer, acarrean tormentos eternos.

19

Un hombre llamado por Jesús

Y les dijo Jesús: "Venid en pos de mí, y haré que seáis pescadores de hombres".

MARCOS 1:17

Pedro es considerado, con justa razón, uno de los mayores líderes del cristianismo. Fue indiscutiblemente el gran portavoz del colegio apostólico. Siempre estaba al frente de las grandes discusiones. Aun en las crisis más aciagas, ocupaba la delantera del grupo. Pedro siempre encabeza todas las listas de los apóstoles de Jesús que encontramos en los evangelios. El libro de Hechos dedica los doce primeros capítulos para destacar su ministerio. Nacido y criado a las orillas del mar de Galilea, llegó a ser un pescador. A pesar de ser un hombre de actitudes rudas e iletrado, Jesús vio en él un gran líder y lo llamó para integrar su selecto grupo de apóstoles. Pedro dejó sus redes para seguir a Jesús. Caminó con Jesús tres años, recorriendo las polvorientas calles de Galilea y subiendo los peñascos de Judea. Oyó de los labios del Maestro las mayores verdades y vio por intermedio de sus omnipotentes manos los mayores milagros. Aun fuera de la academia, cursó el mayor de los seminarios con el mayor de todos los maestros, oyendo y viendo las mayores maravillas. Pedro fue salvado por Jesús y escogido para proclamar esa salvación a millares de personas. Hoy, Jesús también lo llama a usted a la salvación. No espere más, corra hacia sus brazos y encuentre en Él el perdón, la salvación y la paz.

20
de enero

Jóvenes sin ningún defecto

Muchachos en quienes no hubiese tacha alguna, de buen parecer, enseñados en toda sabiduría.

DANIEL 1:4A

Daniel y sus tres amigos fueron llevados cautivos a Babilonia después de una invasión cruel a la ciudad de Jerusalén. Estos jóvenes hebreos perdieron sus familias, sus bienes y su independencia política. Llegaron a ser esclavos en tierra extraña. No obstante, en medio de tanta tragedia, una oportunidad se abrió delante de ellos. Entre los cautivos, Nabucodonosor buscó jóvenes sin ningún defecto y los seleccionó para que fueran al palacio a aprender la lengua y la cultura de los caldeos, y les garantizó después empleo en el primer escalón del gobierno. Estos jóvenes comerían en la mesa del rey y beberían de su vino. Pero detrás de esa oportunidad se escondía una trampa mortal. Aquellos muchachos necesitaban pasar por una aculturación y tendrían que desterrar de su mente la fe en Dios. Daniel resolvió firmemente en su corazón no contaminarse. Él no negoció sus valores. No transigió con su conciencia. Se mantuvo fiel tanto en la adversidad como en la prosperidad. Dios lo honró y tanto él como sus amigos fueron aprobados y distinguidos entre los demás jóvenes. ¿Usted ha sido fiel a Dios en la adversidad y en la prosperidad? ¿Ha influenciado el medio en el que vive? ¿Ha resistido las presiones y seducciones? ¿Se ha mantenido fiel aun frente a los riesgos y las oportunidades? Recuerde: ¡Dios honra a aquellos que lo honran!

21

Un hombre usado por Jesús

Apacienta mis corderos.

JOB 11:15B

Pedro no solo fue restaurado por Jesús, también fue comisionado a pastorear el rebaño de Jesús. Revestido con el poder del Espíritu Santo, aquel pescador llegó a ser un intrépido predicador. Aquel que negara a Jesús delante de una sierva en la casa del sumo sacerdote, ahora se enfrentaba a las autoridades de Jerusalén con coraje asombroso. Aquel que huyera en la oscuridad de la noche, ahora se enfrentaba a la multitud y los acusaba de haber matado al autor de la vida. Aquel que estaba encerrado en el cenáculo con miedo por los judíos, ahora proclamaba con osadía la resurrección de Jesús y veía a millares de personas rindiéndose a los pies del Salvador. Pedro fue llamado por Jesús, restaurado por Jesús y capacitado por Jesús. Llegó a ser un gran predicador. Abrió la puerta del reino con la llave del evangelio tanto para los judíos como para los gentiles. Predicó a los oídos y a los ojos. Predicó las grandes doctrinas de la gracia e hizo grandes maravillas. Las personas oyeron su voz y vieron sus obras. Él llegó a ser un gran líder, una de las columnas de la iglesia de Jerusalén, además de un gran escritor. Sus dos cartas son verdaderos memoriales de la gracia de Dios, animando al pueblo de Dios disperso por el mundo a enfrentar el sufrimiento con inquebrantable confianza en Cristo.

22
de enero

El cordero sustituto

Dios se proveerá de cordero para el holocausto, hijo mío.

GÉNESIS 22:8B

Abraham ya había pasado por varias pruebas. Pero ahora se enfrentaba a la mayor de todas. Después de esperar veinticinco años para recibir al hijo de la promesa, después de ver a Isaac nacer como resultado de un milagro y después de verlo crecer como la consumación de sus sueños, Dios se le aparece y le pide a Isaac en sacrificio. Abraham, sin dudar del poder divino para resucitar a su hijo, partió hacia el monte Moriah, en resuelta obediencia. Abraham amaba a Isaac más que a sí mismo, pero amaba a Dios más que a Isaac. Cuando llegaron al monte del sacrificio, Isaac le preguntó: "He aquí el fuego y la leña; mas ¿dónde está el cordero para el holocausto?" (v. 7). El viejo patriarca respondió: "Dios se proveerá de cordero para el holocausto, hijo mío". Abraham preparó el altar y allí ofreció a su hijo. Sin embargo, Dios no quería el sacrificio de Isaac, sino el amor de Abraham. El propósito de Dios era mostrar, de forma elocuente, lo que Él mismo haría en el calvario. Para Isaac, hubo un cordero sustituto, pero Dios no perdonó a su propio hijo; antes, por todos nosotros lo entregó. No hay mayor prueba del amor que esta. El apóstol Pablo dice que Dios prueba su propio amor para con nosotros por el hecho de que Cristo murió por nosotros, siendo nosotros aún débiles, impíos, pecadores y enemigos. ¡Qué gran amor! ¡Qué eterno amor!

23
de enero

Condenada por los hombres, perdonada por Jesús

Entonces Jesús le dijo: "Ni yo te condeno; vete, y no peques más".

JUAN 8:11B

Jesús revela el amor de Dios a la mujer atrapada en flagrante adulterio (Juan 8:1-11). Los acusadores santurrones, aun torciendo la ley, hablaban en nombre de la ley para condenar. La mujer nada tenía a su favor que le pudiera traer esperanza. Lo único que ella podía esperar de aquella vergonzosa escena era la muerte inevitable y dolorosa. Jesús, sin embargo, no actúa por presión de la multitud sedienta de sangre ni se deja engañar por las artimañas humanas. El recto Juez discernió los propósitos malignos que gobernaban a los acusadores. En lugar de exponer a la pecadora a una situación todavía más humillante, Jesús levantó la punta del velo y aguijoneó la conciencia de los acusadores, diciendo que aquellos que estaban libres de pecado podrían comenzar el apedreamiento. En ese ínterin, Jesús escribió con el dedo algo en el suelo. Tal vez apuntó en letras audaces los pecados ocultos de los acusadores implacables. Tal vez sacó a la luz plena de la mañana las iniquidades ocultas de aquellos que estaban listos a condenar. Después que todos los acusadores se apartaron, avergonzados por sus propios pecados, Jesús, sin disculpar el adulterio de la mujer, pero abriéndole una fuente de esperanza, le preguntó: "Mujer, ¿dónde están los que te acusaban? ¿Ninguno te condenó…? Ni yo te condeno; vete, y no peques más" (v. 10:11). Ahora mismo Jesús también puede perdonar sus pecados.

24
de enero

La gracia es mayor que el pecado

… mas cuando el pecado abundó, sobreabundó la gracia.

ROMANOS 5:20B

Jesús no le dijo a la mujer sorprendida en adulterio que su pecado era algo sin importancia. No pasó por alto su delito, subestimando la gravedad de su culpa. Jesús le mostró la necesidad inmediata del rompimiento radical con la práctica del pecado. Sin embargo, en lugar de condenarla, le ofreció perdón. En aquel tribunal, el único que tenía la autoridad para condenar a aquella mujer era Jesús, pero Él la perdonó. Dios no se complace con la muerte del impío; por el contrario, desea que se arrepienta y viva. El autor de Hebreos nos habla de ese perdón lleno de misericordia: "Porque seré propicio a sus injusticias, y nunca más me acordaré de sus pecados y de sus iniquidades" (8:12). La mujer arrojada a los pies de Jesús no profiere ninguna palabra en su defensa. Ella se ve humillada, acusada, indefensa, a merced del juicio. Pero recibe gracia en lugar de justicia; perdón, en lugar de condenación; misericordia, en lugar de justicia. Muchas personas intentan evitar su conciencia y declararse inocentes a sí mismos. Esta mujer no se disculpó. Su silencio frente a las acusaciones fue una confesión contrita. Entonces, Jesús le perdona el pecado inmediatamente, completamente, cabalmente. De igual forma, Jesús también puede perdonar sus pecados y darle a usted la seguridad de la salvación.

25
de enero

El drama de la infidelidad

Honroso sea en todos el matrimonio, y el lecho sin mancilla;
pero a los fornicarios y a los adúlteros los juzgará Dios.

HEBREOS 13:4

Los fundamentos de nuestra sociedad están siendo destruidos. Los valores morales están siendo invertidos. Aplaudimos hoy lo que debería merecer la más contundente reprobación. La infidelidad conyugal dejó de ser una excepción en esta sociedad decadente. Hoy, más del cincuenta por ciento de las personas casadas son infieles a su cónyuge hasta la edad de los cuarenta años. Eso es un atentado contra el matrimonio y señala un colapso en la familia. Los valores morales absolutos están siendo pisoteados en los medios de comunicación y en las cortes judiciales. Las verdades que sustentaron, como columna, la sociedad a lo largo de los siglos, están siendo escarnecidas en las calles y ridiculizadas en nuestros tribunales. El matrimonio ha llegado a ser una experiencia pasajera. Se cambia de cónyuge como se cambia de ropa. La sociedad aplaude el concepto equivocado de que "el amor es eterno mientras dura". La infidelidad conyugal es vista como una conquista, no como una señal de decadencia. Es incentivada, en lugar de ser combatida. Los frutos de la infidelidad conyugal, no obstante, son desastrosos. El fin de esa línea es vergüenza y muerte. Los adúlteros no heredarán el reino de Dios. Quien comete adulterio está fuera de sí, y solamente aquellos que quieren destruirse cometen tal locura.

26
de enero

El tribunal de Dios
y el tribunal de los hombres

Misericordioso y clemente es Jehová; lento para la ira, y grande
en misericordia.

SALMOS 103:8

¿Cuál es el tribunal más austero: el tribunal de Dios o el tribunal de los
hombres? El tribunal de los hombres es más difícil de ser enfrentado
que el tribunal de Dios. Fue por esta razón que, cuando David tuvo que escoger entre el juicio de Dios y el juicio de los hombres, prefirió caer en las manos
de Dios y no en las manos de los hombres. David dijo: "Caigamos ahora en
mano de Jehová, porque sus misericordias son muchas, mas no caiga yo en
manos de hombres" (2 Samuel 24:14b). En el tribunal de los hombres, un
Juan el Bautista va a parar a la prisión y será decapitado, mientras un Herodes
adúltero y asesino ocupa el trono. En el tribunal de Dios, un ladrón condenado a muerte, encuentra perdón y es salvado en la hora de su ejecución; pero,
en el tribunal de los hombres, el propio Hijo de Dios, inocente y santo, es
condenado a muerte. En el tribunal de los hombres, José en Egipto, aun siendo inocente es llevado a prisión, y la mujer de Potifar, que intentó seducirlo,
es considerada acosada e inocente. En el tribunal de los hombres, Jesús va a la
cruz y Barrabás toma las alas de la libertad. En el tribunal de Dios, la justicia
se sienta en el trono, pero en el tribunal de los hombres, muchas veces, la
injusticia desbanca a la justicia. En el tribunal de Dios hasta el culpable arre-
pentido encuentra perdón; en el tribunal de los hombres hasta los inocentes
son tenidos como culpables.

27
de enero

Arrepentimiento
y frutos del arrepentimiento

Los mandamientos de Jehová son rectos, que alegran el corazón.

SALMOS 19:8A

Jesús perdona el pecado de la mujer sorprendida en adulterio y la despide en paz, pero con una condición: "Vete y no peques más" (Juan 8:11). No es arrepentimiento y nuevamente arrepentimiento, sino arrepentimiento y frutos de arrepentimiento. Arrepentimiento implica cambio de vida, significa no volver a las mismas prácticas de pecado. Cristo nos perdona, pero tenemos que andar el camino estrecho de la nueva vida y abandonar el camino largo del pecado. No se engañe: el pecado parece dulce al paladar, pero es amargo en el estómago. El pecado parece atractivo y apetitoso, pero su fin es la esclavitud y la muerte. El pecado es un fraude, y el diablo, un estafador. Él disfraza la mentira y muestra el pecado como algo apetitoso, pero detrás de ese cebo se esconde el anzuelo de la muerte. El pecado promete placer y paga con tormento; promete libertad y esclaviza; promete vida y mata. El placer es momentáneo, pero su tormento no tiene pausa. El pecado es una farsa, pues termina en la soledad y después conduce a la condenación eterna. El pecado es el mayor de todos los males. Es peor que la soledad, el dolor, la pobreza y la muerte. Todos estos males, aunque sean crueles, no pueden apartarlo a usted de Dios, pero el pecado lo aparta de Dios ahora y eternamente. No huya de Dios por causa del pecado; huya del pecado hacia Dios. ¡En Él hay perdón, salvación y paz!

28
de enero

La felicidad como resultado de lo que hacemos

Sino que en la ley de Jehová está su delicia, y en su ley medita
de día y de noche.

SALMOS 1:2

La felicidad no tiene solo una dimensión negativa; sobre todo tiene un aspecto positivo. Ya vimos que somos felices por lo que evitamos. Ahora, veremos que somos felices por lo que hacemos. El portal del salterio dice: "Me deleito en tus mandamientos, los cuales amo". La Palabra de Dios es nuestra fuente de placer y alegría. En ella debemos meditar de día y de noche. La Palabra de Dios es viva y eficaz. Cuando la leemos, ella nos lee; cuando la examinamos, ella nos investiga; cuando nos nutrimos de ella, ella nos alimenta. Debemos llenar nuestra mente con la verdad de Dios. Debemos alimentar nuestro corazón con las promesas que emanan de la Palabra de Dios y apartar de nuestra vida sus prohibiciones. La Palabra de Dios es el mapa del caminante, la brújula del navegante, la espada del soldado. La Palabra de Dios es mejor que el oro refinado y más dulce que la miel que destila del panal. La Palabra de Dios es el deleite de nuestra alma. En ella debemos meditar de día y de noche. Ella restaura el alma y da sabiduría a los simples. Es pan que alimenta y agua que purifica. Es leche que nutre y miel que deleita. Por ella guardamos puro el corazón y con ella triunfamos sobre el enemigo. Guardarla en el corazón es mejor que guardar tesoros. ¡Ella es la fuente de nuestra felicidad!

29
de enero

Jesús sana al paralítico

A ti te digo: Levántate, toma tu lecho, y vete a tu casa.

MARCOS 2:11

Donde Jesús llegaba, las multitudes concurrían. Jesús acababa de lleg: Capernaúm y una multitud se juntó para oírlo. En la casa donde Jesus estaba no había espacio para nadie más. Allí se encontraba un paralítico que necesitaba un milagro. Cuatro amigos cargaron al cojo por la calle, pero cuando llegaron a la casa donde Jesús estaba, la multitud les impedía el paso. Determinados a ayudar al paralítico, subieron con él al tejado, descubrieron un terrado y descendieron el lecho en el que yacía el enfermo en el punto exacto donde Jesús estaba. Viendo la fe de ellos, Jesús dijo al paralítico: "Hijo, tus pecados te son perdonados" (v. 5). Los escribas pensaron: Jesús blasfema, pues solo Dios tiene poder para perdonar pecados. Ellos estaban correctos en su teología. Solo Dios puede perdonar pecados. Pero Jesús prueba su divinidad ordenando al paralítico: "Levántate, toma tu lecho, y vete a tu casa". Inmediatamente, el hombre se vio curado, se levantó y salió a la vista de todos. Ese hombre fue cautivo y regresó libertado, fue cargado y regresó cargando, fue a buscar una bendición y regresó llevando dos. Además de recibir la sanidad física, recibió también el perdón de sus pecados y la salvación de su vida. Jesús también puede perdonar sus pecados y hacer un milagro en su vida.

30
de enero

La alegría es un santo remedio

El corazón alegre constituye buen remedio; mas el espíritu triste seca los huesos.

PROVERBIOS 17:22

Los sentimientos que usted abriga en su corazón afectan directamente su salud. El buen humor es un santo remedio. Un corazón feliz hermosea el rostro, fortalece el cuerpo y unge el alma con el óleo de la alegría. La paz interior es la mejor especie de medicina preventiva. Nuestro cuerpo es el panel de nuestra alma. Cuando estamos angustiados, reflejamos esto en nuestro semblante. Un corazón triste termina produciendo un cuerpo enfermo, al paso que un corazón alegre es remedio eficaz que cura los grandes males de la vida. Si la alegría previene contra muchas enfermedades, el espíritu abatido es causa de muchos males. El espíritu abatido hace secar los huesos, hace marchar su vida de dentro hacia fuera. Destruye su vigor, su paz y su voluntad de vivir. Muchas personas han perdido la motivación para vivir. Vegetan. Pasan por la vida sin lozanía, sin poesía, sin entusiasmo. Miran la vida con lentes oscuros. Todo el tiempo entonan el cántico fúnebre de sus desventuras. Lloran con profundo pesar sus penas. Sufren con total desaliento sus dolores. Capitulan ante el pesimismo incorregible. Por tener un espíritu abatido, ven secarse sus huesos, su vigor marchitarse y su alegría desvanecerse. El camino de la sanidad no es el abatimiento del alma, sino la alegría del corazón.

31
de enero

El Cordero suficiente

He aquí el Cordero de Dios, que quita el pecado del mundo.

JUAN 1:29B

Jesús es el Cordero de Dios. Hay cuatro textos bíblicos que hablan sobre el cordero sustituto. El primero de ellos es Génesis 22. Abraham iba camino al monte Moriah con su hijo Isaac. El propósito era sacrificar a su hijo en holocausto para el Señor, cuando Isaac le preguntó: "He aquí el fuego y la leña; mas ¿dónde está el cordero para el holocausto?" (v. 7). Su padre le respondió: "Dios se proveerá de cordero para el holocausto, hijo mío" (v. 8). Dios no quería el sacrificio de Isaac, sino el amor y la obediencia de Abraham, por eso proveyó un cordero sustituto, que fue suficiente para salvar a Isaac. El segundo texto es Éxodo 12, y allí el cordero fue suficiente para una familia. El tercer texto es Isaías 53, y allí el cordero fue suficiente para sustituir a una nación. Pero en Juan 1:29 el Cordero de Dios es suficiente para el mundo entero. El Cordero sustituto es Jesús. Él es poderoso para salvar a una persona, una familia, una nación y al mundo entero. Jesús murió para comprar con su sangre a aquellos que proceden de toda tribu, lengua, pueblo y nación. Su muerte es la garantía de nuestra vida. Su sangre es el precio de nuestra redención. Su resurrección es la prenda de nuestra victoria sobre la muerte. No somos salvos por nuestro merecimiento ni por nuestra religiosidad. ¡El Cordero de Dios es suficiente para salvarnos totalmente!

1

de febrero

El drama de la amargura

… pues todo el pueblo estaba en amargura de alma, cada uno por sus hijos y por sus hijas.

1 Samuel 30:6b

La vida no es un jardín de rosas. No siempre cruzamos campos inundados de flores. Atravesamos desiertos molestos, valles profundos y caminos cargados de espinos. Muchas personas se hacen amargas en virtud de las tempestades de la vida. La Biblia habla sobre Noemí, cuyo nombre significa 'alegría'. Esa mujer salió de Belén, la "casa del pan", en un tiempo de hambre, y se fue a Moab. Allí perdió a su marido y a sus dos hijos. Buscando sobrevivir, encontró la muerte. Quedó sola en un país extranjero. Cuando regresó a su tierra, su alma estaba empapada de amargura. Cambió su nombre. Se llamó a sí misma Mara, cuyo significado es 'amargura'. Levantó un monumento permanente a su dolor. Atribuyó a Dios toda su desventura. Noemí no sabía que, con esa providencia ceñuda, Dios estaba escribiendo uno de los más bellos episodios de la historia. Cuando las circunstancias de su vida estén sombrías, recuerde que el último capítulo todavía no ha sido escrito. Dios aún está trabajando en usted. Usted es el poema de Dios. Dios está esculpiendo en usted la belleza de Cristo. Está cincelando y transformándolo en alguien semejante al Rey de la gloria. No deje agriar su corazón. La vida es bella, es dádiva de Dios. ¡Alégrese en Él!

2
de febrero

La mayor tragedia de la historia

> Por tanto, como el pecado entró en el mundo por un hombre,
> y por el pecado, la muerte...
>
> ROMANOS 5:12A

De todas las tragedias de la historia, la caída de nuestros primeros padres fue la más desastrosa. Sus efectos fueron devastadores para la humanidad y para toda la creación. El hombre perdió la inocencia, la libertad y la paz. El pecado rompió su relación con Dios, con el prójimo, consigo mismo y hasta con la naturaleza. Por su libre voluntad, el hombre se apartó del Creador, dando oídos a la voz del tentador. Con la caída de nuestros primeros padres, nos hicimos esclavos del pecado. Ahora nuestra inclinación es contraria a la voluntad de Dios. Los impulsos de nuestra carne son enemistad contra Dios. El pecado alcanzó todas las áreas de nuestra vida. No hay parte sana en nuestra carne ni hay área de nuestra vida que no haya sido manchada por el pecado. En el génesis de la historia humana, el hombre vivía en la plenitud de la comunión con el Señor. Con la caída, sin embargo, vino el alejamiento y la pérdida de la comunión. Ahora, en lugar de deleitarse en Dios, el hombre huye de Dios. En lugar de tener placer en la santidad, se recuesta en el lodo sucio del pecado. En lugar de alegrarse en el Señor, cede a las apelaciones del tentador. En lugar de vivir en el Espíritu, se ha hecho esclavo de la carne, del mundo y del diablo. Esa tragedia fue revertida con la venida de Cristo al mundo para buscar y salvar al perdido y traernos redención. En Él tenemos perdón y vida eterna.

3

de febrero

Jesús no desiste de usted

> Pero id, decid a sus discípulos, y a Pedro, que él va delante de vosotros a Galilea.
>
> **MARCOS 16:7A**

El apóstol Pedro es un símbolo del hombre inconstante. Como el péndulo de un reloj, oscilaba entre las alturas de la fe y las profundidades de la cobardía. Siempre explosivo, hablaba sin pensar y actuaba sin reflexionar. Era capaz de las afirmaciones más sublimes acerca de Jesús para después capitular a las debilidades más vergonzosas. En un momento expresaba una fe robusta y en otro zozobraba delante de la incredulidad. Pedro llegó al punto de negar su nombre, sus convicciones, su fe y a su Señor. Él descendió las escalas de la caída al juzgarse mejor que sus condiscípulos, al seguir a Jesús de lejos, al meterse en medio de aquellos que se burlaban del Hijo de Dios y al negar repentinamente y hasta con improperios que no lo conocía. Pedro llegó al punto de desistir de todo. Renunció a ser discípulo. La única cosa que sabía hacer era llorar amargamente e inundar su lecho con gruesas lágrimas. Aunque Pedro haya desistido de sí mismo, Jesús no desistió de Pedro. Jesús no desistió al derecho de tener a Pedro a su lado. Por eso, le mandó un recado personal (cf. Marcos 16:7). Jesús no desiste nunca de los suyos. Él es el Pastor que busca a la oveja perdida. Él va al encuentro de aquellos que cayeron, para, por su amor, restaurarlos.

4
de febrero

El alto precio de la redención

> … fuisteis rescatados… con la sangre preciosa de Cristo, como de un cordero sin mancha y sin contaminación.
>
> **1 PEDRO 18:19**

Nuestra redención no fue una decisión de última hora. Aun antes de echar los fundamentos de la tierra, esparcir las estrellas en el firmamento y crear el vasto universo, Dios ya había puesto su corazón en usted. El amor de Dios por usted es eterno, inmutable y sacrificial. El precio por su rescate fue la sangre de Cristo, el Cordero inmaculado de Dios. La muerte de Cristo en la cruz fue la mayor misión de rescate del mundo. Ese rescate no fue pagado al diablo, sino al mismo Dios. El Señor vindicó su propia justicia violada y proveyó el sacrificio sustituto para que pudiéramos ser librados del cautiverio de la esclavitud. Dios nos redimió no mediante oro o plata (metales preciosos). Él nos rescató por la preciosa sangre de Cristo, el Cordero sin defecto y sin mácula. Dios dio todo para rescatarnos. Dio a su Hijo. Se dio a sí mismo. Normalmente pensamos en Dios primero como Creador y después como Redentor. Pero Pedro nos presenta a Dios primero como Redentor, después como Creador: "ya destinado desde antes de la fundación del mundo, pero manifestado en los postreros tiempos por amor de vosotros" (v. 20). Dios pagó el más alto precio por usted, el precio de sangre, sangre de su Hijo. Por tanto, usted tiene un alto valor para Dios. Él invirtió todo para tenerlo a usted, a fin de que usted se deleite en Él.

5
de febrero

La ternura del restaurador

… como había amado a los suyos que estaban en el mundo,
los amó hasta el fin.

JUAN 13:1B

Jesús fue al encuentro de Pedro en el mar de Galilea. El mismo escenario del llamado de ese pescador fue la escena de su restauración. En lugar de confrontar a Pedro, haciéndolo recordar sus vergonzosas caídas, Jesús toca de forma sensible la médula del problema, preguntando a Pedro: "Simón, hijo de Jonás, ¿me amas?" (21:16-17). Cuando Pedro cayó, su "yo" estaba sentado en el trono de su vida. Para que Pedro se levantara, "Jesús" necesitaba estar en el trono de su corazón. El amor es el mayor de los mandamientos. El amor es el cumplimiento de la ley. El amor es la prueba irrefutable de que somos verdaderamente discípulos de Jesús. La única condición exigida para que Pedro volviera a Jesús y se reintegrara al ministerio era demostrar su amor a Cristo. El Señor también toma la decisión de curar la memoria de Pedro, preparando la escena para conversar con Él. La caída del apóstol había sido alrededor de una hoguera. Jesús, entonces, monta la misma escena en la playa. Pedro había negado tres veces a Jesús, en grado ascendente. Pedro negó, juró y maldijo. Jesús, entonces, le hace tres preguntas en grado ascendente. Jesús quiere no solo restaurar el corazón de Pedro, también quiere curar sus recuerdos amargos. El Señor se interesa no solo de nuestras convicciones, sino, igualmente, de nuestros sentimientos.

6
de febrero

El drama del dolor

Si hablo, mi dolor no cesa; y si dejo de hablar, no se aparta de mí.

JOB 16:6

El dolor es la experiencia más común de la vida. Hay dolor físico y dolor emocional. Hay dolor que alcanza al cuerpo y dolor que asola el alma. Uno de los retratos más dramáticos de esa amarga experiencia es la familia del patriarca Job, que pasó por el terrible drama del dolor. Job era hombre rico y padre ejemplar. Su vida estaba bien con Dios y con los hombres. Dios testificó de su integridad, pero Satanás cuestionó sus motivaciones. Dios permite a Satanás tocar los bienes, la familia y la salud de Job. Dios, entonces, constituye a Job su abogado, y Satanás le quita al siervo del Señor sus bienes, sus hijos y su salud. Job va a la quiebra. Pierde a sus diez hijos en un único accidente y entierra a todos ellos el mismo día. Asolado por un dolor indescriptible, se postra, adora a Dios y dice: "Jehová dio, y Jehová quitó; sea el nombre de Jehová bendito" (1:21). El sufrimiento de Job no paró ahí. Él fue afligido también por una enfermedad terrible. Su cuerpo quedó lleno de llagas. Su piel se desprendió sobre sus huesos afilados. Perdió el apoyo de su mujer y aun recibió injustas acusaciones de los amigos. En ese mar revuelto de dolor, Job no blasfemó contra Dios. Al final, el Señor lo restauró y le devolvió el doble de todo cuanto poseía. El Dios de Job también es su Dios. ¡Espere en Él, y su restauración brotará sin demora!

7

de febrero

Cosas visibles temporales e invisibles eternas

> Porque sabemos que si nuestra morada terrestre, este taber-
> náculo, se deshiciere, tenemos de Dios un edificio, una casa no
> hecha de manos, eterna, en los cielos.
>
> 2 CORINTIOS 5:1

El apóstol Pablo muestra el aspecto aparentemente contradictorio y para-
dójico de la vida cristiana. Lo que vemos es temporal y pasajero, pero lo
que no vemos es lo que existe para siempre. Él escribe: "no mirando nosotros
las cosas que se ven, sino las que no se ven; pues las cosas que se ven son temporales, pero las que no se ven son eternas" (4:18). Lo visible y tangible que
llena nuestros ojos e intenta seducir nuestro corazón no permanecerá. Tiene
plazo de validez y no durará para siempre. Pero las cosas que no vemos son las
que tienen valor y permanecerán para siempre. Invertir solamente en aquello que es terrenal y temporal es hacer una inversión insensata, pues es invertir
en aquello que no permanece. Invertir, sin embargo, en las cosas invisibles y
espirituales es invertir para la eternidad. Jesús dice que debemos juntar tesoros allá en el cielo, pues el cielo es nuestro origen y nuestro destino. El cielo
es nuestro hogar y nuestra patria. Allá está nuestro Señor. Allá está nuestro
tesoro. Allá está nuestra herencia. Es allí donde debemos invertir lo mejor de
nuestro tiempo y de nuestros recursos. Fijarse solo en las cosas que se ven y
son temporales es vivir sin esperanza en el mundo; pero buscar las cosas que
los ojos no ven y las manos no palpan es vivir en la dimensión de la eternidad,
con los pies en la tierra pero con el corazón en el cielo.

8
de febrero

Jesús purifica al leproso

Y Jesús, teniendo misericordia de él, extendió la mano y le tocó,
y le dijo: "Quiero, sé limpio".

MARCOS 1:41

La lepra era la enfermedad más temida en la antigüedad. Pudría la carne y destruía los sueños. La lepra arrojaba a las personas a la fosa de la muerte. Hubo un día en que un pobre hombre percibió algunas manchas blanquecinas esparciéndose por el cuerpo y la piel se le comenzó a escamar. El hombre corrió al sacerdote y este le dio el fatídico diagnóstico: "Usted está leproso". El horror hizo presa de su alma. Él ya no podía volver más a casa y abrazar a su esposa ni podía tomar a sus hijos en su regazo. Allí mismo cubrió su rostro con un trapo y entró en una colonia de leprosos. Los años pasaron y su cuerpo fue invadido por la lepra. Su destino era la muerte en la soledad entre otros enfermos. Hasta el día que ese hombre oyó hablar de Jesús. Sin que nadie lo viera, se escabulló por las calles y se acercó a Jesús, postrándose a sus pies. Entonces, clamó: "Señor, si quieres, puedes limpiarme" (Mateo 8:2). Jesús, compadeciéndose de él, lo tocó y le dijo: "¡Quiero, sé limpio!". Inmediatamente, la lepra lo dejó, y sanó. Ese hombre mostró humildad y confianza, al paso que Jesús le demostró compasión y poder. Para Jesús, no hay nada demasiado difícil. Aquello que es imposible para los hombres, es posible para Él. ¡Entréguele ahora mismo su vida, su familia y sus temores a Jesús!

9
de febrero

Hogar, lugar de restauración

> Y ante todo, tened entre vosotros ferviente amor; porque el amor cubrirá multitud de pecados.
>
> 1 Pedro 4:8

El hogar no debe ser un campo de batalla que mata a sus heridos, sino un hospital que cura a sus enfermos. La familia es el lugar en el cual aquellos que han caído pueden levantarse. Es el escenario en el cual el perdón triunfa sobre el dolor y la reconciliación prevalece sobre la hostilidad. Hoy vemos con tristeza muchas familias en crisis, muchos matrimonios deshechos, muchos hogares destruidos. Observamos, con lágrimas en los ojos, padres sublevándose contra los hijos e hijos matando a sus padres. Constatamos con profundo dolor una inversión de valores en la familia: las cosas sustituyendo las relaciones y la avaricia destronando el amor. No podemos estar de acuerdo con esa marcha ignominiosa. Necesitamos poner el pie en el freno e impedir esa carrera galopante rumbo al desastre. El hogar no puede ser el territorio del dolor y de la indiferencia, de las peleas rabiosas o del silencio frío. El hogar debe ser un paraíso en la tierra, un jardín en el desierto y una antesala del cielo. El hogar debe ser un campo fértil donde florezca el amor que sana y restaura, que perdona y olvida, que bendice y celebra. El hogar es el lugar donde los perdidos son hallados y los que estaban muertos en sus delitos y pecados reciben vida y restauración. El hogar es el lugar donde lloramos nuestros dolores y celebramos nuestras victorias. El hogar es el lugar donde somos amados no solo por causa de nuestras victorias, sino a pesar de nuestros fracasos.

10
de febrero

Éxtasis sin entendimiento

> … Maestro, bueno es para nosotros que estemos aquí; y hagamos tres enramadas, una para ti, una para Moisés, y una para Elías; no sabiendo lo que decía.
>
> LUCAS 9:33B

El texto de Lucas 9:28-36 relata la experiencia de Jesús ascendiendo al monte de la Transfiguración para orar. Llevó consigo a Pedro, Santiago y Juan, pero ellos se entregaron al sueño en lugar de orar. Los tres vieron milagros extraordinarios: Moisés y Elías glorificados, Jesús transfigurado, una nube brillante y una voz divina reafirmando la filiación de Jesús. Ellos pisaron el terreno de lo sobrenatural, pero estaban desprovistos de entendimiento. Al mismo tiempo que veían cosas maravillosas, tenían la mente vacía de discernimiento. Ellos no discernían la centralidad de la persona de Jesús. No discernían la centralidad de la misión de Jesús. No discernían la centralidad de la misión de ellos mismos. La ausencia de oración les robó el discernimiento y la falta de discernimiento los llevó a tener miedo de Dios, en lugar de deleitarse en el Señor. Todavía hoy, muchos buscan las cosas sobrenaturales pero carecen de percepción espiritual. Corren tras milagros, pero no entienden las verdades esenciales de la fe cristiana. Experimentan éxtasis arrebatadores, pero no comprenden ni siquiera los fundamentos de la fe cristiana. Esta es una espiritualidad desenfocada, deficiente, vacilante, que produce sueño y no intimidad con Dios.

11
de febrero

Jesús, el intérprete de Dios

> Él es el resplandor de su gloria y la expresión exacta de
> su naturaleza.
>
> **HEBREOS 1:3A** - LBLA

El Hijo de Dios se vistió de piel humana. En Jesús el misterio de la encarnación introdujo a Dios en nuestra historia. Jesús es el intérprete de Dios, la exégesis de Dios, el Verbo de Dios. Él mismo es Dios. Él y el Padre son uno. Quien ve a Jesús, ve al Padre. El apóstol Juan escribe: "En el principio era el Verbo, y el Verbo era con Dios, y el Verbo era Dios" (Juan 1:1). Además, afirma: "A Dios nadie le vio jamás; el unigénito Hijo, que está en el seno del Padre, él le ha dado a conocer" (v. 18). Jesús es el intérprete de Dios porque posee los mismos atributos de la divinidad. En el principio el Verbo ya existía. El Verbo no tuvo inicio. Él es antes del inicio. Él es el Padre eterno. En verdad, todas las cosas llegaron a existir por medio de Él. "Todas las cosas por él fueron hechas, y sin él nada de lo que ha sido hecho, fue hecho" (v. 3). El Verbo de Dios es eterno. Él está fuera del tiempo y más allá del tiempo. Él es trascendente sin dejar de ser inmanente. Posee no solo el atributo de la eternidad, sino también de la omnipotencia, ya que fue el agente de la creación. De la nada, creó todo. Creó los mundos estelares, el vastísimo e insondable universo con sus billones de estrellas. Aquel niño acostado en el pesebre de Belén es el mayor misterio de la historia, la propia encarnación de la divinidad. Jesús es Dios entre nosotros. ¡Es Emanuel!

12
de febrero

No es el ambiente
quien lo hace a usted

Y el pueblo respondió a Josué: "A Jehová nuestro Dios serviremos, y a su voz obedeceremos".

JOSUÉ 24:24

Josué fue uno de los espías de Israel que avistó la tierra prometida y confió que Dios la entregaría en sus manos. Dentro de aquella vasta multitud que salió de Egipto, solo Josué y Caleb entraron en la tierra prometida. Josué fue el sucesor de Moisés y fue él quien tuvo el privilegio de introducir al pueblo en la tierra prometida. Aquella tierra era habitada por pueblos paganos, que adoraban a muchos dioses. Esos dioses eran una amenaza para Israel. En este momento, Josué dijo al pueblo: "… escogeos hoy a quién sirváis; si a los dioses a quienes sirvieron vuestros padres… o a los dioses de los amorreos en cuya tierra habitáis; pero yo y mi casa serviremos a Jehová" (v. 15). No es el ambiente quien lo hace a usted; es usted quien hace el ambiente. Josué tomó la decisión de servir a Dios con su familia en un reducto politeísta. Usted también puede servir a Dios aunque en su escuela sea el único alumno cristiano; aunque en su empresa sea la única persona temerosa de Dios. Usted no necesita conformarse al ambiente a su alrededor; ¡usted puede transformarlo! John Locke estaba equivocado cuando dijo que el hombre es producto de su medio ambiente. El pueblo de Dios es la sal de la tierra y la luz del mundo. ¡En lugar de ser influenciado, influencia!

13
de febrero

La bondad de Dios

Alabad a Jehová, porque él es bueno…

SALMOS 107:1A

El profeta Nahúm vivió muchos siglos antes de Cristo. Él levantó su voz para anunciar tres verdades consoladoras: la bondad de Dios, el auxilio de Dios y el conocimiento de Dios: "Jehová es bueno, fortaleza en el día de la angustia; y conoce a los que en él confían" (Nahum 1:7). La bondad de Dios es el ancla de nuestra esperanza. "El Señor es bueno…". Dios es bueno, esencialmente bueno. En su bondad Él nos da lo que no merecemos. Nada merecemos, y Él nos da todo. Hace brillar el sol sobre los malos y hace caer su lluvia aún sobre los que se burlan de la providencia. Su gracia común se extiende sobre impíos y piadosos, arrogantes y humildes, ricos y pobres. La tierra está llena de su bondad. Las obras de la creación y las acciones de su providencia reflejan su generosa bondad. Él nos da vida y preserva nuestra salud. Nos da el pan de cada día y nos da placer para saborearlo. Él nos da la familia y nos alegra el corazón con el banquete del amor. Pero la bondad de Dios puede ser vista en su pleno fulgor por medio de su gracia especial. Jesús es el don supremo de la bondad de Dios y la salvación que Él nos trajo, su dádiva más excelente. Porque Dios es bueno, podemos navegar seguros, aun por los mares encrespados de la vida.

14
de febrero

El drama del vicio virtual

En la integridad de mi corazón andaré en medio de mi casa.
No pondré delante de mis ojos cosa injusta...

SALMOS 101:2B-3A

El pecado puede transformar una cosa buena en algo pernicioso. Ejemplo de esto es el vicio virtual. Millones de personas viven prisioneras del computador y dependientes del internet. Se sumergen en un mundo fantasioso y pierden todas las conexiones con la vida real. Conversan muchas horas con desconocidos en una sala virtual, pero no se pueden sentar a la mesa con la familia para tomar un refresco. Internet es una bendición; nos abre grandes avenidas de conocimiento. Pero también es una maldición, pues toda la cloaca de la iniquidad está disponible para los internautas. Muchos navegan por las aguas turbias de la pornografía y naufragan en ese pantano lodoso. Las redes sociales son una bendición, abriéndonos ricos canales de comunicación y de proclamación del mensaje del reino de Dios. Pero también son una maldición, pues el mal uso de este instrumento ha llevado a millones de personas a la infidelidad conyugal y a las aventuras más perniciosas. El vicio virtual es un drama para la familia contemporánea. Conozco familias que se comunican dentro de la casa por el teléfono celular o por mensajes instantáneos. El diálogo se terminó. Murió la comunicación. Transformamos un vehículo de comunicación para sepultar el diálogo dentro de la familia. Necesitamos usar tales recursos de la tecnología con discernimiento y buen sentido.

15

de febrero

Dios conoce
a los que se refugian en él

… El Señor conoce a los que son suyos…

2 Timoteo 2:19b

El profeta Nahúm concluyó su mensaje diciendo que Dios "conoce a los que en él confían" (1:7b). Nuestra seguridad está en el hecho de que Dios nos conoce. El conocimiento de Dios no es simplemente un asentimiento intelectual, sino, sobre todo, un afecto relacional. Cuando el profeta dice que Dios nos conoce, quiere decir que Dios nos ama y nos ama con amor eterno. Nuestra seguridad no está simplemente en el hecho de que conocemos a Dios, sino en el hecho de que Él nos conoce (Gálatas 4:9). El apóstol Pablo, en esta misma línea de pensamiento, dice: "Pero el fundamento de Dios está firme, teniendo este sello: Conoce el Señor a los que son suyos" (2 Timoteo 2:19a). Dios también conoce a aquellos que se refugian en Él. Jesús conoce a sus ovejas, les da la vida eterna, y nadie las arrebatará de sus manos. En Dios encontramos seguridad inquebrantable. En Él tenemos salvación eterna, pues es refugio seguro en el día de la angustia; es torre fuerte que nos refugia del temporal; es la ciudad de refugio que nos libra de los vengadores de sangre. La tempestad puede ser devastadora allá afuera, pero, refugiados en los brazos de Dios, dentro del arca de salvación, tenemos un ancla firme e imbatible de esperanza; ¡tenemos paz y seguridad!

16
de febrero

El hombre, la imagen de Dios

Y creó Dios al hombre a su imagen, a imagen de Dios lo creó;
varón y hembra los creó.

Génesis 1:27

Dios creó al hombre a su imagen y semejanza. El pecado, no obstante, desfiguró esa imagen. El pecado alcanzó todo nuestro ser: cuerpo y alma; razón, emoción y voluntad. El pecado no destruyó por completo la imagen de Dios en nosotros, pero la deformó. Somos como un charco de agua turbia. La luna con toda su belleza todavía se refleja, pero no podemos ver esa imagen reflejada; no porque la luna no esté brillando, sino porque el agua está sucia. El hombre creado por Dios y caído en pecado es ahora restaurado. Esa restauración, sin embargo, no es autoproducida. No viene del propio hombre, viene de Dios. Dios mismo tomó la iniciativa de restaurar su imagen en nosotros. ¿Y cómo hizo esto? ¡Enviando a su Hijo al mundo! Él es la imagen perfecta de Dios. En Él habita corporalmente toda la plenitud de la divinidad. En Cristo tenemos perdón, redención y restauración. Por medio de Cristo somos hechos hijos de Dios y herederos de Dios. La imagen de Dios creada y deformada por el pecado es restaurada por Cristo. Por la operación de la gracia nacemos de nuevo, nacemos de arriba, nacemos del Espíritu y somos copartícipes de la naturaleza divina. ¡La gloria y la honra perdidas en la caída son ahora restauradas en la redención!

17
de febrero

Una familia se salva de la tragedia

Dijo luego Jehová a Noé: "Entra tú y toda tu casa en el arca…".

GÉNESIS 7:1A

Noé fue un hombre justo en medio de una generación perversa. Las personas de su tiempo comían y bebían, se casaban y se daban en casamiento, hasta el día en que el diluvio vino y consumió a todos. Noé creyó en Dios cuando las personas a su alrededor simplemente seguían la vida sin tomar a Dios en cuenta. No hay nada malo en comer y beber, casarse y darse en casamiento, pero, cuando hacemos estas cosas sin pensar en Dios, estamos en serio peligro. La generación de Noé solo pensaba en las cosas terrenales. No hacían provisión para las cosas espirituales. Por eso, no oyó el mensaje de Noé ni se preparó para el encuentro con Dios. Noé, contrario a esta generación impía, llevó a toda su familia al arca. El diluvio vino y como torrente arrastró a todos hacia la muerte inevitable. La familia de Noé estaba segura y salva. Alguien dijo, con mucha propiedad, que Noé fue el mayor evangelista de la historia; pues, aunque no haya llevado a ninguno de sus contemporáneos al arca, consiguió llevar a toda su familia. ¿Su familia ya entró en el arca de la salvación? El dinero, el éxito, la fama, los placeres y los trofeos conquistados en la tierra no pueden salvar a la familia de grandes tragedias. La ciencia, la riqueza y la religión no pueden salvar a la familia de este diluvio de tragedias. Jesús es el único puerto seguro para la familia. ¡Solo en Él encontramos refugio!

18
de febrero

El consuelo del amparo divino

Aunque mi padre y mi madre me dejaran, con todo, Jehová me recogerá.

SALMOS 27:10

En el plano humano, nadie nos ama con amor más puro que padre y madre. Aquellos que nos engendraron y cuidan de nosotros nutren un amor desinteresado y verdadero por nosotros. Nuestros padres nos aman no solo por causa de nuestras virtudes, sino a pesar de nuestros fracasos; no solo por nuestros méritos, sino a pesar de nuestros deméritos. Sin embargo, aun los mismos padres pueden fracasar en el amor a los hijos. Muchos repudian a sus hijos. Muchos desheredan a sus hijos. Muchos padres matan a sus hijos. Aunque usted, no obstante, llegara a esta situación extrema, el salmista dice: "aunque mi padre y mi madre me dejaran, con todo, Jehová me recogerá" (Salmos 27:10). El amor que Dios tiene por usted es eterno y perseverante. La causa del amor de Dios por usted está en sí mismo. Él jamás renunciará a tenerlo a usted, a amarlo y a conquistar su amor. Él probó su amor por usted, entregando a su Hijo unigénito para morir por sus pecados. Envió al Espíritu Santo para habitar en usted, para que lo regenerara y lo sellara como propiedad exclusiva suya. Por medio de Jesús, usted puede ser hijo de Dios, heredero del Señor y ciudadano del cielo. Aunque en el camino a la gloria usted cruce calles plagadas de espinos, Dios jamás lo desamparará. Cuando usted se sienta débil, Él lo cargará en su regazo.

19
de febrero

La fuente de la felicidad

Me mostrarás la senda de la vida; en tu presencia hay plenitud de gozo; delicias a tu diestra para siempre.

SALMOS 16:11

La felicidad es un anhelo legítimo. Nosotros la buscamos todos los días de la vida. Sin embargo, la felicidad no es un lugar a donde ir, sino una manera como se camina. Salomón buscó felicidad en la bebida, en la riqueza, en el sexo y en la fama, pero descubrió que todo era vanidad. La felicidad que él buscaba en todas esas fuentes, se encuentra en Dios. El verdadero propósito de la vida es la felicidad, pues el fin último de la vida es Dios. El propósito principal del hombre es glorificar a Dios y deleitarse en Él para siempre. Dios nos creó para la mayor de todas las felicidades, la felicidad de amarlo y disfrutar de su intimidad. Es en la presencia de Dios donde existe plenitud de alegría. Es en su diestra donde encontramos delicia para siempre. Muchos buscan la felicidad en el dinero; otros en la fama y en el placer; y otros aun en el éxito. Pero descubren que al final de esa línea solo existe un espejismo, no la verdadera felicidad. La felicidad verdadera no está en tener, sino en ser. La fuente de la felicidad no está en las cosas, sino en Dios; no está en la tierra, sino en el cielo. Los encantos de este mundo no pueden hacernos felices, pero Dios sí puede, pues Él nos creó, nos formó, nos redimió, nos llamó por el nombre y somos de Él. Cuando nosotros lo conocemos y lo amamos, entonces somos verdaderamente felices.

20
de febrero

El hombre, ese desconocido

Digo: "¿Qué es el hombre, para que tengas de él memoria?".

SALMOS 8:4A

Alexis Carrel escribió un libro llamado *El hombre, ese desconocido*. El hombre conoce el mundo a su alrededor, pero no se conoce a sí mismo. Explora el espacio sideral, pero no viaja por los laberintos de su propia alma. Investiga los secretos de la ciencia, pero no ausculta su propio corazón. La pregunta del salmista todavía hace eco en nuestros oídos: "¿Qué es el hombre?". El rey David respondió a esa pregunta de forma magistral: "... los hiciste un poco menor que Dios y los coronaste de gloria y honor. Los pusiste a cargo de todo lo que creaste, y sometiste todas las cosas bajo su autoridad" (Salmos 8:5-6 - [NTV³]). El hombre fue creado por Dios para ser el gestor de la creación. El origen del hombre está anclado en Dios y su propósito es ser corregente de Dios, como mayordomo de la creación. El hombre no vino a la existencia por generación espontánea ni por un proceso evolutivo de millones y millones de años. Nuestro origen no está ligado a los simios; nuestro génesis está ligado a Dios. El hombre es la corona de la creación de Dios. Somos seres físicos y espirituales. Tenemos cuerpo y alma. Ningún otro ser posee esas características. Los ángeles son espíritus, pero no tienen cuerpo. Los animales tienen cuerpo, pero no espíritu. Tenemos cuerpo y espíritu. Somos la imagen de Dios creada.

21
de febrero

Jesús en la fiesta de matrimonio

Y fueron también invitados a las bodas Jesús y sus discípulos.

JUAN 2:2

El ministerio de Jesús estuvo marcado por grandes milagros. Su nacimiento fue un fenómeno extraordinario, si su vida fue un ejemplo singular, su muerte fue vicaria, su resurrección es la piedra angular del cristianismo. El primer milagro de Jesús fue realizado en Caná de Galilea, en una celebración de matrimonio. En esta fiesta, sin embargo, faltó vino, símbolo de la alegría. A veces, la alegría falta en nuestro hogar. En esas horas, necesitamos identificar el problema y llevarlo a Jesús. Fue lo que María hizo. Ella le dijo a Jesús: "No tienen vino" (v. 3). En el momento apropiado, dentro de su agenda, Jesús le ordenó a los sirvientes: "Llenad de agua las tinajas" (v. 7). Ellos obedecieron prontamente. Jesús, entonces, les dio otra orden: "Sacad ahora un poco y llevadlo al maestresala" (v. 8). Cuando este probó el agua transformada en vino, llamó al novio y le dijo: "Todo hombre sirve primero el buen vino, y cuando ya han bebido mucho, entonces el inferior; mas tú has reservado el buen vino hasta ahora". Cuando Jesús realiza un milagro, lo mejor siempre va después. Jesús todavía transforma agua en vino, tristeza en alegría, debilidad en poder, fracaso en triunfo. En ese milagro, Jesús manifestó su gloria y los discípulos creyeron en Él. Hoy mismo, Jesús también puede hacer un milagro en su vida, en su matrimonio y en su familia.

22
de febrero

¡Cuidado con el rencor!

… que brotando alguna raíz de amargura, os estorbe, y por ella muchos sean contaminados.

HEBREOS 12:15B

El rencor es la ira congelada. Hay personas que no explotan frente a las tensiones de la vida y de los conflictos en las relaciones, pero almacenan los resentimientos en el sótano de la memoria. No arrojan objetos a los otros, pero abrigan esas críticas en su propio corazón. Con el tiempo brota dentro del corazón una raíz de amargura y esos sentimientos nocivos agrian el alma, perturban la persona y terminan contaminando a quien está a su alrededor. El rencor es ausencia de perdón. El rencor enferma física, emocional y espiritualmente, pues quien no perdona no tiene paz. El rencor esclaviza. Quien guarda rencor se hace esclavo de la persona odiada. Quien no perdona vive en la cárcel del resentimiento. El rencor promueve la autodestrucción. Nos herimos a nosotros mismos cuando nutrimos el rencor en el corazón. La única puerta de escape para ese mal es liberar el perdón. Es sacar toda la pus de la herida. Es arrancar las críticas envenenadas del corazón. El perdón sana, libera y restaura. El perdón es mayor que el rencor. Es la desinfección del alma, la limpieza de la mente, la emancipación del corazón. El perdón restaura nuestra relación con Dios y con el prójimo.

23
de febrero

Justificación, acto de Dios

Justificados, pues, por la fe, tenemos paz para con Dios por medio de nuestro Señor Jesucristo.

ROMANOS 5:1

La doctrina de la justificación por la fe es el corazón de la Biblia. Cuando esta verdad es proclamada con fidelidad, la iglesia se mantiene en pie; cuando es negada o distorsionada, la iglesia cae. ¿Cuál es el significado de la justificación? La justificación es un acto legal de Dios, y no un proceso experimental. Es realizada en el tribunal de Dios, y no en nuestro corazón. Es completa y final y no posee grados. El más pequeño de los creyentes está tan justificado como el creyente más piadoso. Pablo nos enseña cuatro verdades importantes sobre la justificación en el versículo citado: 1) el autor de la justificación: es Dios quien nos justifica y lo hace no con base en nuestros méritos sino por causa de los méritos de Cristo; 2) el instrumento de la justificación: somos justificados mediante la fe y no sobre la base de nuestras obras: si la obra de Cristo es la causa meritoria, la fe es la causa instrumental de nuestra justificación; 3) el fruto de la justificación: tenemos paz con Dios, somos reconciliados con Dios y renacemos dentro de la familia de Dios; 4) el agente de la justificación: todas aquellas bendiciones espirituales nos son concedidas por medio de nuestro Señor Jesucristo. Cristo es nuestra justicia. Él es nuestra paz. En Él tenemos abundante redención. ¿Usted ya fue justificado? ¿Ya tiene el sello del Espíritu Santo en su vida? ¿Tiene certeza de que su nombre está escrito en el libro de la vida? ¿Ya se posesionó de la vida eterna? ¿Ya disfruta de la alegría indecible de la salvación?

Los engaños del pecado

Porque el pecado, tomando ocasión por el mandamiento, me engañó, y por él me mató.

ROMANOS 7:11

El pecado es perversísimo, carga el virus de la muerte. El pecado es un embuste: parece dulce al paladar, pero es amargo en el vientre. El pecado es peor que la enfermedad y peor que la misma muerte, pues tales males, aunque tan graves, no pueden apartar al hombre de Dios. El pecado, no obstante, nos separa de Dios. El pecado es embaucador, y eso por tres razones: En primer lugar, lo llevará a usted más lejos de lo que le gustaría ir. Cuando David vio a una mujer bañándose jamás pensó que aquella codicia se transformaría en adulterio, asesinato y vergüenza pública. En segundo lugar, costará más caro de lo que usted quiere pagar. Si David hubiera conocido el alto precio de aquella aventura con Betsabé, se habría refrenado. El pecado le promete vida pero lo mata. En tercer lugar, el pecado va a retenerlo a usted más tiempo de lo que le gustaría estar retenido. David pensó que su adulterio sería apenas un *affaire* en una tarde de soledad. El pecado, sin embargo, esclaviza, tortura y mata. Tragedias y más tragedias se desencadenaron sobre la cabeza de David como consecuencia de ese pecado. La espada no se apartó de su casa por causa de este pecado. El pecado no compensa. Es un engaño fatal. El único camino para escapar del pecado es Jesús. En Él hay perdón y libertad. ¡En Él encontramos redención y paz!

25
de febrero

Jesús camina sobre el mar

Mas a la cuarta vigilia de la noche, Jesús vino a ellos andando sobre el mar.

MATEO 14:25

Jesús ya había calmado una tempestad en el mar de Galilea cuando estaba con sus discípulos. Ahora, después de multiplicar panes y peces para una multitud hambrienta, compele a los discípulos a entrar en el barco y atravesar el mar, mientras sube al monte para orar por ellos. En obediencia a la orden de Jesús, los discípulos parten y son sorprendidos por otra avasalladora tempestad. Aun conociendo aquel lago de aguas dulces como la palma de la mano, los discípulos no obtienen éxito en la jornada. El barco era agitado de un lado para el otro por fuertes ráfagas de viento. El amanecer estaba avanzado y ellos todavía estaban en el fondo de la crisis, en medio de la tempestad, azotados de un lado para el otro, sin ninguna esperanza de ser librados. En ese momento, Jesús fue a su encuentro. Jesús siempre viene a nuestro encuentro para socorrernos, aun en la cuarta vigilia de la noche cuando el problema ya parece finiquitado. Jesús fue al encuentro de los discípulos caminando sobre las olas, para mostrar que aquello que los amenazaba estaba literalmente debajo de sus pies. Jesús calma a los discípulos ordenándoles que tengan buen ánimo, y también calma el mar, subiendo al barco y llevando a los discípulos salvos y seguros al destino deseado. Jesús siempre viene a nuestro encuentro en la hora de la tempestad y, con Él en el barco, todo va muy bien.

La felicidad es una orden de Dios

Regocijaos en el Señor siempre. Otra vez digo: ¡Regocijaos!

FILIPENSES 4:4

La felicidad es el menú del día en la mesa de la humanidad. La ansiamos y deseamos con todas las fuerzas de nuestra alma. Fuimos creados para la felicidad. Fuimos salvos para la mayor de todas las felicidades. La felicidad no es una opción, es una orden de Dios. El apóstol Pablo, aun en una prisión, escribió a los filipenses: "Regocijaos en el Señor siempre. Otra vez digo: ¡Regocijaos!". La alegría no es una emoción superficial y pasajera, sino la más profunda felicidad que coexiste con el dolor. Pablo dice que debemos alegrarnos siempre. Es claro que la vida no es un parque de diversiones. Enfrentamos luchas y cruzamos valles oscuros. Pero nuestra felicidad no es un bienestar epidérmico y fugaz, sino una experiencia profunda y duradera. Nuestra alegría, además de imperativa, es también ultracircunstancial. No depende de las circunstancias. Pero ¿cuál es el núcleo de esa felicidad? ¿Dinero? ¿Placer? ¿Éxito? ¡No! Pablo dice: "Regocijaos en el Señor siempre". Jesús es el fundamento de esa alegría. Él es el contenido de nuestra felicidad. Nuestra felicidad no es un sentimiento. Nuestra felicidad no es simplemente ausencia de cosas malas ni simplemente presencia de cosas buenas. Nuestra felicidad es una persona, ¡nuestra felicidad es Jesús!

27
de febrero

El Dios de la reconciliación

Y todo esto proviene de Dios, quien nos reconcilió consigo mismo por Cristo, y nos dio el ministerio de la reconciliación.

2 CORINTIOS 5:18A

El pecado es el mayor de todos los males. Abrió una fisura en la relación del hombre con Dios y levantó murallas en sus relaciones intrapersonales e interpersonales. El hombre está en guerra con Dios, con el prójimo, consigo mismo y hasta con la naturaleza. El hombre se hizo un ser beligerante y rebelde. Por sí mismo jamás regresará a Dios. Jamás cambiará su propio corazón. Así como un etíope no puede cambiar su piel ni un leopardo sus manchas, tampoco el hombre puede cambiar su propia vida. La salvación no es iniciativa humana, sino divina. Dios tomó la iniciativa de reconciliarnos consigo mismo. El inocente busca al culpable. El agente de la reconciliación, a Cristo. Es por medio de Cristo que podemos volvernos a Dios. Él es el nuevo y vivo camino hacia Dios. Él es la puerta del cielo. Él es el mediador que nos reconcilia con el Padre. Para reconciliarnos consigo mismo, Dios no puso en nuestra cuenta las transgresiones que hemos cometido. Por el contrario, las puso sobre Jesús. En la cruz, el Hijo de Dios clavó esa acta de deuda escrita que nos era contraria y quitó completamente nuestra deuda. Dios fue más allá, colocando en nuestra cuenta la perfecta justicia de Cristo, de tal manera que no pesa más sobre nosotros ninguna condenación.

28
de febrero

El poder del evangelio

Porque no me avergüenzo del evangelio, porque es poder de Dios
para salvación a todo aquel que cree…

ROMANOS 1:16A

La carta de Pablo a los Romanos es su más importante epístola. Ha ejercido gran influencia en la historia de la humanidad. La lectura de esta misiva impactó de forma profunda en la vida de Agustín y Lutero, los grandes exponentes de la Patrística y de la Reforma, respectivamente. En el preámbulo de esta carta, Pablo habla sobre el poder del evangelio. El evangelio es el poder de Dios. No hay limitación en ese poder, pues Dios es omnipotente. El evangelio es el poder de Dios para la salvación. No es poder destructor, sino salvador. No es un poder que mata, sino que da vida; no simplemente vida física y terrenal, sino vida espiritual y eterna. No hay salvación fuera del evangelio, pues el evangelio es la buena nueva de Cristo. El evangelio trata de lo que Dios hizo por nosotros por medio de Cristo. No somos salvos por aquello que hacemos para Dios, sino por lo que Dios hizo por nosotros en Cristo. El evangelio es el poder de Dios para la salvación de todo aquel que cree. Aquí Dios impone una limitación. Solamente aquellos que creen pueden ser salvos. Solamente aquellos que ponen su confianza en Cristo y lo reciben como Salvador y Señor pueden recibir la salvación. Grandes y pequeños, ricos y pobres, doctores y analfabetos, judíos y gentiles, todos son salvos por Cristo de la misma manera: por la fe. La fe no es meritoria, ¡es un don de Dios!

1
de marzo

La felicidad de tener al Señor como pastor

Jehová es mi pastor; nada me faltará.

SALMOS 23:1

La oveja de Jesús es feliz. Jesús es el buen, el gran y el supremo pastor de las ovejas. Como buen pastor, dio su vida por las ovejas. Como gran pastor, vive para las ovejas. Como supremo pastor, volverá por las ovejas. Jesús suple todas las necesidades de sus ovejas. Él las conduce a los pastos verdes y a las aguas tranquilas. Él las guía por las sendas de la justicia y refrigera sus almas. Jesús es el pastor que camina con sus ovejas por el valle de sombra de muerte y las consuela con su vara y su cayado. Las ovejas de Jesús tienen alegría y honra, pues el Señor unge su cabeza con óleo y hace rebosar su copa. Jesús ofrece a sus ovejas bondad y misericordia todos los días y después las recibe en la gloria. Las ovejas de Jesús tienen provisión, compañía y seguridad eterna. Jesús las protege de los lobos y las protege del mal. Aun pasando por los valles más oscuros de la vida y enfrentando hasta las mismas sombras de la muerte, las ovejas de Jesús no deben temer, pues su pastor ya venció la muerte. Él ya arrancó el aguijón de la muerte y ahora les ofrece, de gracia, por la fe, la vida eterna. La vida eterna es comunión profunda y continua con Jesús. Él, el buen, el gran y el supremo pastor, es la propia esencia de la vida eterna. ¡Jesús camina con nosotros aquí y nosotros habitaremos con Él por toda la eternidad!

2

de marzo

La alegría de la esperanza

Y la esperanza no avergüenza; porque el amor de Dios ha sido derramado en nuestros corazones por el Espíritu Santo que nos fue dado.

ROMANOS 5:5

La esperanza es el oxígeno de la vida. No hay vida sin esperanza. Solo los muertos no tienen esperanza. El apóstol Pablo dice que debemos regocijarnos en la esperanza. La esperanza es el faro que ilumina nuestro camino, el bordón que nos sostiene mientras caminamos, el escenario más bello que vemos en el horizonte. La desesperanza es marca de aquellos que conocen a Dios. No debemos vivir como quien no tiene esperanza. No debemos rendirnos al desespero, como si la vida fuese solo el aquí y el ahora. Si nuestra esperanza se limita solamente a esta vida, somos los más infelices de todos los hombres. Para muchas personas la muerte es el fin de la vida. Para ellas, el futuro es un escenario sombrío. Nuestro futuro, sin embargo, no es incierto. No caminamos rumbo a lo desconocido. Nuestro fin no es una tumba helada cubierta de polvo. Hay un cielo de luz. Hay una ciudad celestial. Hay una recompensa eterna. Hay un paraíso restaurado. El ocaso de nuestra vida no es una noche tenebrosa, sino una mañana llena de luz. Caminamos hacia la gloria. Caminamos hacia el cielo. Caminamos hacia la bienaventuranza eterna. Nuestra esperanza no es una ilusión, sino una persona. ¡Nuestra esperanza es Jesús!

3
de marzo

El milagro de la Anunciación a María

… María, no temas, porque has hallado gracia delante de Dios. Y ahora, concebirás en tu vientre, y darás a luz un hijo, y llamarás su nombre Jesús.

LUCAS 1:30B-31

El nacimiento de Jesús fue anunciado por el ángel Gabriel a la joven María en Nazaret de Galilea. Dios escogió a una joven pobre, de una ciudad pobre, para ser la madre del Salvador. Dios escoge a los débiles para avergonzar a los fuertes. María debía ser muy joven y todavía no se había desposado. Cuando recibió la visita del ángel Gabriel quedó alarmada. Cuando supo que había sido objeto de la gracia de Dios para ser la madre del Salvador de su pueblo, quiso saber cómo sucedería eso, pues no tenía relación con ningún hombre. El ángel le explicó que la sombra del Altísimo la envolvería y ella concebiría por obra del Espíritu Santo, de tal forma que su hijo sería el Hijo del Altísimo. Entonces María, humildemente, dijo: "He aquí la sierva del Señor; hágase conmigo conforme a tu palabra" (v. 38b). Parece que Dios llegó adelantado a Nazaret, pues escogió a una joven que todavía no era casada para ser la madre de Jesús. María, sin embargo, estaba dispuesta a enfrentar los preconceptos y la amenaza, ya que podía ser abandonada por el novio y aun apedreada por el pueblo. Pero ella no teme. Por el contrario, cree en Dios, y el Señor la exalta.

de marzo

El drama del legalismo

¿Y piensas esto, oh hombre, tú que juzgas a los que tal hacen, y
haces lo mismo, que tú escaparás del juicio de Dios?

ROMANOS 2:3

El legalismo es la idea de que Dios está más interesado con las normas que
con las personas. Un individuo legalista se preocupa más por la apariencia
que por la esencia, le da más valor a lo exterior que a lo interior. El legalismo
es un caldo mortífero que enferma y vuelve neurótica a la familia y a la iglesia
en nombre de la verdad. Los legalistas cuelan el mosquito y tragan el camello.
Pelean por aquello que es secundario y transigen con aquello que es esencial.
En nombre del celo espiritual hieren a las personas, perturban la paz y rompen
los vínculos de comunión. Los legalistas actúan como los fariseos que acusaban a Jesús de pecador mientras tramaban su muerte en sábado. Los legalistas
son aquellos que reputan su interpretación de las Escrituras como infalible y
atacan como los escorpiones del desierto a aquellos que están en desacuerdo
con su visión extrema, llamándolos herejes. El legalismo es fruto del orgullo
y desemboca en la intolerancia. En nombre de la verdad, sacrifica la misma
verdad y se subleva contra el amor. El legalismo es reduccionista, pues repudia
a todos los que no miran la vida a través de sus lentes empañadas. El legalismo
profesa una ortodoxia muerta, sin amor y sin compasión. Cuidémonos de ese
caldo mortífero.

5

de marzo

Discusión sin poder

Él les preguntó: "¿Qué disputáis con ellos?".

MARCOS 9:16

El texto de Lucas 9:28-36 muestra que los nueve discípulos que estaban en la falda del monte de la Transfiguración tampoco oraron; antes, trabaron una infructífera discusión con los escribas (Marcos 9:16). En ese ínterin, el padre afligido porque su hijo estaba endemoniado, ruega a los discípulos de Jesús que ayuden a su hijo, pero los discípulos no pudieron ayudarlo. Estaban desprovistos de poder. Su espiritualidad era la espiritualidad de la discusión sin poder. En lugar de orar y ayunar, ellos discutían. En lugar de hacer la obra de Dios, discutían acerca de la obra. En lugar de mantenerse fieles a su vocación, perdieron el foco del ministerio en una vana discusión con los opositores de Jesús. Mientras aquellos discípulos discutían, el diablo actuaba. Como no oraron ni ayunaron, estaban vacíos de poder y, como estaban vacíos de poder, no pudieron expulsar la clase de demonios que atormentaban al hijo único de aquel padre afligido. Aún hoy corremos el riesgo de perder el foco de nuestra espiritualidad. Muchas veces dejamos de orar y de trabajar porque estamos envueltos en discusiones interminables e infructíferas. Discutimos mucho y trabajamos poco. Hacemos mucho ruido con nuestras palabras, pero producimos poco con nuestras manos. Si el éxtasis sin discernimiento es una espiritualidad fuera de foco, de igual modo es la discusión sin poder.

6

de marzo

La naturaleza del matrimonio

Honroso sea en todos el matrimonio, y el lecho sin mancilla.

HEBREOS 13:4A

El matrimonio fue instituido por Dios para la felicidad del hombre y de la mujer. El mismo Dios que creó al hombre a su imagen y semejanza y creó hombre y mujer, también instituyó el matrimonio, estableciendo su naturaleza. Fue el mismo Dios quien dijo: "Por tanto, dejará el hombre a su padre y a su madre, y se unirá a su mujer, y serán una sola carne" (Génesis 2:24). Hay aquí tres principios básicos sobre el matrimonio. Primero, el matrimonio es heterosexual. El texto habla sobre un hombre uniéndose a su mujer. La tentativa de legitimar la relación homosexual está en desacuerdo con el propósito de Dios. Segundo, el matrimonio es monógamo. El texto dice que el hombre debe dejar padre y madre para unirse a su mujer, y no a sus mujeres. Tanto la poligamia (un hombre con varias mujeres) como la poliandria (una mujer con varios hombres) también están en desacuerdo con el propósito de Dios para el matrimonio. Tercero, el matrimonio es monosomático, pues los dos llegan a ser una sola carne, o sea, pueden disfrutar de la relación sexual con alegría, santidad y fidelidad. El sexo antes del matrimonio es fornicación. Aquellos que practican tales cosas están bajo el desagrado de Dios. El sexo fuera del matrimonio es adulterio, y solo aquellos que quieren destruirse cometen tal locura. El sexo en el matrimonio, sin embargo, es un mandamiento divino. Seguir estos principios de Dios es el secreto de un matrimonio feliz.

7
de marzo

La felicidad como resultado de la generosidad

El alma generosa será prosperada; y el que saciare, él también será saciado.

PROVERBIOS 11:25

Jesús dijo: "Más bienaventurado es dar que recibir" (Hechos 20:35b). Este es un camino seguro para la verdadera felicidad. En este mundo marcado por la ganancia y en esta sociedad caracterizada por la avaricia, Jesús nos muestra que el camino de la felicidad no es recibir, sino dar. En el ansia de ser feliz, el ser humano siempre quiere más. Por eso, asalta, roba, corrompe y toma lo máximo del otro, y eso de forma ilícita y deshonesta. Con todo, cuanto más acumula los tesoros de la impiedad, más se hunde en el desespero y en la infelicidad. El camino de la felicidad es el contrario a la ganancia. Somos felices no cuando tomamos lo que es del otro, sino cuando damos al otro. Somos felices no cuando acumulamos para nuestro deleite, sino cuando repartimos por amor al prójimo. Somos felices no cuando juntamos tesoros en la tierra, sino cuando los atesoramos en el cielo. Somos felices no cuando acumulamos todo para nosotros mismos, sino cuando damos lo máximo para el bien de nuestro prójimo. La felicidad no está en cuánto tenemos, sino en cuánto repartimos. La generosidad, además de traernos la felicidad nos asegura prosperidad. No es el avaro quien prospera, sino el generoso. Cuanto más sembramos en la vida del prójimo, más multiplica Dios nuestra sementera. La bendición que repartimos retorna sobre nuestra propia cabeza.

8

de marzo

Dios no desiste de usted

> ... Con amor eterno te he amado, por eso te he atraído con misericordia.
>
> **JEREMÍAS 31:3B** - LBLA

El amor de Dios es incansable. Dios no desiste de amarlo a usted. La causa del amor de Dios, sin embargo, no está en usted sino en el mismo Dios. Es un amor incondicional. Esa verdad puede ser vista en la experiencia de Jacob, hijo de Isaac, nieto de Abraham. Aunque escogido por Dios aun antes de nacer, Jacob vivió largos años de su vida en un camino sinuoso de pecado, preso en una red de mentiras. Cierto día, entró en el cuarto de su padre, con los vestidos de su hermano Esaú para arrebatar una bendición paterna. Cuando su padre le preguntó: "¿Quién eres?". Jacob respondió: "Soy Esaú" (Génesis 27:32). En ese tiempo Jacob tenía 73 años. Como resultado de ese conflicto familiar, Jacob tuvo que huir de casa para no ser muerto por su hermano. Pasaron más de veinte años. Él regresó con numerosa familia, pero con la conciencia todavía atribulada. En el vado de Jaboc, el mismo Dios trabó una lucha con Jacob. Este no quería ceder, pero Dios lo hirió en el encaje de su muslo. Entonces, Jacob se aferró al Señor y con lágrimas de arrepentimiento le pidió su bendición. Dios le preguntó: "¿Cómo te llamas?". Él respondió: "Jacob" (32:27). Aquella no fue simplemente una respuesta, sino sobre todo una confesión, pues Jacob significa 'suplantador', 'engañador'. Allí, en el vado de Jaboc, Dios le dio un nuevo nombre, una nueva vida y un nuevo futuro. El amor de Dios por usted también es perseverante, incondicional y eterno. ¡Dios no desiste de usted!

9

de marzo

Tus manos dirigen mi destino

Vosotros pensasteis mal contra mí, mas Dios lo encaminó a bien.

GÉNESIS 50:20A

La vida de José es una prueba incontrovertible de que la mano de Dios dirige nuestro destino. Aun cuando enfrentemos reveses y seamos golpeados por las mayores injusticias, todavía así somos el objetivo de la generosa providencia divina. José, aunque amado por su padre, fue odiado por sus hermanos, vendido como esclavo en una tierra extraña, traicionado por la esposa de su jefe y olvidado por el amigo de prisión. Pasó trece años de su vida navegando por mares revueltos, caminando por desiertos tórridos, cruzando valles oscuros. Parecía que los mejores años de su vida estaban siendo desperdiciados en una maraña de problemas sin solución. Con todo, en medio de esas densas tinieblas estaba la mano providencial de Dios. La vida de José no estaba a la deriva, como pedazo de madera arrojado de un lado para el otro al antojo de las olas del mar de la vida. Las redes de su destino estaban bajo el control de aquel que se sienta y controla el universo. El sufrimiento no vino a José para destruirle la vida, sino para fortalecer la musculatura de su alma. Dios sacó a José del calabozo y lo puso en el trono. Dios levantó a José como salvador de sus hermanos y proveedor del mundo. Mientras todo parecía perdido a los ojos humanos, Dios estaba escribiendo una linda historia. No se desespere, no pierda la esperanza. El último capítulo de su vida aún no ha sido escrito. Confíe en Dios. Él está al control. ¡Las omnipotentes manos del Señor dirigen su destino!

10
de marzo

Morir si es necesario, pecar nunca

He aquí nuestro Dios a quien servimos puede librarnos del horno de fuego ardiendo…

DANIEL 3:17A

El pecado es el peor de todos los males. El pecado es peor que la propia muerte. El pecado es hijo de la codicia y madre de la muerte. La muerte no puede separarnos del amor de Dios, pero el pecado puede arrojar al hombre en el infierno. El pecado es muy maligno y engañador. Se presenta vestido con ropa fina, pero sus trajes verdaderos no pasan de un trapo repugnante. Su voz es blanda y seductora, pero esconde detrás de ese hablar suave el anzuelo de la muerte. Promete mundos y fondos, pero quien se rinde a sus encantos termina arruinado. Ofrece vasos rebosantes de placeres, pero en su banquete solo existe el licor de la muerte. Felices son aquellos que prefieren la muerte al pecado, pues es mejor morir en santidad que vivir como esclavo del pecado. José prefirió ir a la cárcel que deleitarse en la cama del adulterio. Prefirió la libertad de conciencia en la prisión que vivir en la cama de su patrona con la conciencia prisionera de la culpa. Prefirió dejar su defensa en las manos de Dios que intentar arrancar su túnica de las manos de la adúltera. En este mundo en el que los valores morales son tan vilipendiados, el adulterio es incentivado y la fidelidad conyugal ridiculizada, necesitamos aprender con el ejemplo de José en Egipto. No vale la pena disfrutar un momento de placer y tener nuestro testimonio manchado por las generaciones postreras. No vale la pena ceder a la presión o a la seducción del pecado y después vivir prisionero de la culpa. Nuestro lema debe ser: ¡Morir si es necesario, pecar nunca!

11
de marzo

No deje de soñar, aun en el cautiverio

... concibió, y dio a luz un hijo...

ÉXODO 2:2A

Jocabed nació en el cautiverio y su familia estaba bajo la opresión. Su pueblo amasaba barro, bajo el látigo de los soldados del Faraón. Como si no fuera suficiente la escasez de pan, el trabajo forzado y los rigores del castigo físico, el Faraón ordenó que todos los niños hebreos, nacidos en Egipto, fueran pasados a filo de espada o arrojados al Nilo para alimentar a los cocodrilos. Es en este escenario de opresión que Jocabed quedó embarazada. Aun en el cautiverio, Jocabed no dejó de soñar. A los nueve meses de embarazo, trazó un plan para salvar a su hijo. Su convicción era que no había engendrado un hijo para la muerte. Dios honró la actitud de Jocabed. El Nilo, que debía ser la sepultura de su hijo, llegó a ser el instrumento de su liberación. En lugar de ser devorado por los cocodrilos, fue adoptado por la hija del Faraón. En lugar de caer bajo la espada del adversario, fue a parar a los brazos de su mamá. En lugar de ser oprimido por sus enemigos, llegó a ser el libertador de su pueblo. El nacimiento de Moisés no solo estaba en los planes de sus padres, sino sobre todo en los propósitos de Dios. Aquel niño creció y se fortaleció. Aprendió todas las ciencias de Egipto. Después experimentó todas las dificultades del desierto. Finalmente, enfrentó con un cayado en la mano todo el poder de Egipto y libertó al pueblo hebreo de la dura esclavitud. Dios todavía opera maravillas en la vida de aquellos que osan soñar, aunque el mundo a su alrededor les muestre el ceño fruncido de la opresión.

12
de marzo

Nosotros somos la morada de Dios

... el templo de Dios es santo, y eso es lo que vosotros sois.

1 Corintios 3:17b - LBLA

Cuando el pueblo de Israel salió de Egipto, el mismo Dios lo condujo por el desierto, dándole, durante el día, una columna de nubes para protegerlo del calor y, durante la noche, una columna de fuego para guiarlo y darle calor. Más tarde, sin embargo, Dios dijo a Moisés: "Y que hagan un santuario para mí, para que yo habite entre ellos" (Éxodo 25:8). Moisés debía construir el santuario de acuerdo con la prescripción divina. Aquel santuario sería un símbolo de la iglesia. Dentro del santuario, en el lugar santísimo, estaba el arca del pacto, símbolo de Cristo. Cristo está en la iglesia, y la iglesia es la morada del Altísimo. Dios escogió habitar en la iglesia. Aun frágiles vasos de barro, somos el tabernáculo de la morada de Dios. Nuestro cuerpo es el templo del Espíritu Santo. Dios habita en nosotros. En verdad, debemos ser llenos de toda la plenitud de Dios Padre, debemos ser llenos de la plenitud de Dios Hijo y debemos ser llenos de la plenitud del Espíritu Santo. En nosotros habita la propia Trinidad excelsa. El Dios trascendente que no habita en casas hechas por manos y que ni el cielo de los cielos pueden contener, ese Dios escogió habitar en nosotros. En la consumación de los siglos, cuando todas las cosas sean restauradas y estemos en la presencia del Padre, con un cuerpo glorificado, oiremos una voz: "He aquí el tabernáculo de Dios con los hombres, y Él morará con ellos" (Apocalipsis 21:3b). Aquí, Dios habita en nosotros; allá, nosotros habitaremos con Dios por toda la eternidad.

13
de marzo

Esfuércese y sea valiente

Esfuérzate y sé valiente; porque tú repartirás a este pueblo por heredad la tierra de la cual juré a sus padres que la daría a ellos.

Josué 1:6

L a peregrinación en el desierto duró cuarenta años. Lo que pudo haber sido hecho en cuarenta días, se extendió todo ese tiempo. Aquella generación que salió del cautiverio egipcio deambuló por el desierto, víctima de la incredulidad. Su propio líder Moisés había muerto. La nueva generación estaba todavía en el desierto, pero en el umbral de la tierra prometida. En ese momento, Dios levantó al joven Josué para conducir al pueblo a la tierra prometida. Era una tarea gigantesca, humanamente imposible. Pero Dios animó a Josué diciéndole: "¿No te envío yo? Esfuérzate y sé valiente" (v. 6). Cuando Dios nos comisiona, también nos capacita. Hacemos su obra no apoyados en nuestro propio entendimiento ni confiados en nuestras propias fuerzas, sino confiados en su poder. No somos fuertes cuando confiamos en nosotros mismos; somos fuertes cuando confiamos en Dios, seguimos sus preceptos y andamos por la fe. Somos fuertes cuando Dios es nuestra fuerza. Somos fuertes cuando el brazo del Omnipotente lucha nuestras guerras. Somos fuertes cuando Dios va al frente de nosotros, abriendo caminos y derrotando a nuestros enemigos. Nuestro ánimo no se deriva de la autoconfianza, sino de la fe en el Dios vivo. Porque Dios está con nosotros, podemos ser alimentados por el coraje y no por el miedo. Porque Dios nos conduce en triunfo, podemos avanzar con audacia, a pesar de los gigantes que se interponen en nuestro camino. Porque Dios es quien nos da la victoria, podemos empuñar las armas de combate, seguros de que saldremos de esta batalla siendo más que vencedores.

14
de marzo

La felicidad de ser creados por Dios

Ahora, así dice Jehová, Creador tuyo…

ISAÍAS 43:1A

El centro del universo no es el hombre, es Dios. El universo gira en torno a Dios, y no en torno al hombre. Encontramos la razón de nuestra vida cuando conocemos a Dios. A lo largo de los siglos, varias preguntas han inquietado el alma humana: ¿Cuál es el origen de la vida? ¿De dónde venimos? ¿Quiénes somos? ¿Por qué estamos aquí? ¿Hacia dónde vamos? Estas son las grandes preguntas filosóficas que intrigan al hombre. Afirmamos, con convicción, que venimos de Dios. Somos hechura de Dios. Fuimos creados a imagen y semejanza de Dios. Estamos aquí para glorificar a Dios. Nuestra vida solo encuentra sentido y propósito en Dios. Estamos yendo hacia la bienaventuranza preparada por Dios. Encontramos la verdadera felicidad en el hecho de que hemos sido creados por Dios para un propósito sublime. No somos un pedazo de madera fluctuando en el mar de la vida. No somos como una hoja arrebatada por el viento. La vida tiene un propósito, un propósito sublime. Venimos de Dios. Somos de Dios. Vivimos para el deleite de Dios. Y volveremos a Dios. Él es la fuente y el destino de la existencia. En Él vivimos y existimos. De Él bebemos el verdadero sentido de la vida. El sentido de la misma vida eterna es conocer a Dios y a su Hijo Jesucristo. En esto consiste nuestra mayor y más completa felicidad.

15
de marzo

Mañana el Señor hará maravillas en medio de vosotros

> … santificaos, porque Jehová hará mañana maravillas entre vosotros.
>
> JOSUÉ 3:5B

El pueblo de Israel acababa de entrar en la tierra prometida. El desierto había quedado atrás, pero todavía había enemigos al frente. Delante de ellos estaban ciudades fortificadas y gigantes experimentados en la guerra. No lograrían éxito sino por intermediación de una acción sobrenatural de Dios. Entonces, el Señor les dijo: "Santificaos, porque Jehová hará mañana maravillas entre vosotros". Este texto nos enseña tres verdades: 1) La santidad es la causa de la victoria. El pecado llevó a la generación que salió de Egipto a perecer en el desierto, pero la santificación llevaría a la nueva generación a conquistar la tierra prometida. Cuando nos consagramos a Dios, Él toma en sus manos nuestra causa. ¡La victoria viene de Dios! 2) La santidad precede a la victoria. Primero el pueblo se santifica, después viene la victoria. Primero ponemos nuestra vida en el altar, después Dios se manifiesta a nuestro favor. 3) La santidad abre el camino para las maravillas divinas. Si el pecado provoca la ira de Dios, la santidad abre el camino para su intervención sobrenatural. Cuando buscamos a Dios y santificamos nuestra vida, los cielos se manifiestan a nuestro favor. Dios desalojó a los adversarios y condujo a su pueblo a la tierra prometida. Dios les dio hartura y los hizo prosperar. Todavía es así hoy en día. Si queremos ver las maravillas divinas, necesitamos buscar a Dios y santificar nuestra vida. ¡La santidad es el portal de las maravillas divinas!

Qué hacer cuando no sabemos qué hacer

… no sabemos qué hacer, y a ti volvemos nuestros ojos.

2 CRÓNICAS 20:12C

Josafat, rey de Judá, estaba acorralado por una confederación de enemigos. La ciudad de Jerusalén estaba cercada por un numeroso ejército listo para atacarla. No había tiempo para planear alguna reacción. La derrota aplastante parecía inminente e inevitable. En ese momento, Josafat tuvo miedo y cayó de rodillas en oración y ayuno. Proclamó que toda la nación buscara a Dios. Confesó no tener fuerzas ni estrategias para enfrentar al adversario, pero reafirmó su confianza en Dios, a pesar de las circunstancias adversas. Su oración fue oída. Dios le dijo que pelearía por el pueblo y que, en lugar de empuñar armas, debían formar un coro para exaltarlo. Cuando ellos comenzaron a cantar y dar alabanza en voz alta, Dios emboscó a los enemigos y los derrotó. La alabanza es el arma de guerra y clamor de victoria. No es el resultado, sino la causa de la victoria. Debemos alabar para triunfar sobre el enemigo. Cuando alabamos a Dios, Él mismo derrota a nuestros enemigos. Cuando alabamos a Dios, Él mismo pelea nuestras guerras. Cuando alabamos a Dios, Él mismo transforma nuestros campos de conflicto en valles de bendición. En el trasegar de la vida, cuando llegamos a momentos difíciles sin saber qué hacer, debemos alabar a Dios y Él nos abrirá una puerta de escape y nos conducirá por los caminos del triunfo. ¡La victoria no viene por la fuerza de nuestro brazo; la victoria viene de Dios por medio de la alabanza!

17
de marzo

Un clamor por la restauración espiritual

¡Señor, haz que cambie de nuevo nuestra suerte, como cambia
el desierto con las lluvias!

SALMOS 126:4 - DHH[4]

El salmo 126 retrata la alegría del pueblo de Israel por el retorno del cautiverio babilónico. Los tres primeros versículos miran hacia el pasado con gratitud por la liberación por parte de Dios. Los dos últimos miran hacia el futuro, entendiendo que necesitamos sembrar, aunque con lágrimas, para que volvamos con júbilo trayendo abundantes gavillas. Pero el v 4 mira hacia el presente y hace un fuerte clamor: "¡Señor, haz que cambie de nuevo nuestra suerte, como cambia el desierto con las lluvias!". Tres verdades destacan aquí: 1) Las victorias del pasado no son garantía de éxito hoy. El pueblo se alegraba por la liberación del cautiverio, pero ahora, aunque de regreso en su tierra, estaba viviendo un tiempo de sequía y desánimo. 2) En tiempos de crisis necesitamos buscar a Dios en oración. La crisis nunca impidió que la mano de Dios actuara. Los grandes avivamientos nacieron del vientre de la crisis. Es cuando reconocemos nuestra sequedad que clamamos por los torrentes restauradores de Dios. 3) Necesitamos saber que solamente Dios puede cambiar nuestra suerte. Muchos buscan nuevos métodos, se embarcan en nuevas doctrinas y corren tras novedades en el mercado de la fe para revitalizar la iglesia. Pero solamente Dios puede restaurar la suerte de su pueblo. Solamente Dios puede traer vida en un escenario en que la muerte muestra su ceño fruncido. Así como Dios hace brotar torrentes de aguas en el desierto del Négueb, también irrumpe con vida abundante en la sequedad de nuestra alma.

18
de marzo

Temperatura espiritual

¡Ojalá fueses frío o caliente! Pero por cuanto eres tibio, y no frío ni caliente, te vomitaré de mi boca.

APOCALIPSIS 3:15B-16

Jesús le ordenó al apóstol Juan que enviara cartas a las siete iglesias de Asia. Dos de estas iglesias –Esmirna y Filadelfia– recibieron solo elogios. Cuatro iglesias –Éfeso, Pérgamo, Tiatira y Sardis– recibieron elogios y censuras. Pero la iglesia de Laodicea recibió solamente censuras y ningún elogio. Jesús acusó a Laodicea de ser una iglesia tibia. Por eso, estaba a punto de vomitarla de su boca. La iglesia de Laodicea tenía un alto concepto de sí misma y se consideraba rica y sin necesidad. La ciudad de Laodicea era un gran centro bancario de Asia Menor, pero la iglesia era espiritualmente pobre. La ciudad era el mayor centro oftalmológico de Asia, pero la iglesia estaba espiritualmente ciega. La ciudad era uno de los mayores centros textiles del mundo, pero la iglesia estaba espiritualmente desnuda. A los ojos de un observador desatento, Laodicea era un portento. No había en aquella iglesia falsas doctrinas ni persecución. No había pobreza material ni inmoralidad. Pero Jesús, que todavía anda en medio de la iglesia y conoce sus obras, observó que era como agua tibia que provoca náuseas. En lugar de rechazar esa iglesia, Jesús le ofrece vestidos blancos para cubrir su desnudez, colirio para ungir sus ojos y oro refinado para enriquecerla. Jesús está afuera de esa iglesia, pero golpea la puerta para entrar y cenar con ella. Después de la comunión íntima, Jesús promete a los vencedores un reinado público. Aquellos que se sientan con Jesús a la mesa, se sentarán con Él en el trono.

19
de marzo

Junte sus ramas secas

> Entonces, habiendo recogido Pablo algunas ramas secas, las echó al fuego; y una víbora, huyendo del calor, se le prendió en la mano.
>
> HECHOS 28:3

Pablo iba preso a Roma para ser juzgado ante César, a quien había apelado. En realidad, Pablo anhelaba ir a Roma (v. Romanos 15:24, 28) después de establecer iglesias en las provincias de Galacia, Macedonia, Acaya y Asia Menor. Dios también quería a Pablo en Roma. Pero su viaje a la capital del imperio fue marcado por muchas tensiones y un traumático naufragio. Después de perder toda la carga de la embarcación y ver el propio navío ser destruido por la furia de las olas, Pablo y los demás pasajeros llegaron a la isla de Malta, donde fueron recibidos con amabilidad por los nativos. Mojados y con frío, encontraron una hoguera encendida y calor para calentarse. Además del capitán, de los marineros y de la tripulación, había en aquel barco alejandrino doscientos pasajeros más. Todos llegaron a Malta como náufragos, pero solamente Pablo tomó la iniciativa para mantener la hoguera caliente. Solo Pablo juntó ramas secas para lanzarlas al fuego. Tal vez alguien argumente: ¿Qué es un puñado de ramas secas en una hoguera? ¿Qué es una gota de agua en el océano? ¿Qué es un gesto de amor en un mundo de tanta indiferencia? La lección que Pablo nos enseña es que usted debe hacer su parte. Aun cuando nadie lo acompañe en esa noble actitud, haga su parte. Aunque nadie colabore, haga su parte. Aun si todos a su alrededor están desanimados, haga su parte. Aunque todos le acusen por hacer sido mordido por una víbora, haga su parte. Aunque todos a su alrededor estén entrando en el esquema del mundo y retrocediendo en la fe, haga su parte. ¡Junte sus ramas secas!

20
de marzo

Revestimiento de poder

Pero recibiréis poder, cuando haya venido sobre vosotros el Espíritu Santo...

HECHOS 1:8A

Después de la Resurrección y antes de la Ascensión, Jesús dio una orden a sus discípulos: "... quedaos vosotros en la ciudad de Jerusalén, hasta que seáis investidos de poder desde lo alto" (Lucas 24:49a). La capacitación precede a la acción. Antes de que salgamos al campo para realizar la obra, necesitamos ser revestidos con el poder del Espíritu Santo. Esa capacitación no viene de técnicas creadas por el hombre. No encontramos ese poder en los depósitos humanos. No viene del hombre, viene de Dios; no viene de la tierra, viene del cielo. Hay tres verdades que deben ser destacadas aquí: 1) El lugar del fracaso debe ser el palco de la restauración. Los discípulos se acobardaron en Jerusalén. Huyeron cuando Jesús fue apresado. Se dispersaron cuando el Pastor fue herido. Sería más cómodo reiniciar el ministerio en otros lares, pero Jesús les ordena recomenzar exactamente allí donde habían fracasado. 2) La búsqueda del poder necesita ser hecha con perseverancia. Los discípulos debían permanecer en la ciudad "hasta que". No tenían autorización para interrumpir esa búsqueda hasta que fueran capacitados de forma sobrenatural. Ellos no esperaron inactivos ese revestimiento, sino en unánime y perseverante oración. 3) Ellos debían tener la expectativa de algo grandioso, la capacitación de poder capaz de superar sus fracasos. Aún hoy necesitamos ese revestimiento. Nuestras debilidades no pueden ser superadas por nuestros propios recursos. ¡Necesitamos el poder de lo alto!

21
de marzo

La prueba del amor de Dios

Mas Dios muestra su amor para con nosotros, en que siendo aún pecadores, Cristo murió por nosotros.

ROMANOS 5:8

El amor de Dios por usted es eterno, inmutable e incondicional. Dios no escribió en letras de fuego, en las nubes, su amor por usted; Él esculpió ese amor en la cruz de su Hijo. Dios lo amó a usted al punto de dar a su Hijo unigénito para morir en su lugar. Dios prueba su amor por usted al morir Cristo en su lugar, siendo usted impío, débil, pecador y enemigo. El amor no consiste en que usted ame a Dios, sino en que Dios lo amó a usted enviando a su Hijo como propiciación por sus pecados. Dios no escatimó a su propio Hijo; antes, lo entregó por usted. Lo entregó para ser despojado. Lo entregó para ser humillado. Lo entregó para ser escupido por los hombres y colgado en una tosca cruz. No fue la cruz que engendró el amor de Dios; fue el amor de Dios que proveyó la cruz. Jesús murió en la cruz no para despertar el amor de Dios por usted, sino para revelar el amor de Dios por usted. La cruz no es la causa del amor de Dios por usted; es el resultado de ese amor. Es la prueba más vívida de que Dios se interesa por usted y está determinado a salvar su vida. Usted no necesita buscar más evidencias del amor de Dios. Él ya probó ese amor, en grado superlativo. El amor de Dios por usted es abundante, mayúsculo y eterno.

22
de marzo

Bautismo en fuego

... Él [Jesús] os bautizará en Espíritu Santo y fuego.

LUCAS 3:16B

Juan el Bautista, el precursor del Mesías, le abrió camino, diciendo que bautizaba con agua, pero Jesús, quien era más poderoso que él, vendría a bautizar en Espíritu Santo y fuego (Mateo 3:11). Algunos estudiosos entienden el bautismo en fuego como un bautismo de juicio, en oposición al bautismo en el Espíritu Santo. Sin embargo, esta interpretación no tiene apoyo en el texto. Jesús no está hablando de dos experiencias antagónicas. Jesús no habla sobre bautismo en el Espíritu o en fuego, sino sobre bautismo en Espíritu Santo y en fuego. El fuego es un símbolo del Espíritu. Cuando Dios entregó la ley en el Sinaí, se manifestó a través del fuego. Cuando Salomón consagró el templo en Jerusalén, la casa se llenó de humo. Cuando Elías clamó en el Carmelo por la intervención divina, Dios descendió a través del fuego. En el día de Pentecostés, el Espíritu descendió en lenguas como de fuego. El bautismo en fuego nos sugiere cuatro verdades: 1) El fuego ilumina: aquellos que son bautizados en fuego caminan en la luz, saben a dónde van y no tropiezan; 2) El fuego purifica: el fuego quema la escoria y refina el oro; limpia el grano y devora la paja; 3) El fuego calienta: necesitamos un bautismo en fuego para salir del letargo espiritual; necesitamos ser calentados por el fuego divino; 4) El fuego se propaga: el fuego apaga o propaga; cuando hay combustible, el fuego se esparce. Una iglesia bautizada en fuego, inflamada por el poder del Espíritu Santo, alarga sus fronteras y esparce su bendita influencia por medio de la predicación fiel y ungida del evangelio.

23
de marzo

Ataques peligrosos a la Iglesia

> Porque no tenemos lucha contra sangre y carne, sino contra principados, contra potestades...
>
> EFESIOS 6:12A

El libro de Hechos muestra tres armas usadas por el enemigo para alcanzar a la iglesia apostólica. La primera, descrita en Hechos 4, fue la persecución, el ataque de afuera hacia dentro. El sanedrín intentó intimidar a la iglesia metiendo en la cárcel a sus líderes y castigándolos con flagelos físicos. La iglesia, no obstante, responde a ese ataque con oración y predicación todavía más osada. La segunda arma, descrita en Hechos 5, fue la infiltración. Ahora, Satanás cambia de táctica: en lugar de atacar a la iglesia desde afuera hacia dentro, intenta destruirla de adentro hacia fuera, poniendo a Ananías y Safira, un matrimonio hipócrita, dentro de la iglesia. Ese matrimonio quería gloria para sí mismo y, por eso, mintió al Espíritu Santo. Si la credibilidad espiritual de la iglesia fuese arañada, la iglesia perdería su reputación y su poder. La tercera arma, descrita en Hechos 6, fue la distracción. La iglesia estaba creciendo y también sus problemas. No pasó mucho tiempo hasta que las viudas de los helenistas comenzaran a murmurar por la falta de asistencia social promovida por los apóstoles. Estos, en lugar de ignorar el problema o redoblarse todavía más al resolverlo por sí mismos, decidieron consagrarse exclusivamente a la oración y al ministerio de la Palabra, constituyendo siete hombres llenos del Espíritu Santo para aquella importante tarea. Con eso, la iglesia apostólica salió victoriosa de todos aquellos ataques y prosiguió firme y valiente para llevar el evangelio hasta los confines de la tierra. Los ataques contra la iglesia continúan. ¡Debemos apercibirnos!

Dios no desperdicia sufrimiento en la vida de sus hijos

… sino gozaos por cuanto sois participantes de los padecimientos de Cristo…

1 PEDRO 4:13B

El rey David fue un hombre forjado en el yunque del sufrimiento. Por eso, declaró: "Bueno me es haber sido humillado, Para que aprenda tus estatutos" (Salmos 119:71). El sufrimiento en la vida de los hijos de Dios no es sin propósito. Dios no permite que seamos probados más allá de nuestras fuerzas ni que seamos afligidos sin un bendito designio. Podemos afirmar con inquebrantable certeza: "Y sabemos que a los que aman a Dios, todas las cosas les ayudan a bien, esto es, a los que conforme a su propósito son llamados" (Romanos 8:28). El sufrimiento no viene para destruirnos, sino para fortalecer las fibras de nuestra alma. El sufrimiento del presente redunda en gloria en el futuro. El sufrimiento es pedagógico, pues el mismo Hijo de Dios aprendió por medio de las cosas que padeció. Entonces, cuando Dios nos permite pasar por el valle del dolor, Él está esculpiendo en nosotros el carácter de Cristo y nos está capacitando para que seamos consoladores de aquellos que están pasando por las mismas aflicciones. El sufrimiento es la academia de Dios, en la cual somos entrenados para los grandes embates de la vida. Con el sufrimiento viene el aprendizaje, el aprendizaje de los decretos divinos. Los simples buscan solamente el alivio del dolor. Quieren solo los placeres. Están únicamente tras las diversiones frívolas. No quieren reflexionar. Tapan sus oídos al aprendizaje. ¡Pero los sabios, al pasar por el Getsemaní del dolor, se alegran no porque tienen placer en el sufrimiento, sino porque el sufrimiento es el portal del aprendizaje!

25
de marzo

Jesús hizo que la higuera
se secara

Entonces Jesús dijo a la higuera: "Nunca jamás coma nadie
fruto de ti". Y lo oyeron sus discípulos.

MARCOS 11:14

Vivir de apariencias es un peligro mortal. Hojas sin frutos son un convite
al desastre. Eso fue lo que sucedió con una higuera en las proximidades
de Jerusalén. De todos los milagros de Jesús, este es el único con aspecto negativo. Jesús siempre realizó milagros para demostrar su misericordia. En este
episodio, sin embargo, revela su juicio. La gran pregunta es, ¿por qué Jesús
le ordenó a la higuera que no diera más fruto y se secara? ¿Cuál es el mensaje
de este milagro? Jesús pasó por el camino y sintió hambre. Entonces vio la
higuera y fue atraído por ella. Buscó algún higo en medio del follaje y no lo
encontró. Entonces maldijo la higuera y la condenó a nunca más producir
fruto. Al día siguiente, el árbol estaba seco. Sucede que la higuera primero
produce fruto y solamente después aparecen las hojas. Consecuentemente,
aquella higuera estaba haciendo una propaganda engañosa. Prometía lo que
no entregaba. Jesús estaba condenando la hipocresía de aquellos que tienen
hojas, pero no frutos; que tienen palabras, pero no obras; que tienen apariencia, pero no vida. Las hojas no satisfacen a Jesús: Él tiene hambre de encontrar
frutos en nosotros. Aquellos que viven de apariencias y alardean de frutos que
no poseen, serán condenados a la aridez, o sea, a vivir sin frutos para siempre.

26
de marzo

Ten cuidado de ti mismo y de la doctrina

> Ten cuidado de ti mismo y de la doctrina; persiste en ello...
>
> 1 Timoteo 4:16a

La teología y la vida andan de la mano. Doctrina y ética no puede separarse. Es imposible tener una teología torcida y una vida recta. La vida deriva de la doctrina. La ética precede a la teología. Infelizmente, hemos visto a muchas personas que se pierden en el bosque de las pasiones porque son gobernadas por falsas doctrinas. Las falsas enseñanzas desembocan en una vida desordenada. Pero también es extremadamente deplorable que alguien profese la sana doctrina y viva una vida rendida al pecado. Estos pecan no porque les falte conocimiento, sino que pecan contra el conocimiento. Son doblemente culpables y enfrentarán un juicio todavía más severo. El consejo del veterano apóstol Pablo a su hijo Timoteo continúa oportuno y actual: "Ten cuidado de ti mismo y de la doctrina". Los peligros están a la vuelta de la esquina. Son constantes las voces seductoras que nos llaman a abrazar nuevas doctrinas y adoptar nuevos patrones morales. Necesitamos cuidado y cautela. Muchas veces, la sana doctrina nos hace remar contra la marea, como hizo el profeta Elías en los días del impío rey Acab. Muchas veces, el compromiso con una vida santa nos hace impopulares en medio de una generación que se corrompe. No podemos, sin embargo, ser como Sansón, que, aun siendo nazareo, dio un banquete porque esa era la costumbre de los muchachos de su época. Necesitamos tener coraje para ser y actuar de forma diferente, aunque eso nos cueste la popularidad y la propia vida. ¡Nuestro llamado no es para que seamos populares, sino para que seamos fieles!

27

de marzo

¡Cuidado con el miedo!

Porque no nos ha dado Dios espíritu de cobardía, sino de poder, de amor y de dominio propio.

2 TIMOTEO 1:7

El miedo es más que un sentimiento, es un espíritu. Pablo dice que Dios no nos dio espíritu de miedo sino de poder, amor y dominio propio. El miedo nos paraliza, congela la sangre en nuestras venas y nos impide vivir victoriosamente. El miedo quita nuestros ojos de Dios y hace que los pongamos en lo enorme de los problemas. El miedo opaca nuestra visión, aturde nuestra mente, acelera nuestro corazón y roba nuestra confianza en Dios. Es común que seamos asaltados por el miedo cuando nubes oscuras de tempestades borrascosas se acumulan sobre nuestra cabeza. Sentimos miedo de aquello que no conocemos ni administramos. Siempre que enfrentamos circunstancias desconocidas y adversas somos acorralados por el miedo. En esas horas nos encogemos asustados, aceptando precozmente el decreto de la derrota. Muchas veces somos derrotados no por las circunstancias sino por los sentimientos. Jesús les dijo a los discípulos que enfrentaban una tremenda tempestad en el mar de Galilea: "¡Tened ánimo; yo soy, no temáis!" (Mateo 14:27). Antes de calmar el mar revuelto, Jesús calmó el corazón atribulado de los discípulos. Antes de calmar las circunstancias, serenó los corazones. Antes de poner fin a la tempestad, puso fin al miedo que los atormentaba. La tempestad que venía de dentro era mayor que la tempestad que asolaba afuera. Jesús puede hacer lo mismo por usted. Aunque usted descienda a las cavernas más oscuras de la tierra, como el valle de la sombra de muerte, puede encontrar paz en los brazos del Buen Pastor.

28
de marzo

La mayor prueba de amor

> Mas Dios muestra su amor para con nosotros, en que siendo aún pecadores, Cristo murió por nosotros.
>
> ROMANOS 5:8

Cuando Abraham salió de en medio de su parentela, probó que amaba a Dios más que a sus padres; con todo, cuando fue al monte Moriah para ofrecer a Isaac como sacrificio, probó que amaba a Dios más que a su propio hijo. Después de hacer que Abraham pasara por las más diversas pruebas, Dios probó a Abraham de una forma más profunda. Le pidió a Isaac, el hijo de la promesa, en holocausto. Abraham podría haber cuestionado tan extraña orden. Podría haber prorrogado la decisión de obedecer. Podría haber ofrecido sustitutos para absolver a Isaac. Pero el padre de la fe obedeció prontamente, incondicionalmente, completamente. En lugar de tomar el camino de la huida como hizo Jonás, Abraham se levantó de madrugada y caminó en dirección al monte del sacrificio. Aquel viaje de tres días proporcionaba tiempo suficiente para que Abraham reflexionara. Su obediencia a Dios no fue algo momentáneo, irreflexivo. Abraham descansaba no en sus sentimientos, sino en la fidelidad del Altísimo, el Jehová Jireh. Cuando Isaac, su hijo, le preguntó: "He aquí el fuego y la leña; mas ¿dónde está el cordero para el holocausto?", Abraham respondió: "Dios se proveerá de cordero para el holocausto" (Génesis 22:7-8). De hecho, Dios proveyó el cordero sustituto para Isaac, pues no quería la muerte del hijo y sí la obediencia del padre. Dos mil años después, sin embargo, el Hijo de Dios fue llevado al monte Gólgota y allí no hubo sustituto para Jesús. Él murió en nuestro lugar y a nuestro favor. Dios no absolvió a su propio hijo; antes bien, por todos nosotros, lo entregó. Esa es la mayor prueba de amor.

29
de marzo

¿Remordimiento o arrepentimiento?

Deje el impío su camino, y el hombre inicuo sus pensamientos, y vuélvase a Jehová, el cual tendrá de él misericordia, y al Dios nuestro, el cual será amplio en perdonar.

ISAÍAS 55:7

El remordimiento es un arrepentimiento completo e ineficaz. El arrepentimiento involucra tres tipos de cambio: de mente, de emoción y de voluntad. Arrepentirse es cambiar de mente, es sentir tristeza por el pecado, dar media vuelta y volver a los brazos de Dios. El remordimiento involucra los dos primeros cambios, pero no el último. Vamos a ilustrar esta verdad haciendo un contraste entre Judas Iscariote y Pedro. Ambos pecaron. Judas traicionó a Jesús, y Pedro lo negó. Pedro se arrepintió y fue restaurado; Judas, sin embargo, tomado por el remordimiento, se suicidó. Judas reconoció su error. Le dijo al sumo sacerdote que había traicionado sangre inocente. Judas también sintió tristeza por su pecado, lo confesó y, aún más, devolvió las treinta monedas de plata que recibió para traicionar a Jesús. Pero no dio el último paso para completar el ciclo del arrepentimiento. No dio media vuelta para volverse a Jesús. Por eso, salió y fue a ahorcarse. La diferencia entre Pedro y Judas es que el primero completó los tres elementos del ciclo del arrepentimiento. Pedro reconoció su pecado, sintió tristeza por él, al punto de llorar amargamente y, finalmente, se volvió al Señor para encontrar en Él perdón y restauración. El remordimiento es un arrepentimiento incompleto e ineficaz; un falso arrepentimiento. Lleva a las personas al desespero y no a la esperanza, a la prisión y no a la libertad, a la muerte y no a la vida. No es prudente quedarnos presos en el bosque del remordimiento; ¡podemos encontrar la libertad del perdón!

30
de marzo

El perdón, la asepsia del alma

Y si siete veces al día pecare contra ti, y siete veces al día volviere
a ti, diciendo: "Me arrepiento"; perdónale.

LUCAS 17:4

El perdón es la cura de las emociones, la emancipación de la mente, la
asepsia del alma. El perdón es mayor que el odio, es más poderoso que
la sed de venganza. El perdón sana, restaura y transforma. Guardar amargura
es una actitud insensata. Es lo mismo que beber una copa de veneno pensando que el otro es quien va a morir. Nutrir el resentimiento es vivir en un
calabozo emocional, es andar unido con quien menos nos gustaría convivir en
la vida. Cuando su corazón está lleno de amargura, usted se hace prisionero
de su descontento. Esa persona lo domina y esclaviza a usted. Cuando usted
se sienta para tomar un refrigerio, su descontento se sienta con usted a la
mesa y le quita el apetito. Cuando usted regresa a casa, cansado del trajín del
día, esa persona se acuesta con usted y se transforma en su pesadilla. Cuando
usted sale de vacaciones con la familia, su descontento se sube a su vehículo y
estropea sus vacaciones. La única manera de librarse es ejerciendo el perdón.
El perdón no es fácil, pero es necesario. Quien no perdona no puede orar
ni ofrendar. Quien no perdona no puede ser perdonado. La falta de perdón
produce enfermedad física y emocional. Quien no perdona es entregado a los
flageladores del alma y a los verdugos de la conciencia. El perdón, sin embargo, libera el alma, calma el corazón y transforma la vida. El perdón no es fruto
de una personalidad dócil, sino expresión de la gracia de Dios. Es cuando
Dios actúa en nosotros que llegamos a ser instrumentos en sus manos para
perdonar así como Él, en Cristo, nos perdonó.

31
de marzo

El desierto, el gimnasio de Dios

Y te acordarás de todo el camino por donde te ha traído Jehová tu Dios estos cuarenta años en el desierto, para afligirte, para probarte…

DEUTERONOMIO 8:2A

El desierto es la escuela de Dios, donde Él entrena a sus más importantes líderes. El desierto no es un accidente en el recorrido, sino una agenda divina. El desierto es el gimnasio de Dios, la escuela superior del Espíritu Santo, donde Dios nos entrena y nos capacita para los grandes embates de la vida. El desierto no nos promueve; al contrario, nos humilla. En la escuela del desierto aprendemos que nada somos, pero Dios es todo. En el desierto, Dios trabaja "en" nosotros para después trabajar a través de nosotros. Eso porque Dios está más interesado en quienes somos que en lo que hacemos. La vida con Dios precede el trabajo para Dios. La mayor prioridad de nuestra vida no es hacer la obra de Dios, sino conocer al Dios de la obra. El Dios de la obra es más importante que la obra de Dios. La vida con Dios precede el trabajo para Dios. En la escuela del desierto, aprendemos a depender más del proveedor que de la provisión. Depender de la provisión es fácil, pues nosotros la tenemos y la administramos. El desafío es confiar en el proveedor, aun cuando la provisión se acabe. Cuando nuestra provisión escasea, podemos confiar en el proveedor. Nuestra fuente se puede secar, pero los manantiales de Dios continúan borboteando. Nuestra despensa puede estar vacía, pero los graneros de Dios continúan abarrotados. Cuando nuestros recursos se acaban, Dios abre para nosotros el cofre de sus tesoros. ¡Nuestra confianza debe estar en el proveedor, y no en la provisión!

1
de abril

Convicción inquebrantable en la vida y en la muerte

Porque para mí el vivir es Cristo, y el morir es ganancia.

FILIPENSES 1:2

Muchas personas andan desesperadas, con miedo de vivir y sin esperanza en la hora de la muerte. Caminan inseguros por la vida y se tambalean aterrorizadas al llegar al valle de la sombra de la muerte. El apóstol Pablo, preso en Roma, tenía una actitud diferente. Aunque esposado, en el corredor de la muerte y en la antesala del martirio, con nubes oscuras anunciando la llegada de una gran tempestad sobre su vida, escribió: "para mí el vivir es Cristo, y el morir es ganancia". Dos verdades benditas son proclamadas aquí, por este valiente apóstol. La primera es que Cristo es la razón de la misma vida. Muchos intentan encontrar sentido a la vida en la belleza, en la fama, en el dinero o en el éxito profesional. Aun conquistando todos estos trofeos, descubren que en la cúspide de la pirámide, la felicidad permanece ausente. Nada de este mundo puede satisfacer el alma humana. Ninguna cosa ni experiencia puede llenar el vacío del corazón humano. Solamente Cristo puede dar sentido a nuestra vida. La segunda verdad proclamada por Pablo es que, cuando Cristo es la razón de nuestra vida, el morir para nosotros es ganancia. La muerte no es el punto final de la vida. No es la culminación de la existencia. Morir es dejar el cuerpo para habitar con el Señor. Es partir para estar con Cristo, lo que es incomparablemente mejor. Los que mueren en el Señor son bienaventurados, pues preciosa es a los ojos del Señor la muerte de sus santos. Aquellos que creen en el Señor Jesús tienen convicción inquebrantable tanto en la vida como en la muerte.

2
de abril

El salmo del Buen Pastor

Y yo les doy vida eterna; y no perecerán jamás, ni nadie las [a mis ovejas] arrebatará de mi mano.

JUAN 10:28

E l salmo 23 es mundialmente conocido como uno de los textos más amados y consoladores de toda la literatura universal. David, el pastor de ovejas, lo escribió inspirado por el Espíritu Santo. Este salmo habla sobre los privilegios de la oveja del Buen Pastor. Jesús es ese Buen Pastor. Él dio su vida por las ovejas. Él vive para las ovejas y para ellas volverá. ¿Qué bendiciones especiales reciben las ovejas del Buen Pastor? En primer lugar, provisión en todas las circunstancias: "Jehová es mi pastor; nada me faltará". En segundo lugar, abundancia aun en tiempos de sequía: "En lugares de delicados pastos me hará descansar". En tercer lugar, paz y descanso a pesar de las aflicciones: "Junto a aguas de reposo me pastoreará". En cuarto lugar, dirección a pesar de todos los peligros: "Me guiará por sendas de justicia por amor de su nombre". En quinto lugar, refrigerio espiritual a pesar de las presiones de la vida: "Confortará mi alma". En sexto lugar, presencia divina en los valles oscuros de la vida: "Aunque ande en el valle de sombra de muerte, No temeré mal alguno, porque tú estarás conmigo; tu vara y tu cayado me infundirán aliento". En séptimo lugar, triunfo y alegría a pesar del ataque de los enemigos: "Aderezas la mesa delante de mí en presencia de mis angustiadores; unges mi cabeza con aceite; mi copa está rebosando". En octavo lugar, buena compañía en el presente y bienaventurada morada por toda la eternidad: "Ciertamente el bien y la misericordia me seguirán todos los días de mi vida, y en la casa de Jehová moraré por largos días". ¿Usted ya es oveja de Jesús, el Buen Pastor?

3
de abril

¿Qué haré para heredar la vida eterna?

... Señores, ¿qué debo hacer para ser salvo?

HECHOS 16:30B

Pablo y Silas estaban presos en Filipos, después de haber sido azotados en plaza pública. Con los pies amarrados a un tronco y el cuerpo ensangrentado, estos dos obreros de Dios fueron lanzados al interior de una prisión inmunda, entre criminales de alta peligrosidad, por haber sido instrumentos de Dios en la liberación de una joven endemoniada. Lejos de lamentar aquella injusta situación o reivindicar sus derechos como ciudadanos romanos, resolvieron orar y cantar alabanzas a Dios a media noche. Ese hecho inusual llamó la atención de los otros prisioneros. Todos oían atentamente ese testimonio extraordinario. Dios oyó sus oraciones y se agradó de su alabanza, enviando un terremoto para abrir las puertas de la prisión y sacudir al carcelero. Responsable por los prisioneros y temeroso de que hubieran huido, sacó la espada para matarse. En ese momento, Pablo gritó, ordenándole que no se hiciera mal alguno. El hombre, tembloroso, sacándolos fuera de la prisión, se inclinó delante de los mensajeros de Dios y preguntó: "¿Qué debo hacer para ser salvo?". Pablo prontamente respondió: "Cree en el Señor Jesucristo, y serás salvo, tú y tu casa". La salvación no es el resultado de las obras, sino de la fe. No es consecuencia del mérito, sino expresión de la gracia. La salvación puede ser recibida ahora, y no solo en el futuro. Aun siendo individual, puede ser disfrutada por toda la familia. ¿Usted ya fue salvo por Jesús?

4
de abril

La corrupción,
la cultura de la explotación

… porque vendieron por dinero al justo…

AMÓS 2:6B

Desde que Brasil fue descubierto por los navegantes portugueses, se instaló en esta tierra una cultura de explotación. Nuestros colonizadores no vinieron para invertir su inteligencia en la construcción de una gran nación, sino para extraer nuestras riquezas y enviarlas a Europa. La actitud de tomar ventaja en todo y sacar provecho de toda y cualquier situación llegó a ser endémica. Aunque Brasil sea la sexta economía del planeta, todavía hay grandes focos de miseria tanto en las regiones suburbanas como en las regiones rurales. Somos una nación rica en recursos naturales. Tenemos la mayor reserva forestal del mundo y el mayor potencial hidrográfico del planeta. Tenemos un suelo fértil y un clima favorable. Con todo, a pesar de tantas ventajas, tenemos una clase política que, con raras excepciones, sube al poder solamente para disfrutar del erario público. Hombres de cuello blanco, con mucho poder en las manos, pero sin ningún compromiso con la ética. Hombres que aman el poder, pero no al pueblo. Hombres que aman el lucro deshonesto, pero no el trabajo honrado. Hombres que explotan la nación en lugar de servirla con patriotismo. Los escándalos financieros se multiplican en los altos escaños de los gobiernos federal, estatal y municipal. Cambian los gobernantes y cambian los partidos políticos, pero la corrupción continúa. ¡La única solución para la nación brasileña es volverse a Dios y hacer una conversión de sus malos caminos!

Jesús, la puerta de las ovejas

Yo soy la puerta; el que por mí entrare, será salvo; y entrará, y saldrá, y hallará pastos.

JUAN 10:9

Los pastores orientales guardaban sus rebaños en apriscos, lugares seguros en tiempos de frío. Pero en las noches calientes de verano se quedaban en las campiñas protegiendo sus rebaños de los depredadores. Las ovejas eran reunidas en apriscos improvisados y los mismos pastores funcionaban como la puerta de entrada para las ovejas en ese redil. Es en ese contexto que Jesús afirma ser la puerta de las ovejas. Esa metáfora nos sugiere tres verdades: Primera, Jesús es la puerta de Salvación. "El que por mí entrare, será salvo". No hay salvación fuera de Jesús. Él es el camino hacia Dios, la puerta de la salvación. Nadie puede llegar a Dios por sus obras, ni siquiera por su religiosidad. Solamente Cristo es la puerta. La segunda verdad: Jesús es la puerta de la libertad. Él dijo: "…[por mí]… entrará, y saldrá…". Muchas puertas conducen al cautiverio y a la esclavitud. Son puertas largas y espaciosas, pero que desembocan en callejones estrechos y oscuros que llevan a mazmorras insalubres. Aquellos que entran por esas puertas no pueden salir. Se hacen prisioneros del pecado, de los vicios, de las muchas pasiones mundanas. Jesús, sin embargo, es la puerta de la libertad. La tercera verdad: Jesús es la puerta de la provisión. "Y hallará pastos". Jesús es la misma provisión de las ovejas. Él vino para que sus ovejas tengan vida, y vida en abundancia. En Él usted encontrará paz, descanso, dirección, protección, victoria y compañía eterna.

6
de abril

Una lucha de sangriento sudor

Y estando en agonía, oraba más intensamente; y era su sudor
como grandes gotas de sangre que caían hasta la tierra.

LUCAS 22:44

El Getsemaní fue el palco de la más reñida batalla del mundo. Allí, en la cúspide del monte de los Olivos, el Hijo de Dios sudó sangre y sintió los horrores del infierno soplando en su alma. En el mismo lugar donde había una prensa de aceite, Jesús fue aplastado bajo el peso cruel de nuestros pecados. Allí, en aquel escenario de horror, Jesús lloró copiosamente y clamó al Padre por su liberación. Cinco verdades deben ser destacadas aquí: 1) El Getsemaní es el lugar de la oración agónica: Jesús oró intensamente aun cuando sus amigos más cercanos estaban dominados por el sueño; 2) El Getsemaní es el lugar de la rendición absoluta a la soberana voluntad del Padre: Jesús se dispuso a obedecer, aunque esa obediencia pasara por la cruz; 3) El Getsemaní es el lugar de la soledad más cruel: Jesús estuvo solo en la hora más agónica de su vida; 4) El Getsemaní es el lugar del lloro y del fuerte clamor regado de lágrimas: Jesús lloró copiosamente en el Getsemaní no para huir de la voluntad del Padre, sino para realizarla; 5) El Getsemaní es el palco del consuelo celestial y del triunfo sobre los enemigos: Jesús oró, lloró y sangró solo en el Getsemaní; no recibió ninguna ayuda de la tierra ni consuelo alguno de sus amigos, pero también allí, el ángel de Dios descendió para consolarlo y de allí Él salió victorioso para triunfar sobre sus enemigos. Su muerte en la cruz no fue una derrota, sino su más retumbante victoria, pues fue en la cruz que él aplastó la cabeza de la serpiente y adquirió para nosotros eterna redención.

7
de abril

Victoria sobre la muerte

... Sorbida es la muerte en victoria.

1 CORINTIOS 15:54C

La muerte entró en el mundo por causa del pecado y pondrá sus heladas manos sobre todos: reyes y vasallos, siervos y jefes, doctores y analfabetos, religiosos y agnósticos, viejos y niños. La muerte es el rey de los terrores. Entra en los palacios y cabañas, en los templos religiosos y en los reductos más oscuros de la iniquidad, en los hospitales más sofisticados y en las plazas más concurridas. Nacemos con el virus de la muerte y caminamos en dirección a ella inevitablemente. Hasta que Jesús regrese, la muerte continuará su actuar implacable. Pero la muerte fue vencida. Jesús quebró la espina dorsal de la muerte y arrancó su aguijón. Jesús mató la muerte al resurgir de entre los muertos. Ahora, la muerte ya no tiene más la última palabra. No debemos temerle más. Su poder fue destruido. Jesús se presenta como la resurrección y la vida. Quien cree en Él, nunca morirá eternamente, sino que pasó de muerte a vida. En el glorioso día del regreso triunfante de nuestro bendito Dios y Salvador, los que estén muertos resucitarán con un cuerpo inmortal, incorruptible, poderoso, glorioso y celestial, semejante al cuerpo de la gloria de Cristo; y los que estén vivos serán transformados y arrebatados para estar con Cristo para siempre. La misma muerte, que esparció tanto terror y provocó tantas lágrimas, será lanzada al lago de fuego, y nosotros habitaremos en los nuevos cielos y la nueva tierra, donde Dios enjugará de nuestros ojos toda lágrima.

8

de abril

La sanación producida por la confesión

Confesaos vuestras ofensas unos a otros, y orad unos por otros, para que seáis sanados…

SANTIAGO 5:16A

Hay enfermedades físicas y enfermedades emocionales. Hay enfermedades del cuerpo y enfermedades del alma. Guardar rencores y esconder pecados enferma. Llamamos a esta situación deplorable enfermedades "hamartiagénicas", o sea, enfermedades producidas por el pecado. Santiago habla de este asunto cuando dice: "Confesaos vuestras ofensas unos a otros, y orad unos por otros, para que seáis sanados". El rey David adulteró con Betsabé y mandó matar a su marido. Se casó con la viuda y continuó su vida como si nada hubiese sucedido. La mano de Dios, sin embargo, pesó sobre él, y el rey enfermó. Su vigor se hizo como sequedad de estío. Sus huesos ardían, sus lágrimas inundaban su lecho y su alma estaba de luto. Hasta el día en que el rey fue confrontado por el profeta Natán y, cayendo en sí, confesó su pecado. La confesión le trajo sanación y liberación, perdón y restauración. El pecado escondido es como una cadena invisible. La peor prisión es la cárcel de la conciencia culpable. La Palabra de Dios nos señala el camino de la sanación, cuando afirma: "El que encubre sus pecados no prosperará; mas el que los confiesa y se aparta alcanzará misericordia" (Proverbios 28:13). La confesión es el fruto del arrepentimiento, y el arrepentimiento es la puerta de entrada al perdón y la curación. Hay muchas personas enfermas que no necesitan ser tratadas con remedios y cirugías, en las clínicas y hospitales, sino con la terapia de la confesión. El pecado genera enfermedad, pero la confesión trae curación. El pecado esclaviza y atormenta, pero la confesión libera y restaura.

9
de abril

Las pruebas de la vida son multicolores

> En lo cual vosotros os alegráis, aunque ahora por un poco de tiempo, si es necesario, tengáis que ser afligidos en diversas pruebas.
>
> 1 PEDRO 1:6

Nadie pasa por la vida sin beber el cáliz del sufrimiento. Entramos en el mundo llorando, lavamos el rostro con nuestras propias lágrimas y luego de la jornada y, no es raro, cerramos las cortinas de la vida con lágrimas en los ojos. La vida no es indolora. Enfrentamos diversas pruebas. Santiago dijo: "Hermanos míos, tened por sumo gozo cuando os halléis en diversas pruebas" (Santiago 1:2). La palabra griega *poikilos*, traducida aquí por "diversas", significa 'policromática' o 'multicolor'. Hay pruebas leves y pruebas pesadas. Pruebas rosa-claro y pruebas rosa-oscuro. Pruebas rojo-carmesí y pruebas oscuras como brea. A pesar de esto, Santiago nos enseña aquí algunas verdades importantes. Primero, las pruebas son compatibles con la fe cristiana. Santiago se dirige a hermanos y no a paganos. La vida cristiana no es un invernadero espiritual, sino un área de lucha; no es un parque de diversiones, sino un campo de batalla. Segundo, las pruebas son compatibles con la alegría. Santiago dice que en lugar de rendirnos a la tristeza y a la murmuración, debemos tener una actitud de inmensa alegría al pasar por esas diversas pruebas. Tercero, las pruebas son compatibles con la esperanza, pues son pasajeras y no permanentes. Vamos a pasar por ellas, en lugar de quedarnos presos en sus garras. Si las pruebas son multicolores, también lo es la multiforme *(poikilos)* gracia de Dios. ¡Para cada prueba, tenemos gracia suficiente para enfrentarla!

10
de abril

El remedio para el corazón afligido

Has cambiado mi lamento en baile…

SALMOS 30:11A

Jesús se estaba despidiendo de sus discípulos y dándoles sus últimas instrucciones. Era jueves, el fatídico día de la traición de Judas, del abandono de los discípulos, de la lucha de sangriento dolor, de la prisión humillante y del juicio ilegal en el sanedrín. Los discípulos estaban con sus corazones afligidos y turbados. Jesús, entonces, les dijo: "No se turbe vuestro corazón; creéis en Dios, creed también en mí. En la casa de mi Padre muchas moradas hay; si así no fuera, yo os lo hubiera dicho; voy, pues, a preparar lugar para vosotros. Y si me fuere y os preparare lugar, vendré otra vez, y os tomaré a mí mismo, para que donde yo estoy, vosotros también estéis" (Juan 14:1-3). Jesús ofrece tres remedios para la cura de un corazón afligido. Primero, la fe en Cristo. La fe es un ancla firme cuando navegamos los mares revueltos de la vida. No debemos mirar la furia de las olas ni amedrentarnos con el rugido de los vientos. ¡Debemos mirar hacia Jesús! Segundo, la certeza del cielo. El cielo es la casa del Padre, donde hay muchas moradas. Es el lugar preparado para personas preparadas. La vida no es solo el aquí y el ahora. Hay un futuro de gloria para aquellos que creen en el Señor Jesús. El fin de nuestro camino no desemboca en una tumba fría, sino en el cielo de gloria. Tercero, la segunda venida de Cristo. Jesús volverá para buscarnos. Subiremos con Él, reinaremos con Él y disfrutaremos con Él de las venturas benditas del Paraíso. La aflicción no debe ser nuestro cáliz, tampoco nuestro corazón debe sobresaltarse por la angustia. Podemos levantar nuestros ojos y contemplar, por la fe, las glorias del futuro.

11
de abril

La esperanza que no desespera

Él creyó en esperanza contra esperanza…

ROMANOS 4:18A

Una cosa es esperar aquello que es posible, plausible y asequible; otra bien diferente es esperar aquello que solo hace desesperar. Abraham no solo esperó con paciencia, sino que esperó contra la esperanza. Dios le prometió el hijo de la promesa. Prometió que Abraham sería el padre de una numerosa multitud y que, por medio de él, todas las familias de la tierra serían benditas. Los años pasaron, pero la promesa no se cumplía. Abraham ya estaba con el cuerpo moribundo, y Sara, su mujer, además de estéril, ya no tenía más posibilidad de concebir. El escenario era de desánimo para el mayor de los optimistas, pero no para el padre de la fe. Esperando contra la esperanza, Abraham creyó, para venir a ser padre de muchas naciones. Él sabía que Dios es poderoso para vivificar a los muertos y llamar a la existencia a las cosas que no existen. Aun cuando tenía 100 años de edad y su mujer, con 90 años, no dudó de la promesa. El milagro creído se hizo el milagro realizado. Promesa de Dios y realidad son la misma cosa. Ninguna de las promesas de Dios cae a tierra. En todas ellas tenemos el sí y el amén. Él vela por el cumplimiento de su Palabra. El cristiano no vive según las emociones ni conforme a los dictámenes del entendimiento. Vive por la fe, y fe no es mera sugestión, sino la certeza de hechos y convicción de cosas. La fe descansa no en las evidencias de la lógica humana, sino en la promesa divina. No mira las circunstancias, sino al Dios vivo que está al control de todas las situaciones.

12
de abril

Salvos por la sangre

Y la sangre os será por señal en las casas donde vosotros estéis;
y veré la sangre y pasaré de vosotros…

ÉXODO 12:13A

La Pascua fue celebrada la noche en que Dios libertó a los hebreos de la esclavitud de Egipto. La resistencia del Faraón llegó a su fin cuando murieron todos los primogénitos de aquella tierra milenaria. Un cordero sin defecto murió por cada familia, y su sangre fue puesta en los dinteles de las puertas. Cuando el ángel pasó aquella fatídica noche y vio la sangre esparcida en las puertas, no hirió allí al primogénito. Lo que salvó a los hebreos de la muerte no fue el cordero, sino la sangre del cordero esparcida en los dinteles de las puertas. Lo que libró a los hebreos no fue alguna virtud que ellos pudiesen ostentar, ni siquiera el sufrimiento y las injusticias sufridos por ellos en la esclavitud. La única diferencia entre los hebreos y los egipcios aquella noche fue la sangre del cordero. Así es aún hoy en día. Solo hay dos grupos de personas: los que están bajo la sangre de Cristo y los que todavía no lo están. No se trata de pertenecer a esta o aquella iglesia. No se trata de obras o méritos. La única cosa que cuenta a los ojos de Dios es si estamos bajo la sangre del Cordero inmaculado o no. Cuando Dios ve la sangre, no aplica allí el juicio. Aquella sangre del Cordero en los dinteles de las puertas era un símbolo de la sangre de Cristo vertida en la cruz. Solamente la sangre de Cristo puede purificarnos de todo pecado. Solamente por la sangre de Cristo somos redimidos de nuestros pecados. Solamente por la sangre de Cristo tenemos paz con Dios. Solamente por la sangre de Cristo somos salvos de la muerte eterna y del juicio venidero.

13
de abril

Las aguas amargas se hicieron dulces

Y Moisés clamó a Jehová, y Jehová le mostró un árbol; y lo echó en las aguas, y las aguas se endulzaron…

ÉXODO 15:25A

El pueblo de Israel acababa de atravesar el mar Rojo de forma milagrosa. El mar se hizo camino abierto para los hebreos y sepultura para sus enemigos. Ahora, el pueblo tenía al frente el desierto de Shur. Después de tres días de camino, ellos no encontraron agua. Finalmente, llegaron a Mara, pero allí no pudieron beber las aguas, porque eran amargas. El pueblo murmuró contra Moisés, y Moisés clamó a Dios, quien le señaló una solución: arrojar un árbol sobre las aguas de Mara. Allí Dios probó al pueblo y le dio estatutos. Dios prometió al pueblo que si ellos andaban en obediencia, las enfermedades que vinieron sobre los egipcios no los alcanzarían. Allí Dios se reveló al pueblo con un nuevo nombre, Jehová Rafá, "Jehová tu sanador" (v. 26). Al salir de Mara, llegaron a Elim, donde había doce fuentes de agua y setenta palmeras. Allí acamparon junto a las aguas. Las aguas amargas de Mara son un símbolo de la vida antes de la conversión. No hay nada en este mundo que nos pueda satisfacer. Sin embargo, cuando la cruz de Cristo es puesta en esas aguas amargas, ellas se hacen dulces. Cuando Cristo entra en nuestra vida, somos transformados, restaurados y transmutados en instrumentos de vida y no de muerte, de deleite y no de tormento, de alivio y no de pesar. Es por la cruz de Cristo que esa transformación sucede. Ningún poder en la tierra ni en el cielo puede cambiar nuestra vida, nuestra suerte y nuestro futuro a no ser Cristo, y este crucificado. ¡Tenemos vida por su muerte, tenemos sanidad por su cruz!

14
de abril

¡Cuidado con las pasiones infames!

No te echarás con varón como con mujer; es abominación.

LEVÍTICO 18:22

El hombre y la mujer fueron creados por Dios a su imagen y semejanza. Dios los unió en una relación de amor y fidelidad. Hombre y mujer, por el matrimonio, se hacen una sola carne. El matrimonio fue establecido por Dios, en Génesis 2:24, como una relación heterosexual, monogámica y monosomática. El matrimonio no es la relación de un hombre con otro hombre, ni de una mujer con otra mujer. No es la relación de un hombre con más de una mujer, ni de una mujer con más de un hombre. El perverso corazón humano, sin embargo, rebelado contra Dios, rehúsa obedecer los preceptos divinos. Por eso, relaciones ilícitas son inventadas y uniones abominables son sostenidas para sustituir lo que Dios estableció desde el principio. Una de esas relaciones abominables es la práctica sexual con personas del mismo sexo. La Palabra de Dios dice: "No te echarás con varón como con mujer; es abominación". El apóstol Pablo afirma que el homosexualismo, o sea, la relación entre hombre y hombre, o entre mujer y mujer, es una expresión del juicio divino a una generación que rechaza el conocimiento de Dios. Esa relación homosexual es tratada por el apóstol como una disposición mental reprobable, un error, una inmundicia, una deshonra, una torpeza, algo contrario a la naturaleza (Romanos 1:24-28). Por más que la sociedad contemporánea apruebe y haga legal el "matrimonio homosexual", a los ojos de Dios continúa siendo abominación. ¡Debemos, por lo tanto, tener mucho cuidado con las pasiones infames!

15

Miedo a la muerte

Yo sé que mi Redentor vive, y al fin se levantará sobre el polvo.

JOB 19:25

El apóstol Pablo estaba en el corredor de la muerte, en la antesala del martirio, preso en una mazmorra romana. Convencido de que la hora de su martirio había llegado, en lugar de estar desesperado, escribió a Timoteo con singular lucidez: "Porque yo ya estoy para ser sacrificado, y el tiempo de mi partida está cercano" (2 Timoteo 4:6b). En el entendimiento de Pablo, no era Roma quien lo iba a matar; era él mismo quien se iba a ofrecer a Dios en sacrificio. Eso porque, en su entendimiento, la muerte tenía tres importantes significados, de acuerdo con el sentido de la palabra "partida" en griego: 1) Quitar la carga de las espaldas de una persona: para el cristiano, morir es descansar de sus fatigas; 2) Desatar un bote, navegar las aguas del río y cruzar a la otra orilla: para el cristiano, morir es hacer el último viaje de la vida, rumbo al puerto divino; 3) Aflojar las estacas de una tienda, levantar el campamento e ir a su casa permanentemente: para el cristiano, morir es cambiar de dirección, e ir a la casa del Padre. Pablo no tenía miedo de morir, porque sabía en quién había creído y para dónde estaba yendo. No debemos, de igual modo, temer a la muerte. Ella ya fue vencida. Jesús ya quitó el aguijón de la muerte. Jesús ya mató la muerte por su propia muerte y resurrección. Ahora, la muerte, el último enemigo a ser vencido, el rey de los terrores, no tiene más poder sobre nosotros. La muerte no tiene ya la última palabra. ¡Sorbida fue la muerte en victoria!

16
de abril

La paciencia, una virtud necesaria

... pacientes en la tribulación.

ROMANOS 12:12B - RVA[5]

La paciencia no es una actitud natural, fruto de una personalidad amable. Naturalmente no somos pacientes. La paciencia es fruto del Espíritu; es una virtud cristiana que se desarrolla a medida que entregamos nuestras acciones y reacciones al control del Espíritu Santo. Job fue un hombre paciente. Sufrió duros y severos golpes en la vida. Perdió sus bienes, sus hijos y su salud. Además de estas pérdidas radicales, perdió también el apoyo de su mujer y la solidaridad de sus amigos. En ese valle oscuro de dolor, él exprimió el pus de la herida y gritó a los cielos, exponiendo su queja. No sufrió callado como un estoico. No se encogió amargado contra Dios ni levantó sus puños contra los cielos. Nutrió la esperanza en la intervención divina, aunque su cuerpo estuviera arrugado y la sepultura pareciera ser su única recompensa. Aun en los portales de la muerte, sabía que su Redentor estaba vivo. Aun con el pie en la sepultura, sabía que un tiempo de restauración podría brillar en su vida. Aun acusado de muchos pecados, sabía que Dios saldría en su defensa. Job fue paciente para ver el tiempo de la restauración. Fue paciente para ver a sus amigos perdonados por Dios y a su descendencia prosperando en la tierra. Tenía paciencia. El último capítulo de su vida aún no ha sido escrito. Lo mejor de Dios todavía está por venir. Dios aún está trabajando en usted. ¡Después, Él trabajará "a través" de usted!

17
de abril

¿Mayor crimen o mayor amor?

A este, entregado por el determinado consejo y anticipado conocimiento de Dios, prendisteis y matasteis...

HECHOS 2:23A

La muerte de Cristo fue el mayor crimen de la historia. Él fue muerto por un motivo torpe, la envidia. Los testigos que lo acusaron eran falsos. Su juicio fue un escandaloso error jurídico. Judas lo entregó a los sacerdotes por ganancia y después confesó haber entregado sangre inocente. Los sacerdotes prendieron a Jesús por envidia. Pilato lo condenó por cobardía, porque, como juez que lo sentenció a muerte, estaba convencido de su inocencia. El mayor crimen de la historia, sin embargo, no fue un accidente, sino que formaba parte de la agenda de Dios. Jesús fue entregado por el determinado designio y presciencia de Dios. Ese hecho, no obstante, no eximió a sus ejecutores de responsabilidad, pues el apóstol Pedro afirmó: "... (vosotros) prendisteis y matasteis por manos de inicuos" (v. 23b). Esta fue la faceta sombría de la muerte de Cristo. Hay otra gloriosa: La muerte de Cristo fue la mayor expresión de amor. Jesús no fue a la cruz porque Judas lo traicionó, ni porque los judíos lo entregaron, tampoco porque Pilato lo sentenció. Jesús fue a la cruz porque se dio, voluntariamente, como sacrificio por nuestro pecado. Al mismo tiempo, la muerte de Cristo fue el mayor crimen de la historia y también el mayor gesto de amor del mundo; la mayor expresión de maldad de los hombres y la mayor expresión de la bondad de Dios.

18
de abril

El amor conyugal, un tesoro precioso

Las muchas aguas no podrán apagar el amor…

CANTARES 8:7A

El libro del Cantar de los Cantares exalta el amor conyugal, un símbolo del amor de Cristo por su iglesia. En el capítulo 8 encontramos cuatro características del amor conyugal. Primero, es un amor inviolable: "Ponme como un sello sobre tu corazón…" (v. 6a). El sello es un símbolo de inviolabilidad. El amor conyugal debe ser íntegro, puro, confiable, fiel. Segundo, es un amor sacrificial: "… porque fuerte es como la muerte el amor" (v. 6b). El amor verdadero se entrega sin reservas a la persona amada. Cristo amó a la iglesia y se entregó por ella. El marido debe amar a la esposa como Cristo amó a la iglesia, entregándose y estando dispuesto a morir por ella. Tercero, es un amor indestructible: "Las muchas aguas no podrán apagar el amor, ni lo ahogarán los ríos" (v. 7a). Las crisis y las tempestades de la vida no pueden destruir el amor verdadero. Ninguna turbulencia puede sacudir las estructuras del amor. El amor navega osado por los mares revueltos y cruza los ríos caudalosos con inquebrantable seguridad. Cuarto, es un amor incorruptible: "Si diese el hombre todos los bienes de su casa por este amor, de cierto lo menospreciarían" (v. 7b). El amor no es un producto barato que se compra en el mercado, ni una moneda de cambio que se canjea para alcanzar ventajas inmediatas. El amor no se corrompe ni se vende. Es sincero, puro y confiable. Ese amor es el oxígeno del matrimonio, es el vector que gobierna la relación, es la mayor recompensa de la relación conyugal.

19
de abril

Getsemaní, la batalla decisiva

Velad y orad, para que no entréis en tentación; el espíritu a la verdad está dispuesto, pero la carne es débil.

MATEO 26:41

Getsemaní es un jardín y está en la cúspide del monte de los Olivos. Significa "prensa de aceite". Era un lugar conocido y frecuentado por Cristo. La noche en que fue traicionado, Jesús se dirigió a ese jardín con los discípulos y allí enfrentó una lucha de sangriento sudor. Fue la más decisiva batalla que se trabó en la historia. Allí el destino de la humanidad estaba en juego. El alma del Hijo de Dios estaba angustiada hasta la muerte. Los horrores del infierno respiraban sobre Él. La cruz y su suplicio indescriptible estaban frente a Él. El Creador del universo estaba pronto a ser entregado en las manos de los pecadores. Aquel que es bendito estaba pronto a ser escarnecido y escupido por los hombres. En ese momento, Jesús avanzó al interior del jardín para orar al Padre. Su oración fue intensa, agónica y regada de lágrimas. En Getsemaní, Jesús enfrentó el drama de la soledad. Jesús dijo algunas cosas a la multitud; otras, solo a los discípulos. Pero cuando sudó sangre, estaba completamente solo. En Getsemaní, Jesús enfrentó el drama de la tristeza. Jesús no solo estaba angustiado por causa del sufrimiento físico, sino, sobre todo, porque siendo santo, se hizo pecado; y, siendo bendito, fue hecho maldición. En Getsemaní, Jesús lidió con la rendición. Jesús sudó sangre no para huir de la voluntad del Padre, sino para hacer la voluntad del Padre. Finalmente, en Getsemaní, Jesús recibió el consuelo del Padre, por medio de un ángel. Por eso salió victorioso de esa batalla y caminó hacia la cruz como un rey camina a la coronación.

20
de abril

Una señal del favor de Dios

Muéstrame una señal de bondad.

SALMOS 86:17A - LBLA

David estaba pasando por un valle profundo. Afligido y necesitado, ahogado en la tristeza, estaba dominado por una gran angustia. Su alma estaba cercada de los poderes de la muerte. Los soberbios se levantaron contra él. Una banda de violentos, que despreciaban a Dios, atentaba contra su vida. En esa situación de opresión y persecución, David se vuelve a Dios en oración, proclamando misericordia. David pide liberación y socorro. Es en ese contexto que David ruega al Señor: "Muéstrame una señal de bondad". Hay momentos en la vida en los que las circunstancias conspiran contra nuestra fe. Aunque seamos conscientes de que Dios es poderoso para librarnos, no vemos ninguna evidencia de esa liberación. Es como si estuviéramos dentro de una niebla oscura. Los enemigos se fortalecen y nos sentimos amenazados por peligros que vienen de fuera y por angustias que vienen de dentro. En esas horas necesitamos también una señal del favor de Dios. Necesitamos una prueba de que Dios está al control de la situación y, en tiempo oportuno, nos librará. Tal vez usted también haya hecho esa oración de David. Tal vez usted también ya haya pasado o esté pasando por esa noche tenebrosa de dolor y miedo. Sepa que su Dios es compasivo. Él es grande en fuerza y poder y jamás va a desampararlo o entregarlo a usted al propósito de sus enemigos. ¡No se desespere, espere en Dios! ¡No se entregue al desespero, ore a Dios! ¡No se rinda a la incredulidad, pida a Dios una señal de su favor!

Los hijos, flechas en las manos del guerrero

Como saetas en mano del valiente, así son los hijos habidos en la juventud.

SALMOS 127:4

No criamos a nuestros hijos para nosotros mismos. Nosotros los criamos para Dios. Nosotros los preparamos para la vida. El salmo 127 presenta una sugestiva figura de los hijos: son flechas en las manos del guerrero. Feliz aquel que llena de ellos su aljaba. Cuando se piensa en una flecha, tres ideas vienen a nuestra mente. La primera es que un guerrero, antes de usar sus flechas, necesita cargarlas en los hombros. Las madres cargan a los hijos en el vientre y los padres los cargan en los brazos. Nuestros hijos necesitan cuidado, protección y amor. Necesitamos implementar disciplina con ánimo; exhortación con consuelo. La segunda idea es que un guerrero carga sus flechas para lanzarlas lejos. Los padres no crían a los hijos para sí mismos. Ellos preparan a los hijos para la vida. Y, muchas veces, los padres lanzan a los hijos lejos, a fin de responder a los proyectos de Dios. Nuestros hijos no son nuestros: son de Dios y deben estar al servicio de Dios. La tercera idea es que un guerrero no desperdicia sus flechas. Él las lanza a un objetivo correcto. También los padres deben preparar a los hijos para que sean vasos de honra, instrumentos de bendición en las manos de Dios. Los padres no desperdician a los hijos. Los hijos deben ser criados con sabiduría para que sean bendición en la familia, en la iglesia y en la sociedad.

22
de abril

No siempre Dios nos exime de los problemas

Cuando pases por las aguas, yo estaré contigo...

ISAÍAS 43:2A

La vida es como un viaje. No siempre es calmada y tranquila. En esa jornada navegamos aguas revueltas, escalamos montañas escarpadas, descendemos valles profundos, cruzamos desiertos inhóspitos. Dios nunca nos prometió ausencia de problemas. La vida no es indolora. No pocas veces nuestro cuerpo es golpeado por el dolor. Las lágrimas calientes, con frecuencia, borbotean de nuestros ojos como torrentes caudalosos. La enfermedad sutil o agresiva mina nuestro vigor. En esas horas, nuestras rodillas se debilitan; nuestros brazos decaen; y nuestros ojos se empañan. Muchos, movidos por una teología errada, se rebelan contra Dios. No consiguen conjugar el sufrimiento con el amor divino. Reclaman de Dios una intervención y se amargan contra Él cuando la respuesta negativa viene. Necesitamos entender que Dios nunca nos prometió ausencia de aflicción. En este mundo tendremos aflicción, pues nos es necesario entrar en el reino de Dios a través de muchas tribulaciones. Aquí hay lloro y dolor, lágrimas y sufrimiento. Aquí es el cielo. Pero aquí tenemos la presencia consoladora de Dios. Aquí tenemos la promesa de que Dios nunca nos probará más allá de nuestras fuerzas. Aquí tenemos la convicción de que nuestra tristeza se convertirá en alegría, y nuestro sufrimiento en recompensa gloriosa. En la perspectiva de la eternidad, nuestras tribulaciones aquí son leves y momentáneas. No estamos de camino a una noche oscura, sino a un amanecer glorioso.

El plan de Dios es perfecto

Y sabemos que a los que aman a Dios, todas las cosas les ayudan a bien...

ROMANOS 8:28A

El apóstol Pablo escribió su mayor tratado teológico y lo envió como una carta a la iglesia de Roma. Los estudiosos dicen que esa carta es como la cordillera del Himalaya de la revelación bíblica, su pico culminante. En el versículo que consideramos, Pablo dice que Dios tiene un propósito establecido en la eternidad. Ese propósito es eterno, perfecto y victorioso. El soberano Dios no improvisó las cosas. Lo hizo todo de acuerdo con un plan que no puede ser frustrado. Su vida está incluida en ese plan. Usted, que ama a Dios, tiene su vida en las manos de aquel que también tiene las riendas del universo bajo su control. No hay acaso ni coincidencia. No hay suerte ni azar. No hay determinismo ni desastre. La historia no está a la deriva como un camino desenfrenado, ni está rodeando en círculos como pensaban los griegos. La historia camina hacia una consumación gloriosa. Pablo dice que todas las cosas cooperan para nuestro bien. No algunas cosas ni las mejores cosas, sino todas las cosas. Esas cosas no se encajan por sí mismas como en un juego de coincidencias. Ellas no son gobernadas por un destino aleatorio. La verdad llana y sencilla es que Dios está trabajando las circunstancias de nuestra vida, como si tejiera un tapete, como si montara un mosaico, para que el resultado sea nuestro bien. Obviamente, Pablo no está diciendo que todas las cosas que nos suceden son buenas; lo que está diciendo es que Dios actúa en esas circunstancias, convirtiéndolas para nuestro bien.

24

de abril

Jesús resucitó de entre los muertos

No está aquí, pues ha resucitado, como dijo. "Venid, ved el lugar donde fue puesto el Señor".

MATEO 28:6

La resurrección de Cristo es su brazo de triunfo. Es el amén de Dios a la agonía de la cruz. La tumba vacía de Cristo es la cuna de la iglesia. Jesús nació en un pesebre, creció en una carpintería y murió en una cruz. Aquel que caminó por todas partes haciendo el bien y librando a los oprimidos del diablo, fue apresado, condenado, colgado en una cruz y sepultado, pero resucitó al tercer día. Su tumba fue abierta de adentro hacia fuera. Los grilletes de la muerte no pudieron retenerlo. Él arrancó el aguijón de la muerte y mató a la muerte con su propia muerte, pues resucitó de entre los muertos como primicia de aquellos que duermen. Ahora, la muerte no tiene ya la última palabra. La muerte fue vencida y tragada por la victoria de Cristo. Jesús es la resurrección y la vida. Aquel que cree en Él no está más debajo del yugo de la muerte, el rey de los terrores, sino que pasó de muerte a vida. Ya no debemos tener miedo del mañana, pues la muerte no es el punto final de la existencia. Caminamos no hacia una sepultura cubierta de polvo, sino a la gloriosa resurrección. Nuestro destino no es una noche eterna de oscuridad, sino la ciudad santa, el paraíso de Dios, donde el Cordero será su lámpara. Recibiremos un cuerpo inmortal, incorruptible, poderoso, glorioso, celestial, semejante al cuerpo de la gloria de Cristo. Podemos, entonces, decir con Pablo: "Porque para mí el vivir es Cristo, y el morir es ganancia" (Filipenses 1:21).

25
de abril

Alegría indecible y llena de gloria

> A quien amáis sin haberle visto, en quien creyendo, aunque ahora no lo veáis, os alegráis con gozo inefable y glorioso.
>
> 1 PEDRO 1:8

El apóstol Pedro escribió a los creyentes dispersos y forasteros de Asia Menor. Era un tiempo de gran sufrimiento. Las persecuciones patrocinadas por el emperador Nerón ya habían comenzado. Los creyentes enfrentaban variadas persecuciones. No obstante, en medio de ese fuego de prueba, los creyentes debían regocijarse en la salvación con alegría indecible y llena de gloria. El mundo ansía la alegría. Las personas invierten dinero buscando comprar la alegría. Pero ¿dónde está la alegría? ¿En las aventuras sexuales? ¿En las bebidas refinadas? ¿En los banquetes lujosos? ¿En la ropa cara? ¿En las riquezas de este mundo? ¿En el lujo extremo? Muchas personas prueban todas estas cosas y todavía continúan infelices. Otras, sin embargo, aun desprovistas de estas cosas, experimentan una alegría indecible y llena de gloria. La verdadera alegría es más que un sentimiento. Es más que una emoción. La verdadera alegría es una persona, es Jesús. Aquellos que lo conocen y disfrutan de su salvación experimentan una felicidad mayúscula y superlativa. Aquellos que toman posesión de la salvación y nutren en el alma una esperanza viva, disfrutan de la alegría que no puede ser comunicada con palabras, una alegría gloriosa. ¿Usted es una persona feliz? ¿Conoce esa alegría indecible y llena de gloria? ¿Ha usado esa alegría? ¿Se ha saturado de ese banquete de Dios? Ahora mismo usted puede tomar posesión de esa alegría. Ella es un manjar delicioso en el espléndido banquete de la gracia.

26
de abril

El Cordero vencedor

... y estuve muerto; mas he aquí que estoy vivo por los siglos de los siglos.

APOCALIPSIS 1:18B

El apóstol Juan era el único sobreviviente del colegio apostólico. Todos los demás apóstoles ya habían sido martirizados. El emperador Domiciano lo deportó a la isla de Patmos, en una tentativa de callar su voz. Sin embargo, cuando todas las puertas de la tierra estaban cerradas para Juan, el Señor le abrió una puerta en el cielo. Se le reveló. Juan tuvo una visión del Cristo glorificado, cuyos cabellos eran blancos como la nieve y cuyo rostro brillaba como el sol en su fulgor. Sus ojos eran como llamas de fuego, y sus pies, como de bronce pulido. Su voz era como la voz de muchas aguas y de su boca salía una afilada espada de dos filos. Juan cayó como muerto a los pies de Cristo, pero oyó: "No temas; yo soy el primero y el último; y el que vivo, y estuve muerto; mas he aquí que vivo por los siglos de los siglos" (Apocalipsis 1:17b-18a). El Cristo vencedor es el Cordero que fue muerto, pero resucitó. Él mató a la muerte con su propia muerte y triunfó sobre ella en su resurrección. El Cordero vencedor está sentado en el trono del universo y gobierna sobre cielos y tierra. No adoramos al Cristo que estuvo vivo y está muerto, sino al Cristo que estuvo muerto y está vivo por los siglos de los siglos. El Cordero de Dios venció para abrir el libro de la historia y conducirla a la consumación. ¡No debemos temer el futuro, pues aquel que se sienta en el trono del universo tiene las riendas de la historia en las manos!

27

La ansiedad, el fantasma del alma

Así que, no os afanéis por el día de mañana.

MATEO 6:34A

L a palabra "ansiedad" significa en griego 'estrangulamiento' y se relaciona con sacar el oxígeno, apretar el cuello, sofocar. Muchas personas viven con la respiración jadeante, atormentadas por el fantasma de la ansiedad. Jesús dijo que la ansiedad es inútil, pues no podemos añadir un solo codo a nuestra existencia. Dijo también que la ansiedad es perjudicial, pues ya tiene el día sus propios males. Ansiedad es ocuparse en el presente de un problema futuro. Es afligirse por algo que todavía no está sucediendo. Está probado que más del setenta por ciento de los asuntos que nos ponen ansiosos nunca se concretan. Sufrimos innecesariamente. Estar ansioso hoy no nos ayudará de forma alguna a resolver los problemas de mañana. Finalmente, Jesús dijo que la ansiedad es una señal de incredulidad, pues los gentiles que no conocen a Dios son quienes se preocupan por el día de mañana, acerca de lo que van a comer, beber o vestir. Nosotros, sin embargo, debemos buscar en primer lugar el reino de Dios y su justicia, sabiendo que las demás cosas nos serán añadidas. El fantasma de la ansiedad es apartado de nuestro camino cuando confiamos en Dios y le entregamos nuestros cuidados. Vencemos la ansiedad cuando adoramos a Dios, haciéndole peticiones y súplicas, con acciones de gracias. El resultado de esta actitud es que la ansiedad se va y la paz de Dios, que sobrepasa todo entendimiento, viene a habitar en nuestra mente y en nuestro corazón.

28
de abril

El drama de la maledicencia

Porque: El que quiere amar la vida y ver días buenos, refrene su lengua de mal, y sus labios no hablen engaño.

1 Pedro 3:10

La manera más indigna en que alguien se promueve es hablar mal de los otros. La lengua mata más que la espada y destruye más que el fuego. La maledicencia es una espada afilada que sangra a sus víctimas. La lengua es fuente de vida o fosa de muerte. Es árbol fructífero que alimenta o espino que hiere; es medicina que sana o veneno que mata. Como el timón de un navío, puede dirigirlo a usted en seguridad por los mares de la vida o lanzarlo sobre los peñascos de las intrigas. La lengua es como una chispa que incendia todo un bosque. Hacer un comentario maledicente es como lanzar un saco de plumas desde lo alto de una montaña: es imposible recogerlas. El maledicente esparce contiendas entre los hermanos, y ese es el pecado que Dios más abomina. Existen muchas personas prisioneras de la lengua suelta. Hay muchas relaciones quebradas y muchos hogares heridos por causa de la maledicencia. La Biblia habla de Doeg, el chismoso, el hombre que incitó al rey Saúl a cometer una matanza en la ciudad de Nob. La Palabra de Dios reiteradas veces dice que aquel que domina su lengua abre grandes avenidas para una vida feliz. Nuestras palabras necesitan ser verdaderas, agradables y provechosas. Necesitan transmitir gracia a los que las oyen. Nuestras palabras deben glorificar a Dios y edificar al prójimo.

29
de abril

Doctrina y vida, un binomio necesario

Ten cuidado de ti mismo y de la doctrina…

1 Timoteo 4:16a

El apóstol Pablo recomendó a Timoteo, su hijo espiritual y pastor de la iglesia de Éfeso, cuidar de sí mismo y de la doctrina. Ortodoxia y piedad son hermanas gemelas. Teología y vida no pueden separarse. Doctrina sin vida o vida sin doctrina son posturas insuficientes. Necesitamos asociar a la verdad el testimonio. El testimonio necesita ser regido por el vector de la verdad. Hay muchas personas ortodoxas que descuidan la vida. Abominan de las herejías y profesan la sana doctrina, pero fallan en la práctica. Son ortodoxos de cabeza y herejes de conducta. Tienen luz en la mente, pero les falta amor en el corazón. Son como la iglesia de Éfeso de acuerdo a la evaluación de Cristo: elogiada por mantenerse firme en la sana doctrina, pero reprendida por haber abandonado su primer amor. Otros, no obstante, desprecian la sana doctrina, pero son celosos en la práctica del amor. Así era la iglesia de Tiatira, que estaba abriendo las puertas a una falsa profetisa al mismo tiempo que era celosa en la práctica del amor. Esa iglesia también fue reprendida por Jesús por tal actitud. No podemos separar lo que Dios unió. No podemos volar apenas con un ala. No podemos correr con solo una pierna. No podemos vivir de forma agradable a Dios con solo doctrina, sin vida; ni podemos atender a los preceptos de Dios con vida solamente, sin doctrina. Doctrina y vida son un binomio necesario. La orden de Pablo a Timoteo cruza los siglos y llega hasta nosotros: "Ten cuidado de ti mismo y de la doctrina".

30
de abril

No se llene de vino, llénese del espíritu

No os embriaguéis con vino, en lo cual hay disolución; antes bien sed llenos del Espíritu.

EFESIOS 5:18

Cuanto más llenas estén de alcohol, más vacías las personas estarán. El hombre siempre está lleno de alguna cosa. Está lleno de Dios o de sí mismo. Está practicando las obras de la carne o produciendo el fruto del Espíritu. El apóstol Pablo dice que no debemos embriagarnos con vino, sino llenarnos del Espíritu. El vino produce disolución; el Espíritu Santo produce comunión, adoración, gratitud y sumisión. El vino produce una alegría pasajera y superficial; el Espíritu, una alegría permanente y profunda. El vino produce una alegría mundana; el Espíritu, una alegría indecible y llena de gloria. El vino esclaviza; el Espíritu libera. El vino lleva al hombre a perder el control; el Espíritu produce dominio propio. El vino trae vergüenza y oprobio; el Espíritu produce honra y reconocimiento. El autor de Proverbios pregunta: "¿Para quién será el ay? ¿Para quién el dolor? ¿Para quién las rencillas? ¿Para quién las quejas? ¿Para quién las heridas en balde? ¿Para quién lo amoratado de los ojos? Para los que se detienen mucho en el vino, para los que van buscando la mistura" (Proverbios 23:29-30). Las cárceles están abarrotadas de protagonistas de la embriaguez, y los cementerios están sembrados de sus víctimas. Mantenga a su familia lejos de la embriaguez. Ese camino es escurridizo. El fin de esa línea es el vicio, la vergüenza, la esclavitud y la muerte.

1

de mayo

Temperamento controlado por el Espíritu

Airaos, pero no pequéis; no se ponga el sol sobre vuestro enojo.

EFESIOS 4:26

Nuestro mayor problema no es con la acción, sino con la reacción. Podemos convivir pacíficamente con alguien cuando somos respetados. Pero ¿cómo reaccionamos cuando somos insultados? El rey Salomón advierte: "La blanda respuesta quita la ira; mas la palabra áspera hace subir el furor" (Proverbios 15:1). Note que Salomón no dice que la palabra blanda desvía el furor, sino que la respuesta blanda lo hace. En ese caso, la persona que da la respuesta ya fue agredida e insultada. Una ley de la física determina: "Toda acción provoca una reacción igual y contraria". Esa ley de la física no puede gobernar nuestra vida espiritual. No somos seres autómatas. No somos gobernados por nuestro temperamento, listos a reaccionar con la misma vehemencia con que la acción llegó a nosotros. No podemos pagar mal con mal. No podemos hablar mal de aquellos que hablan de nosotros. Jesús nos enseñó que si alguien nos hiere el rostro, debemos poner la otra mejilla. Si alguien nos fuerza a andar una milla, debemos caminar dos. Si alguien nos toma la túnica, debemos dar también la capa. Jesús no está hablando de acción, sino de reacción. Cuando nuestro temperamento es controlado por el Espíritu, podemos tener reacciones transcendentales. Podemos tener el mismo sentimiento que hubo también en Cristo Jesús. Podemos dar respuestas blandas a aquellos que nos insultan con palabras rudas. Podemos bendecir a aquellos que nos maldicen. Podemos orar por aquellos que nos persiguen. Podemos vencer el mal con el bien.

2
de mayo

¿Dónde está su fuerza?

Estos confían en carros, y aquellos en caballos; mas nosotros del nombre de Jehová nuestro Dios tendremos memoria.

SALMOS 20:7

En la época del rey David, los carros y los caballos eran el mayor símbolo de fuerza. Nadie podía resistir a un ejército invasor aparejado con carros y caballos. David dijo que algunas personas confiaban en carros; otras, en caballos. Pero nuestra mayor fuerza es impotente e incapaz de dar libertad en la hora del aprieto. David declaró: "Ellos flaquean y caen, mas nosotros nos levantamos, y estamos en pie" (Salmo 20:8). Nuestra fuerza no está en los recursos de la tierra, sino en el poder que viene del cielo. Nuestra victoria no viene del hombre, sino de Dios. Aún hoy, muchas personas confían en su riqueza, en su fuerza y en su sabiduría. Pero esas columnas son frágiles. Esos pilares no sustentan el edificio de nuestra vida en los días tenebrosos de la calamidad. Ni siquiera los grandes imperios se mantuvieron en pie por largo tiempo. Los reyes, por más fuertes y poderosos, cayeron, y su gloria se hizo polvo. Las naciones más ricas y más opulentas de la tierra, aun escalando a la cima de la pirámide a causa de su riqueza económica o su poderío bélico, no permanecieron incólumes en las alturas. Ellas también se doblaron y cayeron. En lugar de gloriarnos en nuestra fuerza, debemos gloriarnos en Dios. Él es quien da la victoria al rey. Él es quien nos conduce en triunfo. ¡En Él debe estar nuestra confianza!

La oveja del Buen Pastor

Jehová es mi pastor; nada me faltará.

SALMOS 23:1

El salmo 23 es el texto más conocido de la Biblia. Es fuente de consuelo en el dolor y puerto seguro en el que muchas almas encuentran abrigo. En el versículo citado, destacan tres verdades: La primera es la competencia del pastor. David dice: "Jehová es mi pastor". El Señor es el Dios Jehová, y Jehová es el Dios autoexistente, Todopoderoso, Creador del universo, fuente de vida, Salvador del mundo. El mismo Dios que trajo a existencia las cosas que no existían y de la nada creó los mundos estelares, ese Dios es nuestro pastor. Él tiene competencia para cuidar de nosotros, cargarnos en sus brazos y refrescar nuestra alma. La segunda verdad es la relación estrecha de la oveja con el pastor. David dice: "Jehová es mi pastor". De nada serviría que Dios sea Todopoderoso si no tenemos una relación personal e íntima con Él. La omnipotencia divina suple la fragilidad humana. Somos ovejas frágiles, pero tenemos como pastor al Dios omnipotente. No podemos protegernos a nosotros mismos ni suplir nuestras propias necesidades, pero tenemos como pastor al omnipotente Dios que nos guarda y al providente Dios que nos bendice con toda suerte de bendiciones. La tercera verdad es la confianza inconmovible de la oveja. David concluye: "Jehová es mi pastor; nada me faltará". La provisión divina incluye descanso, paz, dirección, compañía y victoria en esta vida y, al final, la bienaventuranza eterna. ¿Usted ya es oveja de Jesús, el buen pastor?

4

de mayo

El Cordero mudo

Angustiado él, y afligido, no abrió su boca…

ISAÍAS 53:7A

El profeta Isaías anunció a Jesús de forma incomparable, setecientos años antes de su nacimiento, como el cordero mudo que fue llevado al matadero y no abrió su boca. El Hijo de Dios fue traspasado por nuestras iniquidades y molido por nuestras transgresiones. Él fue herido, pero por sus heridas nosotros fuimos sanados. Él fue ultrajado, pero no devolvió mal por mal. Él fue llevado a la cruz bajo el abucheo de una multitud sedienta de sangre, pero no profirió ninguna palabra de maldición. Tal como un cordero mudo, se ofreció como sacrificio por nuestro pecado. Pacientemente soportó burla, escarnio y azotes. Fue humillado hasta la muerte, y muerte de cruz. Valientemente marchó bajo el bullicio de una multitud enloquecida, rumbo a las penurias del calvario. Aun padeciendo sufrimiento atroz, no tomó en cuenta la vergüenza de la cruz, por la alegría que estaba por delante. Aun siendo obediente hasta el fin, soportó el duro golpe de la ley que violamos. Aun siendo bendito eternamente, fue hecho maldición por nosotros, al asumir nuestro lugar. Cargó en su cuerpo nuestros pecados y vertió su sangre para redimirnos del cautiverio y de la muerte. Su padecimiento nos trajo alivio. Su muerte nos trajo vida. Allí en el calvario, Jesús abrió para nosotros la fuente inagotable de la salvación.

5

de mayo

El abrigo de la casa de Dios

> Una cosa he demandado a Jehová, esta buscaré; que esté yo en la casa de Jehová todos los días de mi vida, para contemplar la hermosura de Jehová, y para inquirir en su templo.
>
> SALMOS 27:4

El rey David vivió días de gran dificultad. Sus enemigos no le dieron descanso. Las circunstancias eran aciagas. El miedo intentó sentarse en el trono de su corazón. En esas horas, David reafirmaba la confianza en Dios como su fortaleza. No temía los malhechores que se levantaban contra él, ni tampoco los ejércitos que declaraban la guerra contra su pueblo. En esa turbulencia externa, David oraba a Dios y pedía y buscaba una única cosa: el privilegio de morar en la casa de Dios para meditar y contemplar la belleza del Altísimo. Él sabía que, en el día de la adversidad, Dios era poderoso para ocultarlo bajo su bandera. Sabía que Dios era quien lo exaltaba sobre sus enemigos. Sabía que Dios oía su clamor y respondía sus oraciones en las horas más oscuras de la prueba. Sabía que, aunque su padre y su madre lo desampararan, Dios lo acogería. Sabía que Dios no lo entregaría en las manos de sus enemigos, que astutamente levantaban contra él falsos testimonios y cruelmente lo atacaban. David termina el salmo 27 haciendo una confesión personal: "Hubiera yo desmayado, si no creyese que veré la bondad de Jehová en la tierra de los vivientes" (v. 13) y también una exhortación pública: "Aguarda a Jehová; esfuérzate, y aliéntese tu corazón; sí, espera a Jehová" (v. 14).

6
de mayo

Ríos de agua viva

> El que cree en mí, como dice la Escritura, de su interior correrán ríos de agua viva.
>
> JUAN 7:38

La Fiesta de los Tabernáculos era la más alegre del calendario de Israel. Peregrinos venían de todas las regiones a Jerusalén y durante una semana habitaban en cabañas, festejando con gratitud las cosechas. Durante la fiesta, había una ceremonia muy bonita, en la que el pueblo, liderado por los sacerdotes, llevaba agua del estanque de Siloé hasta el templo, reavivando en la memoria del pueblo la promesa de salvación. El último día de la fiesta era el punto culminante. Esa procesión sucedía siete veces al día. Y fue en ese período que Jesús se puso en pie y exclamó: "Si alguno tiene sed, venga a mí y beba. El que cree en mí, como dice la Escritura, de su interior correrán ríos de agua viva" (Juan 7:37-38). Vemos aquí dos verdades preciosas. En primer lugar, una invitación preciosa. La invitación es dirigida a todos, sin distinción. Es una invitación personal y al mismo tiempo universal para una relación personal con Cristo. Es una invitación dirigida a los sedientos. Es una invitación que implica una ruptura con el pasado y una marcha en dirección a Jesús. Es la invitación de la salvación. En segundo lugar, una promesa preciosa. Jesús ofrece vida santa, abundante y espléndida a aquellos que creen en Él. Para que no quede duda alguna, Jesús aclara la manera correcta de creer en Él: "Como dice la Escritura". No basta creer; no basta creer como dice la iglesia; no basta creer según nuestro entendimiento. Es necesario creer en Cristo como dice la Escritura. El resultado es correcto: "De su interior correrán ríos de agua viva".

7

Cantando a medianoche

Pero a medianoche, orando Pablo y Silas, cantaban himnos
a Dios…

HECHOS 16:25A

Pablo y Silas estaban en Filipos, colonia romana en la provincia de Macedonia. En esa ciudad, Lidia, una empresaria de la ciudad de Tiatira y vendedora de púrpura, se convirtió a Cristo. Una joven poseída de un espíritu de adivinación acababa de ser liberada, hecho que provocó profundo disgusto entre aquellos que se lucraban con su adivinación. Llevados por la ira, arremetieron contra Pablo y Silas y los apresaron. Incitaron al pueblo y sus autoridades contra los dos misioneros. El resultado fue que ambos fueron azotados en la plaza pública y después lanzados al interior de una prisión inmunda, con el cuerpo ensangrentado. La injusticia, la humillación y el dolor no consiguieron apagar las llamas del fervor espiritual en el corazón de estos dos obreros. A medianoche, ellos oraban y cantaban alabanzas a Dios. Aquella prisión oscura, húmeda e insalubre se convirtió en templo de adoración, y sus pies amarrados al cepo, en una razón todavía más elocuente para levantar la voz y cantar alabanzas al Señor. Nuestro Dios inspira canciones de alabanza en las noches oscuras. La alabanza no es consecuencia de las circunstancias favorables. La alabanza coexiste con el dolor y, muchas veces, es sazonada con lágrimas. Aquella reunión de oración en la cárcel trajo el cielo a la tierra. Dios envió un terremoto que abrió las puertas de la prisión. El carcelero, asustado al ver las puertas abiertas y concluir que los prisioneros habían huido, tomó la decisión de matarse. Aquella no fue, sin embargo, la noche de su muerte, sino la noche de su salvación, pues allí en la prisión él conoció a Cristo y fue salvo.

8
de mayo

La sangre que purifica

... y la sangre de Jesucristo su Hijo nos limpia de todo pecado.

1 Juan 1:7b

El pecado es una realidad innegable. Sus efectos pueden ser notados todos los días en nuestra vida, familia y sociedad. El pecado es la transgresión de la ley de Dios y la falta de conformidad con esa ley. Pecamos contra Dios por palabras, obras, omisión y pensamientos. No somos pecadores porque pecamos; pecamos porque somos pecadores. Fuimos concebidos en pecado, nacimos en pecado y vivimos en pecado. No podemos purificarnos a nosotros mismos. El pecado alcanzó nuestra razón, emoción y voluntad. Todas las áreas de nuestra vida fueron afectadas por el pecado. Ningún ritual religioso puede limpiarnos del pecado. Ningún sacrificio hecho por nosotros puede restaurar nuestra relación con Dios, toda vez que el pecado hizo separación entre nosotros y Dios. Aquello que no podemos hacer, no obstante, Jesús, el Hijo de Dios, lo hizo por nosotros. Por su muerte tenemos vida y por su sangre tenemos purificación de todo pecado. No solo de algunos pecados, sino de todo pecado. En Jesús tenemos pleno perdón y abundante redención. El apóstol Juan es enfático al decir que la sangre de Jesús, el Hijo de Dios, nos purifica no solo de algunos pecados, sino de "todo" pecado. En otras palabras, no hay vida irrecuperable para Jesús. Cualquier pecador, por más sucio, por más depravado, por más bajo que haya caído, puede llegar a ser nueva criatura y ser completamente limpio por la sangre purificadora de Jesús. El profeta Isaías llega a decir que aunque nuestros pecados sean como escarlata, llegarán a ser blancos como la nieve; aunque sean rojos como el carmesí, llegarán a ser como la lana (Isaías 1:18).

¡Amor, tan grande amor!

Porque de tal manera amó Dios al mundo, que ha dado a su Hijo unigénito, para que todo aquel que en él cree, no se pierda, mas tenga vida eterna.

JUAN 3:16

Quién podría describir la inmensidad del amor de Dios? ¿Qué lenguaje podría expresar esa verdad tan extraordinaria? El poeta así lo expresó: "Si los mares fueran tinta y las nubes papel; si los árboles fueran pena y los hombres escritores; aun así, no se podría describir el amor de Dios". Dios amó de forma superlativa al mundo hostil y a los pecadores rebeldes. Los amó no simplemente con palabras, sino con el mayor de todos los sacrificios. Por amor a pecadores indignos, Dios entregó a su propio Hijo. Lo entregó para ser humillado, escupido, burlado y colgado en la cruz. Lo entregó para morir por nuestros pecados. Lo entregó como nuestro representante y fiador. El propósito de Dios en esa entrega fue doble: librarnos de la perdición eterna y concedernos la vida eterna. Cristo no murió para que los incrédulos fueran salvos, sino para que los que creen sean salvos. La salvación es la dádiva de Dios, y la fe es el medio de apropiación de esa dádiva. El amor de Dios por nosotros es más que un sentimiento; es una entrega, un sacrificio. Dios nos amó y dio todo, se dio a sí mismo, dio a su unigénito Hijo. La muerte de Cristo en la cruz no fue la causa del amor de Dios, sino su consecuencia. Ese es un amor superlativo y mayúsculo. ¡Ese es el amor de Dios por usted y por mí!

10
de mayo

La tentación,
una realidad innegable

Jesús, lleno del Espíritu Santo, volvió del Jordán, y fue llevado
por el Espíritu al desierto por cuarenta días, y era tentado por
el diablo.

LUCAS 4:1-2A

La tentación no es una ilusión, es un hecho. El tentador no es un mito, es
un ser real. La vida no es un campo neutro ni una zona segura, sino un
campo minado. Nuestro adversario es asesino, ladrón, padre de la mentira,
engañador, acusador, adversario, destructor y maligno. Vino para robar, matar
y destruir. Es la antigua serpiente, el dragón cruel, el león que ruge a nuestro
alrededor. Ese enemigo es un ángel caído, llamado diablo y Satanás. Él no
duerme ni tiene vacaciones. Todo el tiempo y en todo tiempo, él nos investiga
buscando una brecha en nuestra vida. Tiene un gran arsenal y usa muchas
armas para atacarnos. Sus trampas son astutas y su furia implacable. Es feroz
como un dragón y sutil como una serpiente. Usa tanto la presión como la
seducción. No es pecado ser tentado; pecado es ceder a la tentación. Después
del bautismo en el Jordán, Jesús fue llevado por el Espíritu al desierto para ser
tentado durante cuarenta días. No hubo intervalo entre la sonrisa del Padre
en el Jordán y el ceño fruncido del diablo en el desierto. El hecho de que
seamos llenos del Espíritu, oremos y ayunemos, no nos exime de la tentación.
El enemigo, con su astucia, cuestiona nuestra identidad y también la bondad
de Dios. Pero vencemos sus artimañas con la Palabra y apagamos sus dardos
inflamados con el escudo de la fe. Por medio de la oración y el ayuno, llenos
del Espíritu y de la Palabra, saldremos de ese campo incendiado de lucha
victoriosos, porque la victoria no viene de la tierra, sino del cielo; no viene del
hombre, sino de Dios.

Vuelve a los brazos del padre

Me levantaré e iré a mi padre, y le diré: Padre, he pecado contra
el cielo y contra ti.

LUCAS 15:18

Hay muchos hijos pródigos que abandonaron la casa del padre y partieron para probar las aventuras de la vida. Aun teniendo amor, provisión y seguridad en la casa paterna, comenzaron a sentir un profundo vacío y una inmensa insatisfacción en el alma, pensando que la felicidad estaba del lado de afuera de las puertas. Muchos pródigos partieron llevando su herencia anticipada, con la ilusión de que encontrarían en el "país distante" experiencias arrebatadoras. Pero los festines del mundo, aunque apetitosos, no satisfacen el alma ni llenan el vacío del corazón. Las amistades de las fiestas se evaporan como nube pasajera. El hijo pródigo gastó todo lo que tenía en una vida disoluta y, al final, quedó solo y hambriento. Cuando comenzó a pasar necesidad, recordó la casa paterna y tomó la decisión de volver. Para su sorpresa, antes de ver al padre, el padre lo vio. Antes de correr hacia el padre, el padre corrió a su encuentro. Antes de completar su pedido de perdón, el padre le anunció la gracia de la restauración, besándolo, abrazándolo y restaurándolo a la dignidad de hijo. Tal vez usted esté lejos de Dios, de la iglesia y de la familia. Tal vez sus amigos lo hayan abandonado, y usted se encuentre solo. ¡Vuelve, hijo, vuelve! ¡El Padre celestial lo espera con los brazos abiertos!

12
de mayo

Una gran transacción en el calvario

Al que no conoció pecado, por nosotros lo hizo pecado, para
que nosotros fuésemos hechos justicia de Dios en él.

2 CORINTIOS 5:21

Nuestra redención le costó mucho a Dios. No fue mediante cosas pere-
cederas como oro o plata que él nos compró, sino mediante la sangre
de Jesús. En el calvario, tres transacciones fueron realizadas para consumar
ese rescate. La primera es que Dios no puso en nuestra cuenta la deuda que
teníamos con Él. Dios estaba en Cristo reconciliando consigo al mundo, no
imputando a los hombres sus transgresiones. Nuestra deuda es impagable,
pero Dios la perdonó completa y eternamente. La segunda transacción es que
Dios puso nuestra deuda en la cuenta de Cristo. Aquel que no conoció pecado, Dios lo hizo pecado por nosotros. Dios arrojó sobre Cristo todas nuestras transgresiones. Él fue traspasado por nuestras iniquidades y molido por
nuestros pecados. Murió por nuestros pecados. En la cruz, rompió el escrito
de deuda que era contrario a nosotros y dio un gran grito: "¡Consumado es!
[¡Pagado está!]" (Juan 19:30). Aquello que no podíamos hacer, Dios lo hizo
por nosotros. Jesús quitó nuestra deuda y murió nuestra muerte. La tercera
transacción efectuada en el calvario es que Dios depositó en nuestra cuenta
la infinita justicia de su Hijo. Cristo fue hecho pecado por nosotros para que
nosotros fuéramos hechos justicia de Dios. Toda la justicia de Cristo fue acre-
ditada en nuestra cuenta. Ahora, estamos libres con respecto a la ley de Dios
y con las demandas de la justicia divina. Nuestros pecados fueron borrados y
nuestro nombre fue escrito en el Libro de la Vida. Tenemos la vida eterna. No
pesa más sobre nosotros ninguna condenación. ¡Fuimos justificados!

13
de mayo

La alegría de la boda

Esto es ahora hueso de mis huesos y carne de mi carne.

GÉNESIS 2:23

Dios creó al hombre perfecto, lo puso en un lugar perfecto y mantenía perfecta comunión con él. Le dio el privilegio de ser el gestor de la creación, el mayordomo de la naturaleza. Sin embargo, Adán no encontró ninguna criatura, por toda la naturaleza, que le correspondiera física, emocional y espiritualmente. El mismo Dios, que da la máxima puntuación para toda la obra de la creación, dice ahora "No es bueno que el hombre esté solo; le haré ayuda idónea para él" (Génesis 2:18). Dios hizo que el hombre durmiera y de su costilla creó una mujer. Adán se despertó de su sueño y vio a la criatura más hermosa a su lado; luego exclamó en un arranque de felicidad: "Esto es ahora hueso de mis huesos y carne de mi carne". El matrimonio fue instituido por Dios para ser una fuente de placer y felicidad. El matrimonio merece y requiere la mayor inversión y la renuncia más grande. "Por tanto, dejará el hombre a su padre y a su madre, y se unirá a su mujer, y se harán una sola carne" (Génesis 2:24). La mujer no fue tomada de la cabeza del hombre para que lo maneje. Una mujer que intenta mandar al esposo se convierte en una persona frustrada, porque no consigue admirar al hombre que manda. La mujer no fue tomada de los pies del hombre para ser humillada por él. Ninguna mujer puede ser feliz sin ser respetada. La mujer ha sido tomada de la costilla del hombre para ser el centro de sus afectos, y el objetivo de su cuidado.

14
de mayo

La alegría de la comunión con Dios

Dios que se paseaba en el huerto, al aire del día.

GÉNESIS 3:8

Dios es más importante que sus dádivas. El Creador es más importante que la creación. Adán vivió en el Jardín del Edén, el más espléndido paraíso jamás visto en la tierra. Fue el mismo Dios quien hizo su paisaje. Ese lugar exhalaba el aroma de flores multicolores. Árboles frondosos producían sombras acogedoras y árboles frutales vivían llenos de todo tipo de frutas deliciosas. El pasto verde y abundante dejaba los ojos ebrios con tanta belleza multiforme. Ríos de aguas limpias, llenos de frondosidad, adornaban aquel palco de incomparable belleza. Pero ni este espléndido escenario podía satisfacer el alma de Adán. Él aspiraba a algo más grande que la naturaleza. El mismo Dios que se paseaba en el huerto, al aire del día bajaba para hablar con Adán. La comunión con Dios es el más grande de todos los placeres. Es el placer más sublime. Es en la presencia de Dios que hay plenitud de gozo. Es a su diestra que hay delicias para siempre. Aún hoy podemos levantar nuestra voz y decir como san Agustín: "Señor, tú nos has hecho para ti, y nuestra alma solo encuentra descanso en ti". Las glorias de este mundo no pueden llenar el vacío de nuestras almas. Las riquezas de esta tierra no pueden llenar el vacío de nuestro corazón. Solo Dios puede dar sentido a la vida. ¡Es en la comunión con Dios que experimentamos la verdadera razón de nuestra vida!

15

Esta vez alabaré a Jehová

Concibió otra vez, y dio a luz un hijo, y dijo: "Esta vez alabaré
a Jehová"; por esto llamó su nombre Judá; y dejó de dar a luz.

GÉNESIS 29:35

Lea era la esposa de Jacob, pero no tenía el amor de Jacob. Tuvo hijos con
Jacob, pero no el afecto de su marido. Incluso con el vientre fértil, tenía el
corazón seco. Su historia fue sellada por el dolor del desprecio. El sentimiento
de rechazo amargaba su alma hasta el día en que nació Judá, su cuarto hijo.
Cuando su descendencia vino al mundo, esa mujer sufrida y entre lágrimas
dijo: "Esta vez alabaré a Jehová". Por eso al niño le puso por nombre Judá, que
significa 'alabanza'. La alabanza no es un resultado de la victoria, pero sí su
causa. La alabanza fluye desde el valle del dolor. La alabanza florece en medio
de las espinas del sufrimiento. La alabanza nos pone por encima de nuestras
circunstancias. La alabanza es ultracircunstancial. Jesús, el Hijo de Dios,
el Mesías, el Salvador del mundo, desciende de Judá. Por medio de Jesús,
también podemos convertir nuestro duelo en gozo, nuestro dolor en fuente
de consuelo y nuestra tristeza en alegría. Jesús, el descendiente de la tribu de
Judá, es aquel que seca nuestras lágrimas, cura nuestro dolor y restaura nuestra
suerte. No tenemos que caminar por la vida aplastados bajo la pesada
rueda de circunstancias adversas, o torturados por sentimientos abrumadores.
Nosotros nos podemos levantar desde el fondo de nuestra angustia y decir,
como Lea: "Esta vez alabaré a Jehová". En Jesús se nos ha abierto una fuente
inagotable de alegría y alabanza.

16
de mayo

Dios trabaja a nuestro favor, y no contra nosotros

Entonces su padre, Jacob, les dijo: "Me habéis privado de mis hijos; José no aparece, ni Simeón tampoco, y a Benjamín le llevaréis; contra mí son todas estas cosas".

GÉNESIS 42:36

Jacob fue amado por Dios antes del nacimiento. Él era el nieto de Abraham, hijo de Isaac y el padre de las doce tribus de Israel. Su historia es un zigzag de altibajos. Incluso siendo creado en un hogar temeroso de Dios, solamente conoció a Jehová como el Dios de su salvación, después de haber formado una familia, con cerca de 93 años. Jacob tuvo que salir de la casa huyendo y volvió a su tierra natal con miedo. Sin embargo, el plan de Dios nunca se alejó de Jacob. En el vado de Jaboc, Dios luchó con Jacob y lo dejó cojo para no perderlo para siempre. La gracia de Dios es eficaz. Aquellos a quienes Dios elige, Dios también los llama con eficacia. Jacob recibió una nueva vida, un nuevo nombre, una nueva historia. Se convirtió en el padre de las doce tribus de Israel. Su hijo, José, fue vendido por sus hermanos a Egipto, pero Dios usó esa providencia horrible para mostrarle su rostro sonriente. Esa situación no fue un acto de Dios en contra de Jacob, sino a su favor. No hay Dios como el nuestro, que trabaja para los que esperan en él. Lo que Jacob piensa que es su perdición fue su salvación. Lo que imaginaba estar en contra de él trabajaba a su favor. Su lamento se convirtió en su canción más efusiva. Dios transformó el árido valle en un manantial, las lágrimas en celebración, el llanto en una fuente de consuelo.

17
de mayo

La alegría del amor conyugal

Y la trajo Isaac a la tienda de su madre Sara, y tomó a Rebeca por mujer, y la amó…

GÉNESIS 24:67

Isaac era el único heredero de un acaudalado padre. Heredero de una gran fortuna y de una gran promesa. Su padre era el conocido hoy popularmente como el padre de la fe, el progenitor de una gran nación. Por medio de él todas las familias de la tierra serán bendecidas. Isaac tenía 40 años, pero aún estaba soltero. Isaac era un joven creyente y tenía intimidad con Dios en la oración. Su matrimonio con Rebeca es uno de los capítulos más apasionantes de la historia. Rebeca era el objetivo de oración y de una búsqueda minuciosa. Isaac amó a la joven, hermosa, fuerte y no temerosa Rebeca cuando la vio por primera vez. Desde que la conoció fue consolado por la muerte de Sara, su madre. El matrimonio es un don de Dios para la felicidad humana. Por lo tanto, tiene que ser construido sobre la base del amor. No hay otra razón que debe motivar a dos jóvenes a entrar en una alianza matrimonial. Se equivocan los que entran en este pacto por otros intereses. El amor debe gobernar las acciones y sentimientos en la vida conyugal. El amor busca la felicidad del cónyuge más que la suya propia. El amor no es "ego centralizado" sino "otro centralizado". El amor debe ser conocido por lo que es, por lo que evita, por lo que cree y por lo que hace. El amor es paciente, es bondadoso. El amor no es celoso ni es soberbio. El amor no se goza de la injusticia, sino se goza con la verdad, pues todo lo cree, todo lo espera, todo lo soporta. El amor nunca acaba.

18
de mayo

La alegría de la reconciliación

Pero Esaú corrió a su encuentro y lo abrazó, y se echó sobre su cuello, y lo besó; y lloraron.

GÉNESIS 33:4

La familia no siempre es lo que planeamos. Nadie planea fallar en la vida personal, profesional y familiar. Aunque Isaac y Rebeca comenzaron bien, no terminaron bien. El principal error de ellos fue en relación a la crianza de los hijos. En lugar de cultivar la amistad entre Esaú y Jacob, alimentaron las disputas entre ellos. E Isaac amó más a Esaú, y Rebeca tenía predilección por Jacob. Era una especie de juego de intereses. El resultado fue el conflicto entre estos dos hermanos. Jacob tuvo que huir de su casa y pasó veinte años lejos. Cuando regresó, el problema aun atormentaba su alma. Jacob había formado una familia y se convirtió en un hombre rico, pero no había paz en su corazón. No era un hombre salvo. En un momento de gran crisis, tuvo una pelea con Dios en el vado de Jaboc, y allí su vida fue salva. En Peniel, Dios le cambió el nombre y le dio un nuevo corazón. Dios cambió su suerte y la disposición de su corazón. Los dos hermanos se encontraron, se abrazaron y se besaron. En lugar de que este encuentro hubiera abierto otra herida en el alma de ambos, fue el escenario de la reconciliación. Incluso hoy en día hay muchas familias enfermas por causa de la amargura, relaciones tensas dentro de la familia que roban la paz y hacen que se seque el alma. ¡El perdón es el remedio divino para este mal, porque el perdón cura, renueva y restaura!

La expresión más grande de amor

Y le dijo: "Toma ahora a tu hijo, tu único, Isaac, a quien amas, y vete a la tierra de Moriah, y ofrécelo allí en holocausto sobre uno de los montes que yo te diré".

GÉNESIS 22:2

Hay momentos en los que Dios parece extraño. Hay momentos en que la fe parece luchar contra la esperanza. El mismo Dios que prometió un heredero de Abraham y había tardado 25 años para cumplir la promesa, ahora manda a Abraham que sacrifique al hijo de la promesa. Abraham no discute con Dios; solo obedece y lo hace inmediatamente. Esa misma mañana, el viejo patriarca prepara la leña, llama a dos de sus criados y parte con Isaac hacia el monte Moriah, donde va a ofrecer a su hijo en holocausto. El texto bíblico no trae a esta narración una perspectiva emocional, pero eso no quiere decir que Abraham no hiciera esa caminata sin una profunda emoción. Él sabía que estaba caminando a sacrificar al amado de su alma. Cada paso hacia Moriah era como si todo el universo se colapsara en su cabeza. Su fe inquebrantable le dio plena seguridad de que Dios iba resucitar a su hijo. Él sabía que el altar del sacrificio sería el palco de adoración. Él sabía que el monte del Señor, Jehová Jireh, es poderoso para proporcionar el cordero sustituto. En la cima de esa montaña, Abraham levanta un altar y ofrece a su hijo, pero Dios levanta la voz y evita el sacrificio al ofrecer un cordero sustituto. Dos mil años más tarde, el Hijo de Dios estaba preso en el lecho vertical de la muerte, soportando el peso del mundo sobre sí, cuando gritó: "Dios mío, Dios mío, ¿por qué me has desamparado?" (Mateo 27:46). Para el Hijo de Dios no había un cordero sustituto, ya que Él es el único Cordero que quita el pecado del mundo. Porque Dios nos amó, entregó a su Hijo como sacrificio por nuestros pecados. ¡Oh, amor bendito! ¡Oh, amor eterno! ¡Oh, amor inconmensurable!

20
de mayo

Betel, conociendo al Dios de sus padres

> Y llamó el nombre de aquel lugar Betel, aunque Luz era el nombre de la ciudad primero.
>
> GÉNESIS 28:19

Jacob, el hijo menor de Isaac y Rebeca, salió de casa por orden de la madre, para no ser asesinado por Esaú, su hermano mayor. Salió después de mentir y engañar a su padre y robar la bendición de Esaú; salió con la conciencia aturdida por la culpa. En aquel tiempo, Jacob tenía 73 años. Para quien murió a la edad de 147 años, era un hombre de mediana edad. Todavía estaba bajo el mando de la madre y sin conocer al Dios de sus padres como el Dios de la vida. Jacob fue amado por Dios desde el vientre de su madre, no por sus virtudes, sino a pesar de sus pecados. En el camino de escape, se quedó dormido con la cabeza sobre una piedra y tuvo un sueño. Una escalera que unía la tierra al cielo, y a los ángeles de Dios que subían y descendían por ella. Allí Jacob oyó hablar a Dios, quien se presentó a sí mismo como el Dios de su abuelo y como el Dios de su padre, pero no aún como el Dios de la vida. Jacob era el nieto de un creyente y el hijo de un creyente, pero todavía no era creyente. Dios todavía no era el Dios de su vida. Él recibió las promesas de Dios, pero no estaba convertido a Dios. Despertó de su sueño y reconoció que Betel era un lugar tremendo, la casa de Dios y la puerta del cielo, pero tuvieron que transcurrir otros veinte años para ser transformado por Dios. No posponga la decisión más importante de su vida. ¡Hoy es el día apropiado! ¡Hoy es el día de salvación! Vuélvase para Dios, pues Él es rico en perdonar y se deleita en la misericordia.

21
de mayo

Peniel, conociendo al Dios de su salvación

Y llamó Jacob el nombre de aquel lugar, Peniel; porque dijo:
"Vi a Dios cara a cara, y fue librada mi alma".

GÉNESIS 32:30

Jacob se marchó de casa de sus padres y se fue a la casa de Labán. Allí formó una familia y se hizo hombre próspero y rico. Dios lo bendijo en gran manera. Se convirtió en el padre de doce hijos, que se convirtieron en jefes de las doce tribus de Israel. Después de veinte años, regresó a su tierra. La convivencia con el suegro parecía insostenible. Al regresar, ya no podía demorar el inevitable encuentro con su hermano Esaú. El tiempo no fue suficiente para calmar su corazón ni para curar las heridas de su alma. Jacob ya contaba con 93 años cuando cruzó el vado de Jaboc. Allí el Señor mismo luchó con Jacob. Este no quiso ceder: la fuerza medida con la fuerza, el poder con el poder, la destreza con la destreza. Dios tocó la articulación del muslo y lo dejó cojo. Así que Jacob se aferró al Señor y le dijo: "No te dejaré, si no me bendices" (Génesis 32:26). El Señor le preguntó: "¿Cuál es tu nombre?". Él dijo: "Jacob", que no era una respuesta, sino una confesión. Veinte años antes, Isaac hizo la misma pregunta, y él contestó: "Esaú". Jacob significa suplantador, engañador. Cuando Jacob admite su pecado y confiesa, Dios cambia su nombre por el de Israel, dándole una nueva vida y una nueva herencia. Jacob entonces llamó al lugar Peniel, porque dijo: "Vi a Dios cara a cara, y fue librada mi alma".

22
de mayo

El-bet-el, conociendo al Dios de la restauración

Y edificó allí un altar, y llamó al lugar El-bet-el, porque allí se le había aparecido Dios, cuando huía de su hermano.

GÉNESIS 35:7

Jacob conoció al Dios de sus padres en Betel, conoció a Dios como su Salvador en Peniel, pero solo se encontró con el Dios de su restauración en El-bet-el. Después de haber sido alcanzado por la gracia de Dios en Peniel, Jacob armó sus tiendas para las bandas de Siquem. El príncipe de esa tierra vio a su hija Dina, se enamoró de ella y la poseyó. Tal locura tuvo consecuencias desastrosas. Los hermanos de Dina lanzaron un plan para vengarse. Propusieron una alianza con los habitantes de Siquem. La condición para entrar en este pacto era que todos sus hombres estuviesen circuncidados. Cuando todos los hombres estaban en el punto más crítico de dolor, los hijos de Jacob, Simeón y Leví, atacaron inesperadamente la ciudad y mataron a todos, incluido el esposo de Dina. Jacob estaba desesperado. La venganza abrumadora parecía inevitable. En ese momento, Dios se apareció a Jacob y le dijo: "Levántate y sube a Bet-el, y quédate allí" (Génesis 35:1). Dios exigía de Jacob algunas cosas: "… Quitad los dioses ajenos que hay entre vosotros, y limpiaos, y mudad vuestros vestidos" (v. 2). Jacob obedeció con prontitud y se fue a Betel con su familia. Allí construyó un altar y llamó al lugar El-bet-el. Jacob ahora conoce no solo la casa de Dios, sino al Dios de la casa de Dios, el Dios de su restauración. Allí Dios renueva su pacto con él y le da la oportunidad de iniciar su caminata.

Prosperando en el desierto

Y sembró Isaac en aquella tierra, y cosechó aquel año ciento por uno; y le bendijo Jehová.

GÉNESIS 26:12

La crisis es una encrucijada. Unos colocan los pies en el camino del fracaso; otros caminan seguros rumbo a la victoria. Fue una época de hambre en la tierra. Dios le dijo a Isaac: "No desciendas a Egipto". Las aparentes ventajas del mundo pueden ser lazos mortales a nuestros pies. Isaac se quedó donde Dios ordenó. Allí volvió a abrir los pozos viejos y excavó nuevos pozos. Allí vio florecer el desierto. El mejor lugar para estar es el centro de la voluntad de Dios. Nosotros no somos gobernados por las circunstancias; andamos por la fe. Somos hijos de la obediencia. Isaac se hizo rico en un tiempo de hambre. En una época en la que todos fracasaban, él prosperó. Llegó a cosechar el ciento por uno en sus cultivos. Sus rebaños y manadas se multiplicaron. La mano de Dios estaba con él. Los filisteos contendieron con él; sin embargo, en vez de pelear, él renunció a sus derechos. Sabía que la amargura del alma tenía un precio más alto de lo que estaba dispuesto a pagar. Avanzó abriendo nuevos pozos. Donde colocaba la planta de su pie, Dios lo bendecía. Más tarde, sus opositores tuvieron que reconocer que Isaac era bendecido de Dios y se reconciliaron con él. Porque Isaac confió en Dios, él prosperó en el desierto. Porque obedeció a Dios, amplios horizontes se descortinaron ante sus ojos. Porque no amargó su alma con las luchas, se ganó el corazón de los propios enemigos.

24

de mayo

Donde hay agua, toda la tierra es buena

> Y volvió a abrir Isaac los pozos de agua que habían abierto en los días de Abraham, su padre, y que los filisteos habían cegado después de la muerte de Abraham; y los llamó por los nombres que su padre los había llamado.
>
> GÉNESIS 26:18

Isaac es el símbolo de un hombre amable. No le gustaba pelear. Sufriría un daño al luchar por sus derechos. Cuando estaba en la tierra de los filisteos, tuvo dos actitudes. La primera fue abrir los viejos pozos que su padre Abraham había cavado. El agua estaba allí y era buena, pero estos pozos estaban obstruidos con escombros. Isaac sabía que los escombros de los filisteos tenían que ser removidos para que las aguas fluyesen. La segunda actitud fue cavar nuevos pozos. No podemos despreciar el pasado ni limitarnos a este. Isaac sabía que el Dios que hizo es también el Dios que hace. Quería más, por lo que abrió nuevos pozos. Dios hizo brotar agua en el desierto y el desierto floreció. Donde hay agua, toda la tierra es buena tierra. Lo mismo sucede con nuestras vidas. Nuestro corazón puede parecer un desierto seco. Pero si las corrientes de agua viva, símbolos del Espíritu Santo, descienden sobre nuestras vidas, nuestros corazones también prosperarán. Cuando visité Israel por primera vez, pasé por el desierto de Judea. Por un lado, todo estaba seco, muerto y sin vida. Por otro lado, había un campo de naranjos exuberante, con frutos excelentes. Le pregunté al guía de turismo sobre ese fenómeno. ¿Cómo era posible, en el desierto, que de un lado reinara la muerte y en el otro apareciera la vida? Explicó: "¡Donde hay agua, toda la tierra es buena tierra!".

El desafío de ser un joven puro

Hablando ella a José cada día, y no escuchándola él para acostarse al lado de ella, para estar con ella.

GÉNESIS 39:10

La pureza sexual es una virtud casi extinta en nuestra sociedad decadente. La mayoría de las parejas entran al matrimonio con múltiples experiencias sexuales. El sexo es una bendición, ya que fue creado por Dios, y todo lo que Dios hace es bueno y perfecto. El sexo es puro, santo y da placer (gozo). Sin embargo, el sexo es para ser disfrutado en su plenitud en el matrimonio. El propósito de Dios es que los jóvenes permanezcan castos hasta el matrimonio. El noviazgo de los jóvenes creyentes debe tener criterios. Los límites deben ser establecidos y obedecidos. Aquellos que se entregan a la lujuria sexual pierden la alegría espiritual y terminan minando la relación. El apóstol Pablo es inflexible en su orientación: "Que cada uno de vosotros sepa cómo poseer su propio vaso en santidad y honor; no en pasión de concupiscencia, como los gentiles que no conocen a Dios; que ninguno agravie ni defraude en este asunto a su hermano; porque el Señor es vengador de todo esto, como ya os hemos dicho antes y testificado solemnemente" (1 Tesalonicenses 4:4-6). La pureza sexual es posible pues Dios no solo nos da una orden, sino también el poder para cumplirla. Pablo continúa: "Así que, el que desecha esto, no desecha al hombre, sino a Dios, que también nos dio su Espíritu Santo" (1 Tesalonicenses 4:8). El poder de una vida pura viene del Espíritu de Dios. ¡Cuanto más llenos del Espíritu estemos, más puros seremos!

26

de mayo

Graneros abiertos

> Y el hambre estaba por toda la extensión del país. Entonces
> abrió José todo granero…
>
> **GÉNESIS 41:56**

Egipto, la tierra de los faraones y las pirámides, vivía una época de hambruna. José, un joven hebreo, hijo de Jacob, hijo de Isaac y nieto de Abraham estaba en Egipto por la providencia divina. Dejó la prisión para ocupar el puesto de gobernador de Egipto. Después de siete años de abundancia, en los que fueron almacenadas cuidadosamente las cosechas, el hambre prevalecía en todas partes. Entonces, Egipto se convierte en el granero del mundo. Abastece la tierra. Satisface las necesidades de las caravanas que vienen de todas partes en busca de pan. Incluso los hermanos de José, que lo habían vendido como esclavo a Egipto, deben inclinarse ante ese príncipe proveedor. Este hecho arroja luz sobre una verdad espiritual gloriosa. José, tipo de Cristo, es llamado salvador del mundo. ¡Jesús es el Salvador del mundo! Él vino al mundo como el pan vivo que bajó del cielo. Es el único que puede satisfacer el hambre de nuestra alma. Hay un hambre que azota a toda la tierra. El hambre no es del pan que perece, sino de Dios. Hambre no de las cosas del mundo, sino de las cosas celestiales. Hambre no de las cosas efímeras, sino de lo que es eterno. Delicias terrenales no pueden alimentar a los seres humanos. Las cosechas no nutren el alma. Solo el pan vivo de Dios nos puede satisfacer. Los graneros de Dios están abiertos. Hay pan en abundancia en la casa del Padre. Los hambrientos está invitados: "… a los que no tienen dinero: Venid, comprad y comed. Sí, venid, comprad sin dinero y sin precio, vino y leche" (Isaías 55:1).

Rama fructífera

Rama fructífera es José, rama fructífera junto a una fuente, cuyos vástagos se extienden sobre su muro.

GÉNESIS 49:22

El patriarca Jacob se despide de sus hijos. Antes de morir, distribuye bendiciones a todos los hijos. Corresponde a José, su hijo amado, una bendición sin igual. Tres verdades se destacan en esta bendición. En primer lugar, José es una rama fructífera. Su vida fue bendición en su casa, en el trabajo y en el gobierno de Egipto. Por donde pasó José dejó marcas positivas, frutos excelentes. Muchos pasan por la vida sin dejar frutos. Solo tienen hojas, solamente apariencia y ningún resultado. En segundo lugar, José es una rama fructífera junto a la fuente. Los tiempos de sequía no tomaron su verdor, porque estaba plantado junto a la fuente, que es Dios. El secreto del éxito de José es que él mantenía una profunda intimidad con Dios. Su vida fue plantada en esta tierra bendita. Tal es la vida de los justos: es como un árbol plantado junto a la fuente, sin marchitamiento del follaje y que a su debido tiempo, da fruto. En tercer lugar, José extendió su influencia más allá de los muros. Quien es bendición en el hogar lo es también lejos de casa. Quien es bendición dentro de los muros también extiende sus ramas sobre los muros. La vida de José nos desafía y nos anima a ser, del mismo modo, ramas fructíferas de la vid verdadera. Dios es glorificado en nosotros cuando producimos mucho fruto. El secreto para dar fruto es mantenerse en contacto con la vid verdadera. ¡Tenemos el desafío de ser una bendición, incluso aquí, allá y más allá de las fronteras!

28
de mayo

Esperanza en medio del desespero

> ... la que concibió, y dio a luz un hijo; y viéndole que era hermoso, le tuvo escondido tres meses.
>
> **ÉXODO 2:2**

La esclavitud es una realidad amarga y humillante. El pueblo de Dios estaba en terrible cautiverio. Amasando arcilla bajo el látigo del verdugo, el pueblo trabajaba bajo una gran opresión. Como si fuera poco, el Faraón ordenó que todos los nacimientos de varones fuesen pasados por la espada o arrojados al río Nilo para ser devorados por los cocodrilos. En esta desesperada situación, Amram y Joquebed encuentran espacio en la agenda para el amor y alimentar el alma con la esperanza de tener un hijo. Nace Moisés. Su madre no quiere deshacerse del hijo. Ella trama un plan para salvarlo. Las aguas del Nilo no serían su tumba, pero sí su medio de salvación. Dios honró la actitud de la mujer, y el niño fue sacado del agua por la hija del Faraón. En lugar de morir a manos de Faraón, Moisés fue adoptado por la hija del Faraón, para vivir una vida en el palacio y llegar a ser un doctor en todas las ciencias de Egipto. El mismo Dios que libró a Moisés de la muerte liberó a su pueblo de la esclavitud por medio de Moisés. Dios puede encender una llama de esperanza en su corazón, incluso en medio del desespero. No se desanime. No renuncie a soñar. No renuncie a luchar. Dios está en el control y le llevará en triunfo.

29
de mayo

Destronando a los dioses

… ejecutaré mis juicios en todos los dioses de Egipto. Yo Jehová.

ÉXODO 12:12

El éxodo fue una intervención sobrenatural de Dios para sacar a su pueblo con mano fuerte y poderosa del gran imperio egipcio. Dios envió diez plagas sobre la tierra de las pirámides antiguas. Cada plaga estaba destinada a destronar a una deidad del panteón egipcio. El éxodo significa la salida del pueblo de la tierra de esclavitud a la tierra que mana leche y miel. El éxodo habla de la liberación de la esclavitud y apunta hacia la redención. Sin embargo, antes de que se abrieran las puertas de la esclavitud y que se rompiera el yugo, Dios triunfó sobre los dioses de Egipto, ejecutando sobre todos ellos su juicio. Los dioses de los pueblos son hechos por el arte y la imaginación humana. Los dioses son creados por el hombre para esclavizar a los hombres. Solo hay un Dios vivo y verdadero. Él es el creador y redentor, el Dios de nuestra salvación. Aquellos que se inclinan ante otros dioses provocan la ira del Señor, pues Él no comparte su gloria con nadie. Dios podría haber sacado a su pueblo de la esclavitud desde el primer día que Moisés regresó a Egipto, pero el endurecimiento del corazón del Faraón hizo que el Todopoderoso manifestase, en la tierra de los dioses, que solamente Jehová es Dios. Los dioses de Egipto fueron derrocados, uno por uno. Todo el mundo tuvo que inclinarse y reconocer que el único Dios que salva y libra es nuestro Dios. Así como Dios liberó a su pueblo de la esclavitud de Egipto en el pasado, también le puede liberar de las cadenas del pecado hoy. ¡A través de la sangre de Cristo, él puede librarle de la muerte eterna y darle seguridad, la vida y la paz!

30
de mayo

Libramiento por la sangre

... y veré la sangre y pasaré de largo en cuanto a vosotros, y no
habrá en vosotros plaga de mortandad cuando hiera la tierra de
Egipto.

ÉXODO 12:13

La Pascua fue el punto decisivo de la salida de los israelitas de Egipto. La
palabra "Pascua" significa 'paso'. El ángel que ejecutó el juicio de Dios
sobre los primogénitos de Egipto salvó a los primogénitos israelitas, no porque fueran mejores que los egipcios, sino porque estaban bajo la sangre del
cordero. En esa fatídica noche del juicio, el cordero fue sacrificado y su sangre
fue pasada por los marcos de las puertas. La sangre aplicada se convirtió en el
escudo protector. El escape de la muerte no tuvo nada que ver con las cualida-
des morales o espirituales de cada primogénito. El único distintivo que separa
a los que vivieron de los que murieron fue la sangre. La noche en que Dios
pasó por la tierra de Egipto, para hacer juicio contra todos los dioses de Egipto
murieron todos los primogénitos, tanto de hombres como de animales, excepto los que estaban bajo la sangre. La Pascua tipificaba el derramamiento de la
sangre de Cristo. Jesús es nuestra Pascua. Él es el Cordero de Dios que quita
el pecado del mundo. Es a través de su sangre que fuimos hechos libres de la
muerte. Es a través de su sangre que somos purificados de todo pecado. Es a
través de su sangre que somos reconciliados con Dios. No hay perdón de los
pecados sin derramamiento de sangre. Pero la sangre de los animales no puede
limpiarnos; solo la sangre de Cristo. La Pascua era una sombra; la realidad es
Cristo. La sangre del cordero aplicada a los marcos de las puertas era un tipo
de sangre de Jesús aplicada a nuestros corazones.

31
de mayo

Amar a Dios y al prójimo

El amor no hace mal al prójimo; así que la plenitud de la ley es el amor.

ROMANOS 13:10

Moisés subió al monte Sinaí y allí Dios le habló. Se presentó como el Dios de la redención antes de entregarle las tablas de la ley. Los diez mandamientos son los principios morales que deben regir la vida del pueblo de Dios. Son dos tablas, ya que el primero contiene los primeros cuatro mandamientos, que son guías de nuestra relación con Dios; y la segunda contiene los últimos seis mandamientos, regula nuestra relación con los demás. Los diez mandamientos se resumen en dos: amar a Dios y amar al prójimo. El que ama a Dios no tiene ningún otro dios, ya que Dios no compartirá su gloria con nadie. El que ama a Dios no hace una imagen de talla, sabiendo que Dios aborrece la idolatría. Quien ama a Dios no toma el nombre del Señor en vano, porque sabe que Dios es santo; no desprecia el día de descanso y devoción, porque sabe que Dios debe ser nuestro mayor deleite. Quien ama a su prójimo respeta a padre y madre, y a sus prójimos. Quien ama a su prójimo no mata porque reconoce la dignidad de la vida, ni adultera, porque respeta el honor de los demás. No roba, porque respeta la propiedad de otros. No habla mal de los demás, porque valora su nombre. No codicia, porque tiene gratitud por lo que ya ha recibido de Dios. Amar a Dios y amar a los demás es el camino a la felicidad. El placer no está en la rebelión, en la transgresión o el pecado, porque estos son los caminos del dolor, la tristeza y la muerte. ¡Los mandamientos de Dios no son gravosos; deben ser nuestro mayor placer!

1

de junio

El arca del pacto

Harán también un arca de madera de acacia […] de oro puro por dentro y por fuera.

ÉXODO 25:10-11

El arca del pacto era una caja de madera de acacia cubierta de oro, que quedaba en el lugar santísimo en el tabernáculo. Si el tabernáculo es un símbolo de la iglesia, el arca es un símbolo de Cristo. La iglesia es la habitación de Dios, y Cristo habita en la iglesia. El arca fue hecha de acacia, porque el Verbo se hizo carne. Así como la acacia es una madera dura y con nudos, Cristo asumió no solo nuestra humanidad, sino que tomó sobre sí nuestros pecados. Dentro del arca había tres objetos: las tablas de la ley, la vasija de maná y la vara de Aarón que floreció. Estos tres objetos apuntan a Cristo. Jesús es la verdadera Palabra de Dios, el Verbo encarnado, la revelación máxima de Dios. Jesús es el verdadero pan que bajó del cielo y alimenta a todo hombre. El maná es un pan perecedero, pero Jesús es el pan de vida; el que coma de este pan, no tendrá hambre. Jesús es la vara seca que floreció ya que, a pesar de que fue crucificado, muerto y sepultado, resucitó de entre los muertos y está vivo para siempre. Es de notar que Jesús está en la iglesia. La iglesia es su cuerpo. El arca era un símbolo de la presencia de Dios entre el pueblo. Jesús está en nosotros. Transportamos su presencia. El Rey de la gloria que ni el cielo de los cielos puede contener habita en frágiles vasijas de barro. ¡Misterio bendito!

2
de junio

La lepra del pecado

Y si se va extendiendo por la piel, entonces el sacerdote lo declarará inmundo; es llaga leprosa.

LEVÍTICO 13:22

L a lepra era la enfermedad más temida de los tiempos bíblicos. Se tomaron medidas preventivas para asegurar que esta enfermedad contagiosa no se propagara. La lepra es un símbolo del pecado. ¿Cuáles son las características de la lepra? La lepra es contagiosa, insensibiliza, deja marcas, separa las personas, huele mal, no tiene cura; la lepra mata. De la misma manera es el pecado. El pecado es contagioso. El que anda en el consejo de los impíos, el camino de los pecadores, y está sentado en el asiento de los burladores termina siendo atraído y arrastrado para esa red mortal. El pecado quita la sensibilidad, endurece el corazón y cauteriza la conciencia. El pecado deja marcas profundas en la mente, en las emociones y en la voluntad. Mancha el alma y enferma el cuerpo. El pecado separa las personas de Dios y del prójimo. El pecado es perjudicial. No hay comunión en el pecado. El pecado es maligno en extremo y repugnante. Es peor que la pobreza y el sufrimiento. El pecado es una enfermedad incurable. El ser humano no puede purificarse. Ningún remedio de la tierra puede aliviar al ser humano de una conciencia atormentada por la culpa. El pecado, como la lepra, mata. "La paga del pecado es muerte". La muerte física, espiritual y eterna. La muerte significa separación. En la muerte física el alma se separa del cuerpo. En la muerte espiritual, el hombre está separado de Dios. ¡En la muerte eterna, los que sean condenados en el tribunal serán expulsos para siempre de la presencia de Dios!

3
de junio

El síndrome de la langosta

> También vimos allí gigantes [...] y éramos nosotros, a nuestro
> parecer, como langostas; y así les parecíamos a ellos.
>
> **NÚMEROS 13:33**

El pueblo de Israel había salido de la esclavitud, pero aún no había entrado en la tierra prometida. Doce espías fueron enviados a divisar la tierra prometida. Eran los príncipes del pueblo, los líderes de la elite. Una vez que vieron la tierra, trajeron los frutos preciosos. Sin embargo, diez de los doce espías trajeron un informe negativo, lo que indujo al pueblo a una inquietud preocupante. Sembraron incredulidad, promovieron la rebelión, incitaron al pueblo contra Dios y contra Moisés. Dijeron que la tierra era buena, pero había ciudades fortificadas y gigantes invencibles. También dijeron que a los ojos de los gigantes eran "como langostas; y así les parecíamos a ellos". ¡Qué inversión triste! ¡Se consideraron menos que príncipes, menos que los hombres. ¡Se consideraron meros insectos, simples langostas! El pecado de estos líderes fue tan grave que el pueblo se rebeló contra Dios y en el corazón regresó a Egipto. Toda esa generación vagó durante cuarenta años en el desierto, y no entró en la tierra prometida. Solo dos espías que esperaban en Dios, Josué y Caleb, entraron a la tierra prometida; los otros perecieron en el viaje. Quien ganó fue el síndrome de langostas, no los gigantes. Fueron derrotados no por las circunstancias, sino por los sentimientos. Cayeron por su incredulidad, y no a causa de los gigantes. Tropezaron con sus propias piernas. Fueron derrotados por los pecados. El pecado es maligno en extremo. Nos priva de los placeres de la tierra prometida.

de junio

Mirar a Jesús

Y Moisés hizo una serpiente de bronce, y la puso sobre un asta; y cuando alguna serpiente mordía a alguno, miraba a la serpiente de bronce, y vivía.

NÚMEROS 21:9

La murmuración es un pecado de la ingratitud. Amarga el alma, embota la mente y apaga las luces de la esperanza. La murmuración provoca la ira de Dios. El pueblo de Israel partió del monte de Hor, por el camino del mar Rojo, para rodear la tierra de Edom, pero el pueblo se impacientó por el camino y comenzaron a hablar contra Dios y contra Moisés. Afirmaron estar cansados de maná y lo llamaron "pan vil". Dios colocó entre el pueblo serpientes ardientes, que mordían al pueblo; y muchos del pueblo de Israel murieron. Desesperados con las consecuencias trágicas de su pecado, vinieron a Moisés y le pidieron que orara a Dios, rogando la eliminación de las serpientes. Moisés clamó al Señor y Dios le respondió, diciendo: "Hazte una serpiente de bronce refulgente, y ponla sobre un asta; y cualquiera que haya sido mordido y mire a ella, vivirá. Y Moisés hizo una serpiente de bronce, y la puso sobre un asta; y cuando alguna serpiente mordía a alguno, miraba a la serpiente de bronce, y vivía" (Números 21:8-9). Mil quinientos años después, Jesús le dijo a Nicodemo: "Y como Moisés levantó la serpiente en el desierto, así también tiene que ser levantado el Hijo del Hombre, para que todo el que cree en él, no perezca, sino que tenga vida eterna" (Juan 3:14-15). El único modo de ser libres del pecado, el veneno mortal de la antigua serpiente, es mirar a Jesús, que tomó sobre sí nuestros pecados. ¡En él tenemos redención completa!

5

de junio

No tenga miedo

> Mira que te mando que te esfuerces y seas valiente; no temas
> ni desmayes, porque Jehová tu Dios estará contigo en donde-
> quiera que vayas.
>
> JOSUÉ 1:9

Moisés, el gran líder de Israel, estaba muerto. Las personas aún no habían entrado en la tierra prometida. Se debía cruzar el Jordán y conquistar ciudades amuralladas. Los enemigos eran muchos y poderosos. El pueblo estaba emocionalmente abatido por causa de la muerte de su líder. En este contexto de dolor y consternación Dios desafía a Josué, "Mi siervo Moisés ha muerto; ahora, pues, levántate y pasa este Jordán, tú y todo este pueblo, a la tierra que yo les doy a los hijos de Israel" (Josué 1:2). Los líderes desaparecen, pero Dios permanece en el trono. Los hombres nacen y mueren, pero Dios continúa liderando a su pueblo. Cuando parece que llegamos al final de la línea, Dios sigue con las riendas de la historia en sus manos omnipotentes. Josué tenía muchas razones para tener miedo, pero Dios le ofrece el mejor antídoto, ¡su compañía! Con Dios de nuestro lado, cruzamos ríos crecidos, escalamos altas montañas, bajamos a valles profundos y enfrentamos desiertos abrasadores. Nuestra victoria no viene de nuestras propias fuerzas. Es Dios quien pelea nuestras guerras. Dios es el que capacita nuestras manos para la pelea. Dios es el que desbarata nuestros enemigos. Es Dios quien nos sostiene en pie y nos introduce en la tierra prometida. En vez de tener miedo, debemos tener fe. ¡En vez de mirar a las circunstancias, es necesario que miremos hacia el Dios que está en el control de las circunstancias!

6
de junio

El Señor hará maravillas mañana

Y Josué dijo al pueblo: "Santificaos, porque Jehová hará mañana maravillas entre vosotros".

JOSUÉ 3:5

Israel estaba en la frontera del río Jordán. El gran día de la entrada en la ti..
prometida había llegado. El sueño estaba a punto de hacerse realidad. Sin
embargo, antes de cruzar el Jordán, Josué desafía a la gente a hacer un examen de su vida. La santidad es el camino que abre las maravillas divinas. Dos
verdades se destacan en el versículo examinado. La primera es que la santificación antecede a la intervención divina. Dios hace maravillas en su pueblo,
pero antes el pueblo tiene que arreglar su vida. Los valles deben estar planos,
las montañas tienen que ser aplanadas, caminos torcidos serán enderezados,
y los tortuosos deben aplanarse. Si el pecado es la separación entre nosotros y
Dios, la santificación abre las puertas a los milagros de Dios. La segunda verdad es que solo Dios puede hacer lo extraordinario. Dios lo hizo, hace y hará
maravillas en la vida de su gente. Él es el mismo Dios ayer, hoy y siempre. La
condición para que esto suceda es santificar nuestras vidas. Tanto el éxodo,
la liberación del cautiverio, así como la entrada a la tierra prometida fueron
obras de Dios. De hecho, todo proviene de Dios. Nuestra salvación es obra
exclusiva de Dios. ¡Él la planeó, la ejecutó y la consumará!

7 de junio

El legalismo, un caldo mortal

> Mas ¡ay de vosotros, escribas y fariseos, hipócritas!, porque cerráis el reino de los cielos delante de los hombres; pues ni entráis vosotros, ni dejáis entrar a los que están entrando.
>
> MATEO 23:13

El legalismo es la idea de que la ley creada por el ser humano es más importante que las personas. Coloca el ritual religioso sobre la verdad, y la observancia de las reglas externas por encima de la justicia. Los legalistas son despiadados. Dañan a la gente en nombre de Dios. Aparentan la piedad, pero tienen el corazón lleno de odio. El legalismo es un caldo mortífero que enferma y vuelve neuróticas la familia y la iglesia en nombre de la verdad. A los legalistas no se les pasa ni un mosquito pero se tragan un camello. Luchan por lo que es secundario y son condescendientes con lo que es esencial. En nombre de celo espiritual, dañan a la gente, perturban la paz y rompen los vínculos de comunión. Los legalistas actúan como los fariseos que acusaron a Jesús de pecado por la cura que hizo en sábado, pero no ven sus propios pecados al trazar la muerte de Jesús en sábado. Los legalistas son los que consideran que su interpretación de las Escrituras es infalible y atacan como los escorpiones del desierto a los que no están de acuerdo con su punto de vista extremo, llamándolos herejes. El legalismo es el fruto del orgullo y la intolerancia. En nombre de la verdad, sacrifican la verdad misma y protestan contra el amor. El legalismo es reduccionista porque repudia a todos los que no ven la vida a través de su lente borrosa. El legalismo profesa una ortodoxia muerta, una ortodoxia sin amor y compasión. ¡Cuidémonos de este caldo mortal!

La malignidad del pecado

Porque la paga del pecado es muerte, mas la dádiva de Dios es vida eterna en Cristo Jesús Señor nuestro.

ROMANOS 6:23

La sociedad contemporánea se complace en el pecado y se burla de la virtud. Aplaude la adicción y se burla de la ética. Promueve el error y ataca a la verdad. Le hace propaganda al error y amordaza la justicia. Se ríe burlonamente de la santidad y no llora delante de la decadencia moral. El pecado es extremadamente maligno. Es el mayor de todos los males que atacan a la familia y la sociedad, y causa de todos los otros males. Es la rebelión contra Dios, una violación de la ley y la conspiración en contra de su santidad. El pecado es un fraude: promete libertad y esclaviza; promete placer y trae tormentos; promete vida y trae muertes. El pecado es seductor: se ve hermoso a la vista pero enceguece; suena apetitoso, pero es un veneno mortal; tiene un aspecto suave y agradable, pero su salario es la muerte. El pecado es peor que la soledad, peor que la pobreza, peor que la enfermedad, peor que la muerte misma. Todos estos males, aunque bastantes terribles, no pueden alejar al hombre de Dios, pero el pecado nos separa de Dios en el tiempo y en la eternidad. Ninguna persona puede librarse del pecado por sí misma o por medio de la religión. Solo la sangre de Jesús puede limpiarnos de todo pecado. Cristo murió por nuestros pecados. Él es el único Salvador. Solamente en Él encontramos su perdón y la vida eterna. Solo por medio de Cristo la familia puede disfrutar de la vida abundante, la verdadera paz y el gozo perpetuo.

9
de junio

La violencia urbana, una realidad dramática

Perjuran, mienten, matan, hurtan, adulteran y oprimen, y se suceden homicidios tras homicidios.

OSEAS 4:2

La violencia urbana está fuera de control. Los bandidos están sueltos y los ciudadanos permanecen encerrados en sus casas y apartamentos. Las medidas de prevención han demostrado ser ineficaces. Las medidas de intervención vienen, por lo general, demasiado tarde. Vivimos en tiempos peligrosos, ya que la gente se va enojando, y está a punto de explotar. Nuestras ciudades se han convertido en campos de sangre, y nuestras calles, en las trincheras de la guerra. El aumento del consumo de alcohol y drogas más duras es una pesadilla para las familias. Todos los años perdemos a miles de personas por el tráfico de drogas, y millones de jóvenes entierran su futuro en la tumba de ese vicio degradante. El resultado es que la violencia urbana alcanza niveles insoportables. Nos sentimos inseguros incluso en el interior de nuestra casa. Suceden robos a la luz del día, secuestros y asesinatos por cuestiones triviales. El tránsito de los grandes centros urbanos es congestionado, y es como un barril de pólvora. Con los nervios de punta, la gente discute, lucha y mata por cosas banales. La aplicación de la ley no es suficiente para detener el impulso de la violencia. No hay bastantes restricciones externas; se necesita un cambio interno. Solo Jesús puede transformar el corazón, calmar el alma y darnos el autocontrol y el control emocional. La única esperanza para la familia y la sociedad es Jesús. Solo él puede dar vida y vida en abundancia.

10
de junio

La naturaleza está gimiendo

Porque sabemos que toda la creación gime a una, y a una está con dolores de parto hasta ahora.

ROMANOS 8:22

La naturaleza está con cólico intestinal. Se contorsiona de dolor como si estuviera dando a luz. Esperando ansiosamente la liberación de su cautiverio, en la gloriosa venida de Cristo. Jesús dijo que uno de los signos de su segunda venida serían los terremotos en diferentes lugares. El terremoto que sacudió Japón y el tsunami que arrasó algunas de sus ciudades en marzo de 2011 todavía nos escandaliza. La naturaleza gime y se retuerce de dolor. Los terremotos y tsunamis y los fenómenos naturales son trompetas de Dios a los oídos de la humanidad. Estos desastres provienen de causas naturales y también por la intervención sobrenatural. Los efectos de la caída no solo alcanzaron la raza humana, sino también la naturaleza, la cual está sujeta a la servidumbre y espera con gemidos profundos la restauración de esta esclavitud (Romanos 8:20-22). Del mismo modo, la iglesia, teniendo las primicias del Espíritu, gime esperando la redención completa, cuando tendremos cuerpos gloriosos e incorruptibles. El Espíritu Santo, con gemidos, también intercede por nosotros, y en nosotros, al Dios que está por encima de nosotros (Romanos 8:26). Debemos enfrentar los fenómenos de la naturaleza, no solo con los ojos de la investigación científica, sino también desde la perspectiva de la fe, porque estos fenómenos son señales de la segunda venida de Cristo.

11
de junio

El drama de las crisis personales

En el año en que murió el rey Uzías, vi yo al Señor sentado
sobre un trono alto y sublime...

ISAÍAS 6:1

Las crisis son inevitables, impredecibles e inmanejables. Nos acechan por
todas partes y nos asustan con su ceño fruncido. Son, sin embargo, un
momento de oportunidad en nuestras vidas. Son como un cruce de caminos
y podrían convertirse en el camino de nuestro triunfo, o bien en el camino de
nuestro fracaso. La gran pregunta es: ¿para dónde mirar en la hora de crisis?
El profeta Isaías vivió una crisis abrumadora. Su nación estaba de luto. El rey
Uzías había muerto. Los vientos de la crisis soplaron con furia indomable,
trayendo en sus alas la inestabilidad política, económica, moral y espiritual
de la nación. En este momento, Isaías tuvo la experiencia más importante de
su vida. Miró hacia arriba y vio a Dios en su trono. Reconoció que Dios es
soberano y santo. Los tronos de la tierra pueden quedar desocupados, pero el
trono de Dios gobierna por los siglos de los siglos. Isaías miró a su alrededor
y vio la nación rendida al pecado, por eso distribuyó muchos "Ay" a los transgresores. Miró dentro y vio la enormidad de su pecado y la inmundicia de sus
labios, pero por la gracia de Dios, sus pecados fueron perdonados y sus labios
fueron purificados. Él miró hacia delante y vio el reto de Dios para su vida.
Algunos salen de la crisis derrotados; otros, victoriosos. No centre su atención
en la crisis; vuelva los ojos a Dios, que está en el control de todas las crisis.

12

El peligro de invertir los valores

¡Ay de los que al mal llaman bien, y al bien, mal; que hacen de la luz tinieblas, y de las tinieblas luz; que ponen lo amargo por dulce, y lo dulce por amargo!

ISAÍAS 5:20

Desde la difusión de la obra de Immanuel Kant *Crítica de la razón pura*, la sociedad dejó de pensar en términos de la verdad absoluta. Hegel, conocido como el dictador filosófico de Alemania, profundizó este hueco al postular la idea de que la verdad es relativa. Estos conceptos se han consolidado en la posmodernidad. Ahora, la comprensión posmoderna es que cada uno tiene su propia verdad. La verdad dejó de ser objetiva para convertirse en subjetiva. Por lo tanto, somos testigos, horrorizados, no solo de un ataque a los valores morales, sino de una inversión de los valores morales. Lo que vemos hoy en día no es solo una cuestión de tolerancia hacia el error, sino, sobre todo, una defensa del error. El profeta Isaías había denunciado esta actitud: "¡Ay de los que al mal llaman bien, y al bien, mal; que hacen de la luz tinieblas, y de las tinieblas luz; que ponen lo amargo por dulce, y lo dulce por amargo!". Eso es lo que vemos en los medios de comunicación todos los días. Defienden el aborto, el adulterio, la homosexualidad, la violencia, la infidelidad conyugal, la destrucción de la familia. Porque sembramos una idea falsa en el pasado, estamos haciendo una cosecha maldita hoy. El hombre es lo que él piensa. Si él tiene ideas erróneas, tiene una vida errada. La teología es la madre de la ética, el credo, la progenitora de la conducta. ¡Es hora de levantar nuestra voz para denunciar el peligro de la inversión de valores!

13
de junio

¡Dios está enojado!

> Porque la ira de Dios se revela desde el cielo contra toda impiedad e injusticia de los hombres que detienen con injusticia la verdad.
>
> ROMANOS 1:18

Dios es amor, pero Él también es santo. Dios es benigno, pero también expresa su ira contra el pecado. Pocos predicadores osan hablar de la ira de Dios. Pero la Biblia habla, y con vehemencia. Dios es santo y, como tal, no se puede gozar en el mal. Dios es justo y, como tal, no puede hacer como si nada ante el pecado. El carácter de Dios exige que se enoje contra todo lo que es contrario a su santidad. La Biblia dice: "Porque la ira de Dios se revela desde el cielo contra toda impiedad e injusticia de los hombres que detienen con injusticia la verdad". Dios no puede aplaudir lo que Él aborrece. Dios está enojado con el asesinato de millones de niños en el patíbulo del útero. Dios está enojado con la inversión de los valores morales que estimula las relaciones sexuales entre hombres y hombres y entre mujeres y mujeres. Dios está enojado con la injusticia que reina en los tribunales. Dios está airado contra la idolatría que conduce a la gente a adorar a un ídolo hecho por manos humanas. Dios está airado contra los que retienen su palabra al pueblo y ofrecen el caldo de las herejías mortíferas. Dios está enojado con la hipocresía de aquellos que dicen ser salvos, pero viven como si Dios no existiera. Si, de hecho, hubiéramos entendido quién es Dios, nos postraríamos quebrantados y arrepentidos a sus pies, buscando el perdón y la restauración.

14

¿Será que toda religión es buena?

Así dice Jehová Rey de Israel, y su Redentor, Jehová de los ejércitos: "Yo soy el primero, y yo soy el postrero, y fuera de mí no hay Dios".

ISAÍAS 44:6

Está de moda el diálogo interreligioso. Vivimos la época de la inclusión, fruto de la idea posmoderna de que no hay verdad absoluta. Muchos pastores, en nombre del amor, sacrifican la verdad y caen en la peligrosa red del ecumenismo. Hay que decir que no hay unidad espiritual fuera de la verdad, así como la luz y las tinieblas no pueden coexistir. No podemos ser uno con los que niegan la salvación por la gracia en Cristo Jesús. No es un acto de amor dejar que aquellos que caminan por el camino ancho de la condenación sigan "en paz" ese camino de muerte. Este falso amor huele a muerte. Esta actitud de colaborar con todas las religiones, en una especie de convivencia armónica, la creencia de que toda religión es buena y conduce a Dios, es una falacia. Toda religión es vana, a menos que nosotros prediquemos a Cristo y a Cristo crucificado. Toda religión aleja al hombre de Dios, a no ser que anuncien a Jesucristo como el único camino a Dios. Dejemos el discurso falaz del amor a cada uno y amemos de verdad a la gente, de todas las religiones, predicándoles, con un sentido de urgencia y con espíritu de mansedumbre, que el evangelio exige arrepentimiento y fe, y ofrece vida eterna. Sinceridad religiosa no es suficiente para salvar a una persona. Hay muchas personas sinceramente engañadas. No hay otro Dios, sino el Señor. No hay otro redentor, sino Jesús. No hay otro consolador, sino el Espíritu Santo. No hay otro medio de salvación, sino por la gracia mediante la fe.

15
de junio

¿Has orado por un milagro?

Así que Pedro estaba custodiado en la cárcel; pero la iglesia
hacía ferviente oración a Dios por él.

HECHOS 12:5

La oración es la debilidad humana unida a la omnipotencia divina. La oración une el altar al trono, y a través de ella podemos pedir intervenciones
milagrosas de Dios en la tierra. La Biblia dice que Pedro estaba en la cárcel,
pero había oración constante a Dios en su favor. Santiago ya estaba muerto,
y Pedro permanecía en la cárcel de máxima seguridad de Herodes. Al final
de la fiesta de Pascua, sería ejecutado. Dieciséis soldados vigilaban a Pedro en
su celda. En la última noche, Dios envió a su ángel, que despertó a Pedro e
hizo dormir a los guardias. Lo que parecía imposible sucedió. En lugar de ser
muerto Pedro por el rey Herodes, fue el Dios de Pedro quien mató a Herodes.
El mismo Dios que envió a un ángel para liberar a Pedro envió un ángel para
herir de muerte a Herodes. Ante este milagro, la iglesia, en lugar de quedar
arrinconada, se hizo más audaz, y la Palabra de Dios prevaleció en Jerusalén.
Cuando la iglesia ora, la intervención milagrosa de Dios en la tierra sucede.
La iglesia de Dios no es tan fuerte como cuando se arrodilla. La grandeza
de nuestro Dios debe llevarnos a hacer afirmaciones audaces. Como todo es
posible para Dios, lo podemos lograr a través de la oración, cuando oramos
a Dios, por medio de Cristo, en la sumisión a su buena, agradable y perfecta
voluntad.

16

¿Es usted realmente feliz?

Bienaventurado el varón que no anduvo en consejo de malos, ni estuvo en camino de pecadores, ni en silla de escarnecedores se ha sentado.

SALMOS 1:1

El libro de los Salmos era el himnario del pueblo de Dios, y aún hoy cantamos estos hermosos poemas. El libro más largo de la Biblia abre el salterio hablando de la felicidad. La Palabra de Dios señala hacia una felicidad genuina, profunda y abundante. ¿Cómo podemos lograr esta felicidad? El salmo 1, la puerta del salterio, responde. En primer lugar, estamos felices por lo que evitamos. No podemos caminar en consejo de malos, ni estar en camino de pecadores, ni sentarnos en la misma silla de los escarnecedores. Las malas compañías corrompen las buenas costumbres. El que se reúne con los que se burlan de la santidad mancha su honor. En segundo lugar, somos felices por lo que hacemos. Nuestro placer debe ser la ley del Señor, meditando en ella día y noche. La Palabra de Dios es la fuente de la vida. Es la leche para el bebé, carne para el adulto, pan para el hambriento, miel para nuestro deleite. La Palabra es luz para nuestros pies, es el mapa del tesoro espiritual, es el arma de la victoria. En tercer lugar, somos felices por lo que somos. Somos como un árbol fructífero plantado junto a la fuente, que a su debido tiempo da su fruto. La fuente de nuestra felicidad está en Dios. Él es la fuente de agua viva. Incluso con el sol abrasador que nos golpea, incluso con el viento caliente que sopla sobre nosotros, a pesar de las penurias de la época que nos castigan, mantenemos nuestro verdor. Aunque los malvados nos rodeen, son como paja que esparce el viento, Dios nos hace siempre fructíferos.

17
de junio

La fe produce obras
y las obras prueban la fe

Así también la fe, si no tiene obras, está muerta en sí misma.

SANTIAGO 2:17

A lo largo de la historia, hubo una evidente tensión entre la fe y las obras. El "monergismo" enseña que la salvación es por la fe independientemente de las obras. El Sinergismo enseña que la salvación es la suma de la fe y las obras. Algunos, sin embargo, enseñan que la salvación es solo por el mérito de las obras. ¿Dónde está la verdad? ¿Qué es lo que la Palabra de Dios enseña? Algunos autores tratan en vano de poner la fe en contra de las obras. Incluso se atreven a intentar poner en contra a Pablo y a Santiago. No existe ninguna contradicción entre estos dos escritores inspirados. Pablo consideraba la fe causa instrumental de la salvación, y Santiago consideró las obras la evidencia de la salvación. Pablo enseñó que la salvación es por gracia mediante la fe, y Santiago enseñó que las obras son la evidencia de la fe. Pablo enseñó que las obras demuestran la fe y la fe es la base de las obras. La verdadera fe produce obras y las buenas obras demuestran la fe. El hombre es justificado por la fe aparte de las obras; pero la fe que justifica nunca está sola, porque la fe sin obras está muerta. La fe nos justifica ante Dios, y las obras nos justifican delante de los hombres. Tanto la fe y las obras son las operaciones de Dios en nosotros, porque la fe es el don de Dios y es Dios quien obra en nosotros tanto el querer como el hacer. Con respecto a la salvación, se habla de la fe como causa y sobre las obras como resultado. La fe y las obras no se excluyen mutuamente; más bien, son complementarias.

18
de junio

No es suficiente con hablar, también hay que hacer

Pero sed hacedores de la palabra, y no tan solamente oidores, engañándoos a vosotros mismos.

SANTIAGO 1:22

El ser humano no es lo que dice, es lo que hace. Las palabras sin obras son como truenos sin lluvia. De nada sirve que los otros escuchen de nosotros buenas palabras si no se ven en nosotros grandes obras. No es suficiente predicar a los oídos; también debemos predicar a los ojos. No se limite a hablar; usted también debe hacer. No basta amar con palabras; se necesita amar con obras y en verdad. Nuestras palabras están vacías si nuestras obras no son el garante. Los fariseos eran especialistas en los discursos pomposos, pero fallaron en la vida material. Tenían una buena actuación en público, pero se quitaron sus máscaras y revelaron una postura indigna. Incluso hoy en día hay una gran brecha entre lo que la gente dice y lo que hace; existe una brecha entre la teología y la vida; una brecha entre creencia y conducta. No podemos separar lo que Dios ha unido: la ortodoxia y la piedad; la doctrina y la vida; la teología y la ética; el credo y la conducta. Pablo, sabiendo de ese peligro, advirtió al joven pastor Timoteo, de la siguiente manera: "Ten cuidado de ti mismo y de la enseñanza; persiste en ello, pues haciendo esto, te salvarás a ti mismo y a los que te escuchen" (1 Timoteo 4:16). En otra ocasión, dijo a los ancianos de Éfeso: "Por tanto, mirad por vosotros, y por todo el rebaño en que el Espíritu Santo os ha puesto por supervisores, para apacentar la iglesia del Señor, la cual él adquirió para sí por medio de su propia sangre" (Hechos 20:28). ¡Tengamos cuidado!

19
de junio

Los milagros no son el evangelio

Puesto que los judíos piden señales, y los griegos buscan sabiduría; pero nosotros predicamos a Cristo crucificado, para los judíos ciertamente tropezadero, y para los gentiles locura.

1 CORINTIOS 1:22-23

Vivimos en una generación ávida de milagros. La gente sigue buscando lo sobrenatural. Persigue cada promesa que les alimenta la esperanza de presenciar un milagro. Los templos religiosos que explotan el frenesí del pueblo están llenos. Muchos líderes sin escrúpulos están anunciando milagros que nunca existieron. Otros venden ilusiones, con promesas de parte de Dios que Dios nunca prometió en Su Palabra. Reafirmamos nuestra convicción de que Dios hace milagros hoy. Él es el mismo Dios ayer, hoy y siempre. Dios hace lo que quiere, con el que quiere, en el tiempo que quiere y como quiere, para alabanza de su gloria. Pero los milagros obrados por Dios no son un sustituto del evangelio. Son signos de Dios, que abren las puertas para el evangelio, pero no son el evangelio. Solo el evangelio trae la salvación, ya que solo el evangelio "es poder de Dios para salvación a todo aquel que cree" (Romanos 1:16). Las tres generaciones que vieron más milagros (generaciones de Moisés, Elías y los apóstoles) fueron las más incrédulas. Nada reemplaza la predicación fiel de la Palabra de Dios, ni aun los milagros. En el día de Pentecostés, cuando el Espíritu Santo fue derramado, ocurrieron cosas extraordinarias. Las lenguas como de fuego asentándose sobre cada uno de los 120 discípulos reunidos en el aposento alto. El milagro en sí atrajo a la multitud, pero solo cuando Pedro se levantó a predicar, los corazones fueron tocados y transformados.

20
de junio

Amenazas a la fe cristiana

Mirad que no haya nadie que os esté llevando cautivos por medio de filosofías y huecas sutilezas, según la tradición de los hombres, conforme a los principios elementales del mundo, y no según Cristo.

COLOSENSES 2:8

A lo largo de la historia, varios enemigos atacaron la iglesia de Dios y la fe cristiana. Estos enemigos no fueron enterrados en el pasado. Están presentes en la actualidad y constituyen una amenaza para la iglesia contemporánea. ¿Cuáles son las amenazas? Mencionaremos cuatro. En primer lugar, el liberalismo teológico. Los teólogos liberales niegan la infalibilidad y suficiencia de la Escritura. Tratan la Biblia como un libro lleno de mitos y contradicciones. El liberalismo se ha infiltrado en los seminarios, púlpitos y ha asesinado las iglesias. En segundo lugar, el sincretismo. Esto reemplaza la palabra a través de experiencias y añade a las Escrituras lo que hay en esas experiencias. Hoy en día, vemos una iglesia evangélica plagada de misticismo. La gente simplemente intercambió las etiquetas del paganismo, pero siguen siendo prisioneros de las superticiones. Predicadores sin escrúpulos venden agua de fluidos, toallas sudadas, ladrillos espirituales y otras tonterías, por lo tanto repartiendo indulgencias de la Edad Media. Estas prácticas son paganas, no cristianas. En tercer lugar, la ortodoxia muerta. Esta posición es peligrosa porque crea un distanciamiento entre la teología y la vida, creencias y conducta. Las personas tienen luz en la mente, pero no hay fuego en el corazón. En cuarto lugar, la superficialidad. Es una fe superficial, poco profunda. ¿Cuál es la solución? ¡Buscar a Dios y su Palabra! ¡La iglesia contemporánea tiene que volver a la doctrina de los apóstoles y enseñar los principios de la Reforma, y probar un poderoso avivamiento espiritual!

21
de junio

¿Creyentes supersticiosos?

Nadie os prive de vuestro premio, afectando humildad y culto
a los ángeles, entremetiéndose en lo que no ha visto, vanamente
hinchado por su propia mente carnal.

COLOSENSES 2:18

Florecerán como hongos en los campos los creyentes supersticiosos en nuestras naciones. Los países latinoamericanos son tierra fértil de este sincretismo religioso que induce a los incautos y que se aferran a prácticas extrañas a la Palabra de Dios. Así como judíos ortodoxos frotan la barba en el Muro de las Lamentaciones en Jerusalén, y besan esas viejas piedras, muchos creyentes ponen un vaso de agua "ungido" en el televisor, o usan una "oración" en el aceite del misionero, creyendo en el poder especial de estos objetos. Es lamentable cómo algunos líderes religiosos promueven este tipo de paganismo en la iglesia y contribuyen al aumento de estas prácticas supersticiosas. El sorprendente crecimiento de la llamada iglesia evangélica en algunos países no expresa el crecimiento real del evangelio. Hoy en día, vemos iglesias que son abiertas como franquicias, iglesias convertidas en empresas privadas cuyo único fin son las utilidades. En este proceso, el evangelio se diluye con doctrinas extrañas a las doctrinas de las Escrituras; el evangelio se ha vendido como un producto. El púlpito se convierte en un palco, una vitrina; el templo, en una plaza de negocios, y los creyentes, en los consumidores. Multitudes acuden con sufrimiento detrás de un milagro, y para lograrlo, se abrazan a cualquier innovación introducida en la vitrina de la fe. Esto es lamentable. Este no es el cristianismo bíblico. Esta no es la enseñanza de Jesús y sus apóstoles. ¡Volvamos al evangelio!

22
de junio

El Muro de las Lamentaciones, la geografía del clamor

Y cuando estéis orando, no parloteéis sin medida, como los gentiles, que piensan que serán oídos por su mucha palabrería.

MATEO 6:7

Viajo con frecuencia a Israel. En todos estos viajes, llevo grupos a la Explanada del Templo, donde gente de todo el mundo realiza sus oraciones. Caravanas de todas partes del mundo visitan ese sitio. Todos los días miles de personas traen sus pedidos y elevan sus oraciones allí. Del mismo modo, muchos judíos se reúnen todos los días frente al Muro de las Lamentaciones en Jerusalén, para leer la ley y hacer sus oraciones. No hay problema en leer y orar. El problema es que mucha gente cree que la lectura y la oración en este lugar son más sagradas que en los demás lugares. Muchos peregrinos, hoy, traen sus peticiones de oración y las ponen en las grietas de la pared, como si esta práctica fuera más espiritual que interceder por alguien en su habitación. Una vez, un amigo me dijo que había hecho un viaje a Israel para ayunar bajo el cielo de Jerusalén, como si el ayuno en esta ciudad fuera más espiritual que en su propia nación. Esto es misticismo, no cristianismo. Jesús dijo que no es ni aquí ni allá, porque Dios está en todas partes. Debemos animar a más gente a leer la Palabra de Dios y orar con más fervor, pero no podemos animarlos a la superstición espiritual. Tenemos que entender que "Dios es Espíritu; y los que le adoran, es necesario que le adoren en espíritu y en verdad" (Juan 4:24).

23
de junio

¿Qué tienes en tus manos?

> Y Jehová dijo: ¿Qué es eso que tienes en tu mano? Y él respondió: Una vara.
>
> ÉXODO 4:2

> Y metiendo David su mano en la bolsa, tomó de allí una piedra, y la tiró con la honda, e hirió al filisteo en la frente; y la piedra quedó clavada en la frente, y cayó sobre su rostro en tierra.
>
> 1 SAMUEL 17:49

Dios se especializa en el uso de las cosas pequeñas. Él trasforma lo pequeño en grande, lo poco en mucho, al débil en fuerte. Lo poco en las manos de Dios es mucho. Entonces entregue lo que usted tiene para Dios. Moisés tenía una vara; David tenía una honda; y un niño, solamente cinco panes y dos peces. Pero cuando este poco se pone en las manos de Dios, grandes milagros suceden. La vara de Moisés se convirtió en la vara de Dios, y con ella, Moisés libró a Israel de la esclavitud. La honda de David fue más eficaz que todas las armas del ejército de Saúl, y con ella David tumbó al gigante Goliat, que había reprochado a las tropas israelíes. La merienda del niño sirvió para alimentar a una gran multitud. No murmure acerca de lo poco que tiene. Entréguelo en las manos de Jesús, y los milagros sucederán. Tal vez usted no valora lo que es, se siente inferior a los demás, se desprecia cuando se mira en el espejo. Los espías de Israel, a pesar de ser príncipes, se sintieron saltamontes, por lo que habían contaminado a todo el campamento de Israel con su incredulidad y su pesimismo. Dios usa vasos débiles, ollas de barro. Lo importante no es el vaso, sino el poder de Dios que está dentro del vaso. La gloria no es del recipiente, sino de Dios, que lo utiliza. Lo importante no es el que planta ni el que riega, sino Dios, que da el crecimiento. Recuerde: ¡Dios se especializa en el uso de las cosas pequeñas y por medio de ellas lleva a cabo grandes obras!

24
de junio

Mirando la vida por el revés

Y sabemos que todas las cosas cooperan para bien de los que
aman a Dios, de los que son llamados conforme a su propósito.
ROMANOS 8:28

Gary Chapman, reconocido escritor estadounidense, autor del famoso libro *Los cinco lenguajes del amor*, cuenta una experiencia de la infancia. Estaba jugando a los pies de su madre, que hacía un bordado hermoso. Mirándolo al revés, de abajo hacia arriba, dijo a su madre: "Mamá, ¿qué es esa cosa fea que haces?". Había un montón de hilos sueltos y aparentemente mal colocados. La madre, al ver el desconcierto del niño, lo puso en su regazo y le mostró el bordado por el derecho. El hijo entonces vio la armonía de los colores, la riqueza de los detalles y la perfección de la obra. Tal vez usted está buscando en su vida como un niño ve a la madre bordando de dentro hacia fuera. Un día, Dios lo colocará en su regazo y le mostrará su vida por el derecho, y entonces verá la belleza de sus planes perfectos. Algunas personas hoy en día todavía se ven en la vida de dentro hacia afuera. Tal vez hay en su vida muchas líneas divergentes, sueltas, sin belleza o armonía. Pero Dios todavía está trabajando en su vida. El último capítulo de su historia aún no está escrito. Algo que sabemos con seguridad: "todas las cosas cooperan para bien de los que aman a Dios, de los que son llamados conforme a su propósito". Dios obra en nuestro favor, no en contra de nosotros. Anímese de nuevo en el Señor su Dios, y mire su vida por el lado correcto. Hay una belleza insondable allí. Dios está esculpiendo en usted la belleza de Jesús.

25
de junio

Agotamiento espiritual

Mientras callé, se consumieron mis huesos en mi gemir de todo el día.

SALMOS 32:3

Hay muchos cansados de la obra y en la obra, cansados de hacer el bien. Tal vez usted ha vivido muchos años lavándose las manos en la inocencia y manteniendo el corazón puro, pero cada mañana es castigado, mientras que los malos prosperan en su puerta y viven sin las preocupaciones de los mortales. Tal vez las luchas internas y presiones externas le han llevado a un agotamiento espiritual, al cansancio emocional, a un apagón existencial. Tal vez usted ya está caminando en la reserva con el tanque de combustible vacío, sin esperanza de cambio y sin perspectivas para el futuro. Tal vez incluso haya pensado en desistir o incluso retroceder, como hizo Pedro cuando negó a Jesús. Tal vez usted está cansado de esperar un cambio en su vida, en su matrimonio, en su familia y en su trabajo, ya que, a pesar de orar y llorar delante de Dios, nada parece suceder. Pasan semanas, meses, años y los problemas solo empeoran. Quiero animarlo a no rendirse. Cuando las cosas parecen paradas, Dios está obrando en su favor, preparando algo más grande y mejor para usted. No hay Dios como el nuestro, que trabaja para los que esperan en Él. Confíe en Dios, anímese en Él, ya que el sol brillará otra vez. Nubes oscuras no se forman en el horizonte para asustarlo, sino para traer lluvias de bendición. ¡Un tiempo de refrigerio de parte del Señor vendrá sobre usted, y vuestra vida será verde de nuevo!

26
de junio

¿Decepcionado con las personas?

Soportándoos unos a otros, y perdonándoos unos a otros si
alguno tiene queja contra otro. De la manera que Cristo os
perdonó, así también hacedlo vosotros.

COLOSENSES 3:13

La persona más difícil de relacionarse es la que vemos en el espejo. Somos
egoístas y, por tanto, queremos que el mundo gire a nuestro alrededor.
Somos hipersensibles y nos resentimos cuando la gente no hace nuestra voluntad. Somos un laboratorio de agravios y por lo tanto mantenemos una
punzada de resentimiento cuando la gente lastima nuestro orgullo. No somos
perfectos. No venimos de una familia perfecta. No tenemos un matrimonio
perfecto. No tenemos hijos perfectos o una iglesia perfecta a la que asistimos.
Tenemos quejas de unos a otros; fallamos los unos con los otros. Las personas
nos decepcionan, y nosotros somos gente decepcionada. Participamos en una
sociedad emocionalmente enferma, con las relaciones interpersonales por los
suelos. La familia vive en pie de guerra. Naciones mantienen la paz gobernada
por el miedo. Caminamos con los nervios a flor de piel. Somos la generación
de la cibernética, las redes sociales, la comunicación virtual, pero se rompie-
ron los puentes que nos conectan con la gente que está a nuestro alrededor.
Somos una generación emocionalmente enferma que va a los divanes para
expresar la angustia. Andamos tapados de amarguras. Debemos ejercer el perdón todos los días para no amargar el alma. Tome la decisión de bendecir a los
demás, incluso si le maldicen. Tome la decisión de pagar el mal con el bien.
Trate a las personas con una reacción trascendental, incluso si lo decepcionan.

27
de junio

Restaura, señor, nuestra suerte

Haz volver el resto de nuestra cautividad, oh Jehová, como los torrentes del Négueb.

SALMOS 126:4

El salmo 126 habla de tres períodos de la vida: pasado, presente y futuro. El salmista mira para el pasado con gratitud (v. 1-3). Dios liberó al pueblo de la cautividad babilónica, abrió las puertas de la cárcel y trajo de vuelta a la nación de Israel a su tierra. Esta liberación se hizo famosa entre las naciones, produciendo gran alegría en los corazones de las personas y siendo testimonio entre las naciones. El salmista mira para el presente con súplica (v. 4). Las victorias del pasado no son garantía de éxito en la actualidad. En el pasado, había una canción en los labios, pero ahora la vida parece un desierto abrasador. Cuando llega la crisis, es hora de clamar al Señor. La crisis no debe llevarnos a la desesperación, sino a la oración. La restauración es una obra de Dios. Mientras que nuestra vida parece un desierto, Dios puede hacerla florecer, ya que, al igual que hace reventar las fuentes del desierto, también puede hacer que en nuestros corazones hayan ríos de agua viva. El salmista mira hacia el futuro con la expectativa de inversión (v. 5-6). La vida no es un paseo por alfombras de terciopelo, sino por carreteras sembradas de espinas, por tierra llena de rocas puntiagudas. A lo largo de este proceso, debemos sembrar, incluso con lágrimas. A menudo, hay que regar el suelo duro con nuestras propias lágrimas. La promesa, sin embargo, es reconfortante. No volveremos llorando, sino con júbilo; no con las manos desocupadas, sino llenas de frutos abundantes para la gloria de Dios.

¿Quién es tu Dios?

… Yo soy el primero, y yo soy el postrero, y fuera de mí no hay Dios.

ISAÍAS 44:6

Los ateos niegan la existencia de Dios. Creen que el universo surgió de forma espontánea o comenzó a existir como resultado de una gran explosión cósmica. Los agnósticos niegan que sea posible conocer a Dios. En efecto, Dios no puede ser conocido solo por elucubración humana. Conocemos a Dios porque él se reveló. Él se ha revelado en la creación, porque "Los cielos cuentan la gloria de Dios, y el firmamento anuncia la obra de sus manos" (Salmos 19:1). Los Deístas dicen que Dios está lejos y no se involucra con las cosas creadas. Es como un relojero que fabrica un reloj, le da cuerda y lo deja trabajar solo. Pero Dios no solo es trascendente, también es inmanente. No solo está fuera y más allá de la creación, sino que también está presente en la creación, para sostenerla. Los panteístas dicen que Dios es todo y todo es Dios. Confundiendo así al Creador con la criatura y forjándose para sí mismos un "dios" sin forma, difuso, impersonal. Sin embargo, los teístas creemos que Dios es personal, trino, autoexistente, infinito, inmenso, eterno, inmutable, omnipotente, omnipresente, omnisciente, trascendente y soberano. Dios es santo y justo, lleno de amor y misericordia. Él es el creador, el proveedor y el redentor. Él es la razón de nuestra vida, la razón de nuestra alabanza. Los dioses de los pueblos son creados en el laboratorio del engaño religioso. Son forjados por la imaginación humana. Son ídolos impotentes. No pueden salvar ni aliviar el corazón humano afligido. ¡Pero Dios, el único Dios vivo y verdadero, le puede conceder ahora mismo la paz a su alma y dar sentido a su vida!

29
de junio

Numerolatría y numerofobia

> … Y el Señor añadía cada día a la iglesia a los que iban siendo salvos.
>
> HECHOS 2:47

Rick Warren, conocido escritor americano, en su libro *Una iglesia con propósito* dice sobre una pregunta equivocada: "¿Qué debo hacer para hacer crecer la iglesia?". Y también en una cierta pregunta: "¿Qué impide que la iglesia crezca?". La iglesia es un organismo vivo, el cuerpo de Cristo. En consecuencia, debe crecer en la gracia y en números. En lo que respecta al crecimiento de la iglesia, tenemos que evitar dos extremos. El primero es la "numerolatría", la idolatría de los números. El crecimiento de la iglesia necesita ser sano, y no a cualquier precio. No podemos cambiar el mensaje del evangelio para hacerlo más agradable al paladar. Muchas iglesias, en la prisa por crecer, hacen un estudio de mercado para identificar lo que a la gente le gusta escuchar, es decir, lo que da *audiencia*. Predican lo que la gente quiere oír, no lo que la gente necesita oír; predican para agradar, y no para llevar al arrepentimiento; predican para entretener, y no para convertir. Llenan los templos de personas vacías de Dios y privadas del mensaje de salvación. Este tipo de crecimiento no expresa el sano crecimiento de la iglesia. Jesús no quiere fans sino discípulos. El segundo extremo peligroso es la "numerofobia", el miedo a los números. No podemos escondernos detrás de excusas sin fundamento, diciendo que Dios se preocupa solo con la calidad, y no con la cantidad. Hay calidad estéril. La iglesia debe crecer en la gracia y en números. Calidad genera cantidad.

30 de junio

Políticos íntegros, una especie en extinción

Pero los primeros gobernadores que fueron antes de mí abrumaron al pueblo [...]; pero yo no hice así, a causa del temor de Dios.

NEHEMÍAS 5:15

La desconfianza en los políticos está aumentando. Es la clase más desacreditada de las naciones. Son escasos los ejemplos de políticos de principios. Muchas personas son muy escépticas de la política. La cultura de la corrupción es frecuente en todos los poderes constituidos. Las arcas públicas son robadas, y el dinero que debería ser para el bien público se desvía a cuentas de gente sin escrúpulos. Muchos de los impuestos, que son parte de ese dinero duramente ganado por los trabajadores, caen por el desagüe de la corrupción. Los partidos políticos son perchas para colgar los intereses ocultos de las sanguijuelas que se alimentan de las personas. ¿Se puede ejercer la vida pública y aun así mantener la integridad? ¿Es el poder que corrompe o el poder solo revela a los corruptos? La Biblia habla de hombres que ocupaban una posición política destacada y no se corrompieron. Nehemías, gobernador de Jerusalén, no explotó a las personas como otros políticos antes que él, debido a su amor por el pueblo y su temor de Dios. Daniel era un hombre que gobernaba, tanto en el Imperio babilónico como en el Imperio medo-persa, y nunca nadie encontró desvío en su conducta. José de Egipto ejerció con gran espíritu la dirección de ese imperio opulento, salvando al mundo de una crisis estranguladora. Necesitamos hombres públicos que teman a Dios y amen al pueblo más que a las ventajas personales. ¡Necesitamos políticos íntegros!

1

de julio

El alma llena pisa el panal

El hombre saciado desprecia el panal de miel; pero al hambriento todo lo amargo es dulce.

PROVERBIOS 27:7

Recibir todo sin esfuerzo puede ser un gran riesgo. La persona que tiene mucho normalmente no valora lo que tiene. El que recibe alimentos en abundancia generalmente desprecia la comida que está sobre la mesa. La Biblia dice: "El hombre saciado desprecia el panal de miel; pero al hambriento todo lo amargo es dulce". En muchas iglesias de hoy, donde hay pan en abundancia y comida sana, encontramos creyentes apáticos. Están cansados de las cosas de Dios. En el tiempo del profeta Miqueas, el pueblo estaba cansado de Dios, y el Señor dijo al pueblo: "Pueblo mío, ¿qué te he hecho, o en qué te he molestado? Responde contra mí" (Miqueas 6:3). En los días de Malaquías, la gente estaba cansada de la casa de Dios y decía "… ¡Oh, qué fastidio es esto!, y lo habéis tratado con desdén, dice Jehová de los ejércitos…" (Malaquías 1:13). Hay muchas personas llenas, cristianos sin hambre espiritual. Aunque tienen pan en abundancia en la casa del Padre, anhelan banquetes en un país lejano. Curiosamente, en las iglesias, donde la comida es escasa, la gente hambrienta se apresura con sufrimiento para recibir su porción. Se conforman con migajas. Hasta lo amargo les parece dulce al paladar. ¡Que Dios nos libre de ser como los que pisan los panales! ¡Que Dios nos dé hambre de su Palabra! La iglesia de Laodicea estaba enferma. Se miraba en el espejo y se daba la máxima puntuación a sí misma. Se creía rica y con abundancia; pensaba que no necesitaba nada. Pero Jesús, conociendo su miseria, le aconsejó comprar oro puro, prendas blancas y colirio para ungir los ojos. ¡No pise el panal! ¡Satisfágase en la mesa del Padre!

¿Cuáles son sus proyectos para los próximos diez años?

> Porque ¿quién de vosotros, queriendo edificar una torre, no se sienta primero y calcula los gastos, a ver si tiene lo que necesita para acabarla?
>
> LUCAS 14:28

La vida no es un ensayo. No acepta la improvisación. Quien no planifica el futuro planifica el fracaso familiar. Tenemos que tener proyectos claros y alcanzables. No podemos dar un paso más alto que nuestras piernas. No podemos poner el sombrero en donde nuestras manos no lo pueden alcanzar. No podemos entrar en una emprendimiento sin calcular los costos. El Señor nos prohibió estar ansiosos, pero nos enseñó a ser previsores. Tenemos que tener metas por alcanzar en la vida; tenemos que orar y actuar a favor de estos proyectos. No podemos vivir en la improvisación. Tengamos metas personales y familiares. Tengamos metas en la vida espiritual, emocional, financiera y profesional. ¿A dónde piensa llegar dentro de diez años? ¿Qué quiere lograr en la próxima década? Nadie cosecha lo que no siembra. La victoria no es fruto del azar, sino del trabajo constante, de inversión prudente y perseverante dedicación y, sobre todo, de la bendición de Dios. No lleve la vida a la deriva. No cruce los brazos. No ceda a la pereza. No sea perezoso y lento en su trabajo. Estudie mucho. Esmérese en su trabajo. Haga todo con excelencia. Pero haga planes adecuados y factibles. Muchos hablan de la construcción de rascacielos, pero sientan las bases de un gallinero. Otros subestiman sus talentos. Viven por debajo de lo que podrían producir. ¡Sea valiente! Al igual que Jabes: ¡invoque al Dios de Israel y pídale que bendiga su vida, amplíe sus fronteras y lo proteja con su mano todopoderosa!

3
de julio

Eres la niña de los ojos de Dios

Porque a mis ojos eres de gran estima, eres honorable, y yo te amo...

ISAÍAS 43:4

Usted es especial. Usted es muy importante. Usted tiene valor. Su valor se deriva del hecho de que Dios le ama, incluso antes de la creación del mundo. Dios le creó a su imagen y semejanza. Dios lo formó como una creación admirable y lo tejió en el vientre de su madre. Dios lo conoció cuando era una sustancia sin forma. Dios estaba presente cuando su corazón latía por primera vez. Dios se regocijó en su nacimiento. Él planeó este momento. Dios estaba a su lado cuando dio los primeros pasos. En ningún momento Dios dejó de acompañar su vida. Él es como una sombra a la derecha. Le atrajo con cuerdas de amor y nos llama con un llamamiento santo. Dios incluso abrió los ojos de su alma y los oídos de su comprensión. Incluso le dio un nuevo corazón, un nuevo espíritu, una nueva vida, una nueva familia. Dios lo justifica por la sangre de Jesús y lo declaró justo con su ley y su justicia. El Espíritu Santo le ha sellado para el día de la redención. Usted es ahora propiedad exclusiva de Dios. Usted es un hijo de Dios, heredero de Dios, el patrimonio, la niña de los ojos de Dios, el gozo de Dios. Pronto, Jesús volverá y estará con Él por toda la eternidad, disfrutando de excelsas venturas de la gloria, donde no habrá más llanto, ni clamor, ni dolor.

4
de julio

Los halagos son importantes en el matrimonio

Toda tú eres hermosa, amiga mía, y en ti no hay defecto.

CANTARES 4:7

El matrimonio es un jardín que necesita ser regado todos los días. Un componente que no puede faltar en el matrimonio es el halago. Quien ama declara que ama. Quien ama busca agradar a la persona amada. Quien ama halaga a la persona amada. Quien ama es generoso en sus halagos y cauteloso al criticar. Un marido que cuida debe decirle a su esposa: "Toda tú eres hermosa, amiga mía, y en ti no hay defecto". Mucha gente piensa que el marido no es sincero, porque no existe nadie sin defecto. ¡Eso es verdad! Pero el amor no se centra en los defectos, sino en las virtudes. El amor cubre una multitud de pecados. Nuestro papel en el matrimonio es el de no actuar como un detective. Muchos piensan, erróneamente, que si se enteran de las debilidades del cónyuge, y advierten de ello, conseguirán corregirle. Un elogio sincero vale más que mil comentarios. Nuestro papel en el matrimonio no es el arqueólogo que está excavando el pasado para descubrir nuevas perspectivas para el futuro. Tenemos que dejar el pasado en el pasado, vivir el presente e invertir en el futuro. Ese marido halaga a su esposa directamente, reconoce su valor, alaba su belleza, alimenta de nuevo la relación. Siembra en su propio jardín y recoge los dulces frutos de su propia siembra.

5
de julio

Serás bendición

Y haré de ti una nación grande, y te bendeciré, y engrandeceré
tu nombre, y serás bendición.

GÉNESIS 12:2

Abraham fue llamado por Dios y bendecido para ser una bendición. Dios
lo llamó de en medio de un pueblo idólatra y se le reveló como el único
Dios viviente. Le hizo grandiosas promesas, y él le creyó para ser el padre de
una nación numerosa. Abraham se convirtió en un amigo de Dios y padre
de la fe. Fue el objetivo de la bendición para ser un instrumento de bendición. También se nos ha bendecido con toda bendición en Cristo Jesús, y
debemos ser una bendición. Nuestra vida nunca es neutral. Somos bendición o maldición. Somos aliviadores de tensiones o causadores de conflictos.
Somos embajadores de la paz o heraldos de la intriga. Fuimos bendecidos
para ser bendecidores. Somos consolados para ser consoladores. Somos un
recipiente de la gracia para ser un canal de la bondad de Dios. Tenemos que
ser una bendición en nuestra familia, en nuestras escuelas, en nuestro trabajo,
en nuestra iglesia y en nuestra sociedad. En todas partes y en todo momento,
debemos ser una bendición en las manos de Dios. Los que retienen aquello
que reciben inclusive pierden lo que reciben. Son como el mar Muerto, que
recibe y no distribuye. El mar Muerto recibe las aguas del río Jordán y no las
drena. El mar Muerto no tiene vida. En sus aguas ningún pez puede respirar.
El mar Muerto se está muriendo, ya que solo recibe y no distribuye, muere
asfixiado. ¡Tiene que ser como el mar de Galilea, que, al recibir las aguas del
río Jordán, las distribuye! ¡Usted, que es un bendecido, tiene que ser uno que
bendiga a los demás!

Aprender a lidiar con sus críticos

> Y oyéndole hablar Eliab su hermano mayor con aquellos hombres, se encendió en ira contra David y dijo: "¿Para qué has descendido acá?, ¿y a quién has dejado aquellas pocas ovejas en el desierto? Yo conozco tu soberbia y la malicia…".
>
> **I Samuel 17:28**

Los críticos se encuentran dispersos por todas partes. Son como los detectives de turno para echarse a espiar. Es imposible que un individuo sea un ganador sin antes tratar con sus críticos. Los críticos tratan de distraernos y tomar nuestro enfoque. Si escuchamos a los críticos, perdemos el sueño, la paz y la perspectiva. Los críticos son despiadados. La crítica duele cuando sus motivos no son puros. Hay veces, sin embargo, que la crítica duele más. La crítica duele más cuando se trata de aquellos que deberían estar de nuestro lado, pero están en contra. La crítica duele más cuando se trata de aquellos que nos conocen desde hace mucho tiempo y todavía nos atacan como los escorpiones del desierto. La crítica es dolorosa cuando viene empaquetada de descontrol emocional. La crítica es como una flecha venenosa cuando es continua e implacable. La crítica duele incluso cuando nuestros motivos son juzgados sin misericordia. La crítica duele cuando su propósito es humillarnos delante del pueblo. Vale la pena señalar que lo que molesta a sus críticos no son sus errores, sino sus éxitos. Su éxito es el mayor pesar de sus críticos. El ejemplo es Eliab, el hermano mayor de David. Él era un gran crítico de David. El coraje de David denunciaba la cobardía de Eliab. La confianza de David señaló la debilidad de Eliab. David no gastó sus energías con Eliab, pero centró su atención en vencer al gigante. ¡Antes de vencer a los gigantes, usted tiene que triunfar sobre sus críticos!

7

de julio

No basta con empezar bien; también se debe terminar bien

He peleado la buena batalla, he acabado la carrera, he guardado la fe.

2 TIMOTEO 4:7

La vida es como una carrera. Para que conquistemos el premio, necesitamos correr de acuerdo con las reglas. No podemos desviar nuestra mirada del objetivo. No podemos ser distraídos por las muchas voces que hacen eco a nuestro alrededor. No podemos romper las reglas, porque entonces será descalificado. Muchos cristianos comenzaron su carrera así, pero se detuvieron a medio camino y se volvieron. La Palabra de Dios habla de Demas, colaborador del apóstol Pablo. Comenzó su viaje así, pero entonces se enamoró de las cosas del mundo y abandonó al viejo apóstol. Saúl comenzó su reinado bien, pero luego se exaltó en su corazón y terminó muy mal. Judas Iscariote fue llamado a ser apóstol de Jesucristo. Escuchó sus enseñanzas, vio sus milagros, recibió el más grande de todos los privilegios, pero esta gran oportunidad fue despreciada, traicionó a su Maestro y reclamó su vida. Muchos líderes religiosos, utilizados por Dios, perdieron la visión y cayeron en desgracia. Todos tenemos los pies de barro y necesitamos ver, caminar en dependencia de Dios. El apóstol Pablo dice que los que piensan que están de pie, deben cuidarse para no caer. Debemos, como Pablo, completar nuestra carrera, a pesar de que el precio por ello sea nuestra propia muerte. No basta empezar bien; tenemos que terminar bien. ¡No es suficiente vivir bien; tenemos que morir bien!

8
de julio

El poder de la oración

> … La oración eficaz del justo tiene mucha fuerza.
>
> SANTIAGO 5:16

La oración es el poder que opera sobre la tierra. A través de la oración tocamos el mundo. Todo lo que Dios puede, puede la oración, porque la oración es hablar con aquel que está sentado en la sala de control del universo. La oración está invadiendo lo imposible; es vivir en el reino de los milagros; es estar aliado con el Todopoderoso. Orar es unir la debilidad humana con la omnipotencia divina. Nunca somos tan fuertes como cuando nos ponemos de rodillas. Un santo de rodillas ve más lejos que un filósofo en la punta de los pies. Un santo de rodillas tiene más fuerza que un ejército. María Estuardo, reina de Escocia, temía más a las oraciones de John Knox que a todos los ejércitos de Inglaterra. Cuando los ejércitos de Siria cercaron la ciudad de Samaria para arrestar al profeta Eliseo, este oró, y la estrategia de las tropas sirias se desmanteló. Cuando el apóstol Pedro fue encarcelado en Jerusalén, la iglesia oró por él, y el ángel de Dios fue enviado para liberar a Pedro y después herir al rey de la muerte que lo arrestó. Cuando Pablo y Silas estaban en la cárcel, oraron y Dios abrió las puertas de la cárcel y el corazón del carcelero a creer. Dios escogió para actuar extraordinariamente a través de la oración. Jesús dice: "Pedid, y se os dará" (Mateo 7:7). Santiago dice: "No tenéis lo que deseáis, porque no pedís" (Santiago 4:2). El mandamiento de Dios es: "Orad sin cesar" (1 Tesalonicenses 5:17). ¡Es tiempo de buscar a Dios por la oración, hasta que venga y nos llene de su poder!

9
de julio

El evangelio de las lágrimas

… de que tengo gran tristeza y continuo dolor en mi corazón.
Porque desearía yo mismo ser anatema, separado de Cristo, por
amor a mis hermanos…

ROMANOS 9:2-3

El propósito de Dios es el evangelio todo a toda la iglesia en todo el mundo. Evangelizar es decirle al mundo lo que Dios ha hecho por nosotros, pecadores, en Cristo Jesús. Es anunciar como Él nos amó y entregó a su propio Hijo para morir en nuestro lugar en la cruz. El evangelio es la noticia más importante en el mundo. La noticia del amor de Dios a los pecadores y de odio al pecado de Dios. Evangelizar es proclamar la necesidad del arrepentimiento y la fe en Cristo para la salvación. Este es el mensaje más importante y más urgente desde el cielo. Sin embargo, no podemos transmitir este mensaje con los ojos secos. El apóstol Pablo era un predicador de los ojos húmedos y el corazón quebrantado. A menudo, predicamos con los ojos muy secos y el corazón muy insensible. Los grandes hombres de Dios eran hombres de lágrimas. David lloró porque el pueblo no guardó la ley de Dios. Nehemías lloró al saber acerca de la afrenta de su pueblo. Jesús lloró al ver la incredulidad de Jerusalén, la ciudad que mató a sus profetas. Pablo clamó a instar a la gente de Éfeso para volverse a Dios. Tenemos que regar la tierra con nuestras lágrimas si queremos volver con los frutos de nuestra siembra. El misionero David Brainerd murió a la edad de 29 años. Absorto en las selvas, evangelizaba a los pieles rojas. A menudo, le acechaban para matarlo, pero al verlo tendido en el suelo, orando en lágrimas, se retiraban. Al final, un poderoso avivamiento ocurrió en esas selvas y miles de indios fueron salvados por el evangelio.

El buen nombre vale más que el dinero

De más estima es el buen nombre que las muchas riquezas, y la buena gracia más que la plata y el oro.

PROVERBIOS 22:1

El dinero es más que una moneda, es un ídolo. Es Mamón. En el altar de Mamón, muchos viven y mueren; otros se casan y se divorcian. Y otros son corruptos y corrompidos. Hay gente que vende su alma al diablo para alcanzar la riqueza. Matan y sobornan para obtener beneficios de la maldad. Hay los que construyen su riqueza con sangre. Arrebatan el derecho de las viudas inocentes y roban a los pobres. Muchos sobornan a jueces, compran testigos y tuercen la ley para ser juzgados victoriosos. Sin embargo, la riqueza obtenida por la opresión se convierte en combustible para su propia destrucción. Es inútil amasar fortunas, cosechando riqueza y vivir atormentado por la culpa. ¿Qué es un buen sueño en una almohada de plumas de ganso y no tener paz en su corazón? ¿Qué gusto tiene vivir en una mansión y ser acorralado por los augurios más horribles? Los que destruyen su honor por el dinero ven su nombre caer en la podredumbre y su familia se llena de vergüenza y oprobio. Es mejor ser pobre y vivir en la dignidad que vivir en la riqueza y tener el apodo de ladrón. Es mejor tener un buen nombre que la acumulación de riqueza. Es mejor ser honesto que pasar a la historia como un pícaro. El justo, aun después de la muerte, sigue influyendo en las generaciones. Él pasa, pero su recuerdo sigue inspirando a miles de personas. La Palabra de Dios dice que la memoria del justo será bendita; mas el nombre de los impíos se pudrirá.

11

de julio

La salvación en tres tiempos

Ahora, pues, ninguna condenación hay para los que están en Cristo Jesús.

ROMANOS 8:1

El que cree en Cristo como su Salvador y Señor fue salvó, está siendo salvo y será salvo. En cuanto a la justificación, ya hemos sido salvos; con respecto a la santificación, estamos siendo salvos; en cuanto a la glorificación, seremos salvos. En la justificación, somos salvos de la condenación del pecado; en la santificación, estamos siendo salvos del poder del pecado; en la glorificación, seremos salvos de la presencia del pecado. Pensemos en estos tres puntos con más detalle. En primer lugar, la justificación es un acto, no un proceso. Esto no sucede para nosotros, sino en el tribunal de Dios. Se trata de un acto jurídico y forense, cuando Dios, a través de la justicia de Cristo imputada a nosotros, nos declara justos, es decir, se cierra con las demandas de su ley. La justificación no tiene grados, esto es, todos los salvos son justificados por igual. Por lo tanto, podemos decir que ahora, ninguna condenación hay para los que están en Cristo Jesús. En segundo lugar, la santificación es un proceso que comienza en la conversión y termina en la glorificación. Por la santificación, somos transformados de gloria en gloria en la imagen de Cristo, nuestro Señor. Dios mismo, por medio del Espíritu Santo, esculpe en nosotros la belleza de Cristo. En tercer lugar, la glorificación es la consumación de nuestra redención, cuando vamos a recibir, en la segunda venida de Cristo, un incorruptible, glorioso y poderoso nuevo cuerpo semejante al cuerpo de la gloria de Cristo. Por lo tanto, vamos a vivir y reinar con Cristo para siempre y disfrutar de las fortunas celestiales.

12
de julio

¿Será que usted necesita del Salvador?

Y en ningún otro hay salvación; porque no hay otro nombre bajo el cielo, dado a los hombres, en que podamos ser salvos.

HECHOS 4:12

Horacio Bonar, en su libro *¿Cómo iré a Dios?*, escribió: "Si usted no es un pecador en su totalidad, entonces usted realmente no necesita a Cristo, porque él es el Salvador en el sentido más completo de la palabra. No ayuda a salvarse; ni puede ayudarle a salvarse a usted mismo. O lo hace todo, o nada. La media salvación solo atiende a aquellos que no están totalmente perdidos". La gran tragedia es que algunas personas no reconocen su pecado. Creen que son buenos y dignos. Se aplauden a sí mismos y se ponen en un pedestal de la autoglorificación. La Biblia dice, sin embargo, que Jesús vino a buscar y a salvar a los perdidos. Quien no se siente perdido nunca sentirá la necesidad de Jesús. Él no vino para los justos sino para los pecadores. Aquellos que se sienten justos y buenos nunca sentirán la necesidad del Salvador. Jesús vino para los enfermos, no para los sanos. Los que se consideran sanos nunca buscan el doctor. La justicia propia es peor que el peor de los pecados, porque es un falso diagnóstico de sí mismo. Los que se creen justos consigo mismos declaran la sentencia de muerte sobre sí mismos, ya que, a pesar de ser pecadores, no se reconocen a sí mismos como tales. La Biblia dice que todos hemos pecado. No hay ni un solo justo. Todos son culpables ante Dios. Todo el mundo está enfermo y necesitado de la gracia de Dios. El hombre es ciego, perdido, muerto en delitos y pecados. Es un esclavo del diablo, el mundo y la carne. ¡Usted necesita desesperadamente a Jesús el Salvador!

13
de julio

No hay personas sin importancia

> Pero ahora, así dice Jehová, el Creador tuyo, oh Jacob, y el Formador tuyo, oh Israel: No temas, porque yo te he rescatado; te he llamado por tu nombre; mío eres tú.
>
> ISAÍAS 43:1

El título del tema es el título del libro de Francis Schaeffer. El mundo valora a las personas por lo que tienen, y no por quiénes son. Da más importancia a tener que ser. Promueve celebridades y olvida a los que viven en el anonimato. Coloca a algunos en el pedestal y lanza a otros en una fosa común del olvido. Extiende una alfombra roja para los adinerados y empuja a los pobres a las malas carreteras llenas de espinas. Dios no nos trata como este. Él no hace acepción de personas. No hay privilegios para unos por causa de su riqueza o rechazo a otros debido a su pobreza. Dios no pasa por alto los pecados de los poderosos o hace inocente al culpable en la base de la pirámide social. Además de justo, Dios es misericordioso. Él nos valora no por nuestros méritos, sino a pesar de nuestras propias descalificaciones. La causa de su amor no está en nosotros sino en sí mismo. Él nos amó cuando éramos débiles, impíos, pecadores y enemigos. Todos tienen valor para Dios. Si usted se siente débil, Dios es su fuerza. Si está perdido, Jesús es el camino. Si está desanimado, el Espíritu Santo es su alentador. Dios creó, formó, nos llamó y nos ha rescatado. Pagó un alto precio para redimir su vida. Dios no perdonó a su propio Hijo, sino que lo entregó para morir en su lugar, con la finalidad de que tenga la vida eterna. Sí, usted no es alguien que no tiene importancia. ¡Es alguien muy especial! ¡Tiene valor!

14
de julio

Todos tenemos los pies de barro

> La cabeza de la estatua era de oro fino; su pecho y sus brazos,
> de plata; su vientre y sus caderas, de bronce; sus piernas, de
> hierro; sus pies, en parte de hierro y en parte de barro cocido.
>
> DANIEL 2:32-33

Una teología que enseña que el ser humano tiene la fuerza, que es un ser
divino en miniatura y que el poder de una vida dichosa emana de su
propio interior, es una falacia. Todo el mundo tiene los pies de barro. Todos
tenemos nuestro talón de Aquiles. Todos tenemos debilidades. No hay ser
humano poderoso y autosuficiente, capaz de permanecer anclado en el bastón
de la confianza. La Biblia dice que Dios conoce nuestra condición "y sabe
que somos polvo" (Salmo 103:14). El rey Nabucodonosor soñó con una gran
estatua, símbolo de los reinos que dominarían el mundo. Él, Nabucodonosor,
era la cabeza de oro. El Imperio medo-persa representaba el pecho y los brazos
de plata. El Imperio greco-macedonio, el vientre y los muslos de bronce; y el
Imperio romano, las piernas de hierro y pies de hierro y barro. Una piedra
está tallada por las manos, símbolo del reino indestructible y victorioso de
Cristo que aplastará esta gran estatua y llenará toda la tierra. Este es el reino de
Cristo, para que domine de mar a mar, "porque la tierra será llena del conocimiento de Jehová, como las aguas cubren el mar" (Isaías 11:9). Como los más
poderosos reinos de la tierra tenían pies de barro, todos los seres humanos,
incluso los más untados con orgullo, también tienen pies de barro. Somos
débiles, vulnerables y dependientes totalmente de Dios. No hay lugar para la
arrogancia en nuestros corazones. No hay lugar para la arrogancia en nuestra
vida. ¡Todos tenemos los pies de barro!

15
de julio

Las tempestades de la vida son pedagógicas

… Jehová camina en la tempestad y el torbellino, y las nubes son el polvo de sus pies.

NAHUM 1:3

La vida no es sin dolor. No vivimos en este mundo dentro de una armadura, en un invernadero espiritual. Estamos sujetos a todas las tormentas que azotan a la humanidad. Las tormentas de la vida son a menudo inevitables, imprevisibles y difíciles de manejar. Llegan a todos, a grandes y pequeños, ricos y pobres, analfabetos, religiosos y ateos. Las tormentas no siempre envían telegrama. Llegan de pronto y trastornan nuestras emociones. Puede ser un grave accidente, un divorcio traumático, un duelo doloroso. Hay tormentas tan abrumadoras que perdemos el control de la situación. Llegamos a ser como un barco arrastrado por la furia de las olas, llevado de un lado a otro, a la deriva por la tempestad. Pero incluso cuando nosotros perdemos el control, tenemos que saber que Dios tiene el control. Él camina entre la tempestad. Se acerca a nosotros a través de la tormenta. Las olas que nos amenazan y conspiran contra nosotros, están literalmente bajo sus pies. Por lo tanto, las tormentas nos están enseñando. Las tormentas no vienen a destruirnos, sino a fortalecer los músculos de nuestra alma. No creemos en el azar, la suerte o en los sorteos. No creemos en el determinismo, sino en la generosa providencia de Dios. Ni un cabello de nuestra cabeza puede ser tocado sin que Dios lo sepa, y permita y tenga un propósito. No hay Dios como el nuestro, que trabaja para los que esperan en él. Descanse en su cuidado providencial, ¡Él está en el control!

16

Ecumenismo, una unión peligrosa

> No os unáis en yugo desigual con los incrédulos; porque ¿qué asociación tiene la justicia con la injusticia? ¿Y qué comunión la luz con las tinieblas?
>
> 2 CORINTIOS 6:14

El ecumenismo está de moda. Hoy en día se habla de inclusión sin fronteras. En el mundo posmoderno, no hay lugar para los absolutos. Cada uno tiene su verdad. Por lo tanto, la regla es vivir en amor y tolerar las diferencias. En esta visión del mundo, no hay espacio para hablar de la doctrina, porque nos divide; hablamos de amor, porque esto nos une. A la luz de la Palabra de Dios, sin embargo, la doctrina que promueve la unión de todas las iglesias en una gran hermandad, independientemente de su teología y la ética, es un gran error. No hay unidad fuera de la verdad. Es el ser humano que promueve la unidad de la iglesia. Esta unidad ya existe y se realiza por medio del Espíritu Santo. Nos corresponde a nosotros para mantener la unidad del Espíritu que es el vínculo de la paz. El apóstol Pablo escribió: "solícitos en guardar la unidad del Espíritu en el vínculo de la paz. Hay un solo cuerpo, y un solo Espíritu, como también fuisteis llamados en una misma esperanza de vuestra vocación; un Señor, una fe, un bautismo, un Dios y Padre de todos, el cual está sobre todos, por todos, y en todos" (Efesios 4:3-6). La unión de todos los credos produce el sincretismo pagano, no el cristianismo. La luz no puede tener comunión con las tinieblas. La ortodoxia no puede caminar del brazo de la herejía. El templo de Dios no tiene ninguna relación con los ídolos. Por lo tanto, el ecumenismo es una unión peligrosa, no una expresión de la unidad de la iglesia.

17
de julio

Derrote a sus gigantes

Y sabrá toda esta congregación que Jehová no salva con espada y con lanza; porque de Jehová es la batalla, y él os entregará en nuestras manos.

1 Samuel 17:47

Existen los gigantes; son muchos y atrevidos. Un gigante es todo lo que parece ser más grande que usted. Hay gigantes fuera y dentro de nosotros. Algunos gigantes son creados por nosotros en el laboratorio y el miedo se levanta como fantasma para intimidarnos. Pero Dios no le ha llamado a medir la altura de los gigantes o para escapar de ellos. Dios le ha llamado a vencerlos. La victoria contra los gigantes no proviene de la fuerza de sus brazos, sino del brazo omnipotente de Dios. Un vencedor de los gigantes no se fija en las circunstancias, sino en Dios. Los hombres de Saúl que huían del gigante Goliat tuvieron cuarenta días. Todos le temían, pero David veía a Dios y recibió el coraje de enfrentarlo y superarlo. Un vencedor de los gigantes no escucha amenazas insolentes de los gigantes, sino que corre hacia ellos para derribarlos. Un vencedor de gigantes no pierde su tiempo y su atención con los críticos. Los que pasan tiempo con los críticos pierden la paz, el sueño, la salud y las perspectivas. David se separó de Eliab y su pequeña crítica y se centró en su misión para derrotar al gigante. Un vencedor de gigantes tiene el valor y la preparación. David no solo se ocupaba de Goliat con un valor temerario. Él usaba la honda con gran destreza, no fallaría contra la frente de un gigante. Un vencedor de gigantes no intenta utilizar las armas ajenas, sino se especializa en lo que hace. ¡Con una honda en la mano, David era el gigante!

18
de julio

Pasión no es amor

El amor es paciente, es servicial; el amor no tiene envidia, el
amor no es jactancioso, no se envanece.

1 Corintios 13:4

Vemos con asombro los bárbaros crímenes pasionales cometidos en nombre del amor. Los maridos matan a las esposas y las esposas matan a los
maridos. ¿Podría usted matar por amor? ¡No! Sin embargo, la pasión es una
sensación abrumadora. Es como un fuego que estalla. Es intensa y descon-
trolada. La pasión es egoísta y busca la satisfacción inmediata del deseo, pero
pronto se apaga, se cubre de cenizas. El amor es lo contrario de la pasión. El
amor es centralizado en el otro. No busca la satisfacción del yo, sino la realiza-
ción del otro. El amor es firme y se rige por el equilibrio. La pasión se evapora
con el tiempo, pero el amor perdura para siempre. El amor es paciente, mientras que la pasión se corroe desesperadamente. El amor es bueno, siempre
busca el bien de la persona amada; la pasión busca la satisfacción inmediata de
sus deseos. El amor no es celoso; la pasión es peligrosamente celosa y posesiva.
El amor no es presumido; la pasión hace alarde de sus conquistas. El amor
no hace nada indebido; la pasión es capaz de demonizar la vida del otro para
lograr sus propósitos. El amor no se goza de la injusticia; la pasión es incluso
capaz de quitarle la vida a otra persona cuando sus intereses se ven frustrados.
El amor se goza de la verdad; la pasión se viste con la mentira para atrapar a
su presa. El amor todo lo espera y todo lo soporta; la pasión es impaciente
y no soporta. El amor nunca deja de ser; la pasión nunca existió como una
expresión de verdadero amor.

19
de julio

El reino al revés

> ... porque el que es más pequeño entre todos vosotros, ese es grande.
>
> LUCAS 9:48

Donald Kraybill escribió un libro pionero titulado *El reino al revés*. Este reino es el reino de Dios. La pirámide está invertida. Los que estaban en la parte de arriba caen hacia abajo, a la base de la pirámide, y los de abajo suben a la cima. El reino de Dios es el reino de la felicidad. Ser feliz no es ser arrogante, sino de espíritu humilde. Ser feliz no es destrozar la cara con ruidosas carcajadas, sino llorar por sus pecados. Ser feliz no es estar en los círculos de la iniquidad, bebiendo todas las copas de los placeres de este mundo, sino ser puro de corazón. Ser feliz no es tener hambre y sed de placeres, de la fama y la riqueza, sino hambre y sed de justicia. Ser feliz no es vivir luchando por sus derechos, masacrando al débil y oprimiendo a los pobres, sino entregar su causa a Dios y ser mansos y humildes de corazón. Ser feliz no es vivir haciendo la intriga y sembrando la discordia entre las personas o cavar hoyos en las relaciones; más bien es ser un constructor de puentes, un pacificador. Ser feliz no es estar persiguiendo a otros para prevalecer sobre ellos, sino sufrir el daño, a causa de la justicia. En el reino de Dios, para ser grande se debe ser pequeño. Ser más grande que todos es ser un siervo de todos. En los reinos del mundo, la grandeza de un hombre es conocida por la cantidad de gente que le sirve; en el reino de Dios, el más grande de todos es el que sirve a muchos. Los reinos de este mundo, con todo su esplendor, pasarán. Pero el reino de Dios permanecerá para siempre. ¿Ya es usted un súbdito de ese reino?

20
de julio

¡Vuelve hijo, vuelve a los brazos del Padre!

Y levantándose, marchó hacia su padre. Y cuando aún estaba lejos, lo vio su padre, y fue movido a compasión, y corrió, y se echó sobre su cuello, y le besó efusivamente.

LUCAS 15:20

La insatisfacción es una trampa para los pies, un peligro para el alma. Mucha gente tiene todo para ser feliz, pero en vez de alegrarse con lo que tienen, desean ardientemente lo que no tienen. Eva se sentía infeliz en el paraíso y quería comer del fruto prohibido. El hijo pródigo tenía todo en la casa de su padre, pero gastó su herencia en un país lejano. Muchas personas salieron de la casa, la iglesia, la comunión de los santos, porque el corazón nutre un sentimiento de insatisfacción y trataron de llenar el vacío del alma en los banquetes del mundo. Hay muchos pródigos fuera de casa, perdidos en un país lejano. Muchos todavía están engañados, dando ruidosa carcajada de los amigos en los placeres mundanos. Otros están atormentados por la culpa, abandonados por los amigos, sintiendo la soledad dolorosa. El colorido del mundo es falso. El pecado es un fraude. Los placeres del mundo no satisfacen el alma. Es hora de volver a Dios. Es hora de que los hijos pródigos vuelvan de nuevo a los brazos del Padre, en Él hay perdón. En la casa del Padre, hay verdadera fiesta. Así que, vuelva hijo; vuelva de nuevo a los brazos del Padre, Él va a correr a su encuentro para darle el abrazo y el beso de la reconciliación y el perdón. Él le cubrirá con la ropa blanca de la justicia. Él le colocará el anillo de honor y el calzado de hijo. ¡Él promoverá una fiesta por su regreso, y habrá gozo delante de los ángeles por su reconciliación!

21
de julio

Su familia es su patrimonio más grande

He aquí, herencia de parte de Jehová son los hijos; recompensa de Dios, el fruto del vientre.

SALMOS 127:3

Hay una gran inversión de valores en nuestra sociedad. Las cosas son más valiosas que las personas. La comodidad es más valiosa que las relaciones. Nuestra generación se olvida de Dios, ama las cosas y usa a la gente, cuando lo que debemos hacer es glorificar a Dios, amar a las personas y usar las cosas. Tenemos que poner primero lo primero en nuestras vidas. No podemos sacrificar lo que es importante en el altar de lo que es urgente. No todo lo que es urgente es realmente importante. Su familia es importante. Su familia es su tesoro más grande, su activo más valioso. Usted puede tener todos los tesoros de la tierra, pero si pierde a su familia, esta riqueza no va a darle ningún consuelo. Se puede llegar a la cima de la pirámide social, pero si pierde a su familia en esta subida, esta victoria tendrá un sabor amargo. No, la riqueza del mundo no va a compensar la pérdida de su familia. De nada vale vivir en un apartamento lujoso o tener un auto importado, vestir ropas de marca y comer en los mejores restaurantes, si dentro de su casa la gente no se entiende. Es inútil tener un montón de dinero y no tener paz dentro de su hogar. Valore su familia. Dele a su familia más valor que a las cosas materiales. Invierta en su familia. ¡Dedíquele el mejor tiempo y lo mejor de sus sentimientos!

¿Autoayuda o ayuda de lo alto?

Alzo mis ojos a los montes; ¿De dónde vendrá mi socorro?
Mi socorro viene de Jehová, que hizo los cielos y la tierra.

SALMOS 121:1-2

La psicología de la autoayuda está de moda. Las librerías están llenas de libros que proclaman que usted es fuerte, que tiene el poder, que es capaz, que usted es un gigante dormido. Estamos viendo un resurgimiento del narcisismo. Aplaudimos para nosotros mismos y cantamos con entusiasmo la canción "Cuán grande es él", solo que delante de un espejo. Fuimos infectados con el síndrome de Laodicea. Nos juzgamos a nosotros mismos ricos y ricos sin necesidad de nada. Nos ponemos en un pedestal y quemamos incienso a nosotros mismos. Nos juzgamos fuertes y poderosos. Pero la verdad es otra: somos débiles; tenemos debilidades físicas; el tiempo esculpe en nuestra cara sin disfraz algunas arrugas; nuestras rodillas se tambalean y nuestras manos están caídas. Tenemos debilidades emocionales; a menudo, llegamos al punto de la desesperación de la vida. Tenemos debilidades morales. ¿Cuántas veces nos hemos prometido no volver a caer en ciertos delitos, para poco después vernos de nuevo perdedores en los mismos errores? Tenemos debilidades espirituales; somos seres ambiguos y contradictorios. El bien que no practicamos, sino el mal que no queremos, es lo que hacemos. La solución no es de autoayuda, sino la ayuda de lo alto. Nuestra ayuda viene del Señor. Nuestra fuerza está en el Dios Altísimo, creador y sustentador del universo. Aunque somos débiles, somos más que vencedores en Cristo Jesús.

23
de julio

La paz de Dios, el mejor calmante para el alma

Y la paz de Dios, que sobrepasa a todo entendimiento, guardará
vuestros corazones y vuestros pensamientos en Cristo Jesús.

FILIPENSES 4:7

Hay más de 7.000 millones de personas en el planeta. Los grandes centros urbanos parecen hormigueros. Multitudes se apiñan todos los días en las calles, en el metro, en los diferentes medios de transporte públicos, pero son caras sin nombre. Viven en el anonimato. Estas multitudes son como ovejas que no tienen pastor. Están inquietas, y sin tranquilidad. Las marcas de nuestra generación son el estrés, la fatiga, la ansiedad, el vacío existencial. Millones de dólares se gastan cada año en tranquilizantes. La gente vive atormentada por el miedo, el dolor, la desesperación. Se acuestan, pero no duermen seguras. Se estiran en la cama pero no concilian el sueño. No viven tranquilos, porque la conciencia está plagada de culpa. El mejor calmante para el alma no es la meditación trascendental o la psicología de autoayuda. La mejor medicina para el alma es experimentar la paz de Dios. La paz de Dios es el resultado de la paz con Dios. Cuando experimentamos el perdón de nuestros pecados y cuando caminamos el camino de la santidad, entonces sentimos una dulce paz del alma, la paz de Dios. La paz de Dios quita la ansiedad y empieza a gobernar nuestras mentes y nuestros corazones, como un centinela. Esta paz no es humana, sino divina; no está limitada por las circunstancias, sino que sobrepasa todo entendimiento. Convive con el dolor, se sazona con las lágrimas y triunfos, incluso en las circunstancias más amargas de la vida.

24
de julio

Un pecado escondido es un sufrimiento que aparece

Mi pecado te declaré, y no encubrí mi iniquidad. Dije: "Confesaré mis transgresiones a Jehová; y tú perdonaste la maldad de mi pecado".

SALMOS 32:5

Cuando una persona comete un delito, siempre piensa en escapar de su consecuencia. Muchos crímenes en la historia nunca fueron totalmente revelados. Muchos criminales se escaparon de las armas de la ley y el juicio de los hombres. Pero ¿quién va a escapar del juicio de Dios? ¿Quién puede deshacer la evidencia en contra de sí mismo en el gran día del juicio? ¿Quién nos librará del escrutinio divino, que juzgará no solo nuestras palabras, obras y omisiones, sino también nuestros pensamientos? ¿Quién puede ocultar un pecado del que tiene ojos como llama de fuego? ¿Quién puede callar la voz de la conciencia? ¿Quién puede vivir en paz, pecando contra Dios? No hay mayor locura que tratar de ocultar los pecados de Dios. Adán pecó y trató de huir de Dios, pero Dios lo encontró. Acán pecó y escondió su pecado, pero Dios se encontró con él, y él y su familia perecieron. No hay nada oculto que no haya de ser revelado. David trató de ocultar su pecado tras el adulterio con Betsabé y el asesinato del marido de esta. Sus huesos se secaron, las lágrimas inundaron su cama y su fuerza se convirtió en sequedades de verano. Mientras ocultó sus pecados, David se vino abajo. El camino de la cura estaba en el arrepentimiento y la confesión. El libro de Proverbios advierte la realidad de que el pecado oculto se revela en el sufrimiento: "El que encubre sus pecados no prosperará; mas el que los confiesa y se enmienda alcanzará misericordia" (Proverbios 28:13).

25
de julio

Un milagro puede suceder hoy

El estupor se apoderó de todos, y glorificaban a Dios; y llenos de temor, decían: "Hoy hemos visto cosas increíbles".

LUCAS 5:26

Og Mandino fue uno de los escritores más populares del mundo. Escribía libros de autoayuda, animando a la gente a vivir con optimismo. Pero su vida no fue un camino de rosas. A los 35 años de edad fue a la quiebra financiera. Abandonado por su mujer, tirado en una cuneta, borracho, pensó en el suicidio. Diez años más tarde, sin embargo, encabezó la fama en todo el mundo, escribiendo libros traducidos a varios idiomas, animando a la gente a vivir con entusiasmo. Él dijo: "Si estás vivo, un milagro puede suceder en tu vida hoy". Usted es un milagro de Dios. Él le creó a su imagen y semejanza. Las huellas digitales de Dios están grabadas en su vida. Dios formó su interior de manera maravillosa, colocando en sus células el código de la vida. Dios es el que da vida y aliento. Él es el que proporciona energía a los músculos y da fuerza a su mente. Dios es el que protege del mal. Es como pared de fuego a su alrededor. Es su escudo y protección. Es Dios quien da el pan de cada día. Da la salud, el gusto y sabor para que usted pueda deleitarse con los diferentes sabores. Es Dios el que hace todas las cosas para su deleite. Se puede vivir en la esperanza, porque todos los días son días de gracia, y Dios renueva cada mañana sus misericordias sobre nosotros. Es un trofeo de la gracia, porque Dios lo salvó milagrosamente. Usted estaba muerto; Él le dio la vida. Estaba perdido; Dios lo encontró. Estaba condenado; Dios le perdonó.

26
de julio

No menosprecie los pequeños comienzos

... El reino de los cielos es semejante a un grano de mostaza,
[...] es menor que todas las semillas; pero cuando ha crecido,
es mayor que las hortalizas, y se hace árbol...

MATEO 13:31-32

L as grandes cosas comienzan pequeñas y sin pretensiones. Una pequeña
semilla de mostaza tiene dentro de sí el potencial de un gran árbol en el
que los pájaros hacen nido para sus crías. Una idea se convierte en un proyecto que puede ser la semilla de una gran realidad. No podemos despreciar
el día de los pequeños comienzos. David comenzó su preparación para ser un
rey conquistador cuidando ovejas en los prados de Belén. Moisés aprendió
a conducir al pueblo del pacto por las dificultades del desierto cuidando las
ovejas de su suegro. Jesús llamó a doce discípulos galileos incultos, y estos
hombres revolucionaron el mundo. No se lamente de las pequeñas cosas ahora; Dios puede convertirlas en cosas enormes mañana. No se queje sobre el
pequeño lugar donde se encuentra hoy; Dios puede ampliar sus horizontes en
la actualidad. Jabes nació bajo el estigma del dolor. Su nombre era una carga
en su espalda, una limitación en sus sueños, pero este hombre clamó al Dios
de Israel y le pidió que se extendieran sus fronteras. Su oración fue escuchada
y fue más allá de sus límites. Dios todavía levanta al pobre y a los necesitados
del polvo y del estiércol, y hace que ellos se sienten entre los príncipes. Dios
se especializa en la transformación de las pequeñas cosas en cosas grandes y
usa lo débil para confundir a lo fuerte. ¡Hoy en día, sus sueños pueden ser una
semilla; mañana pueden ser un roble fuerte!

27
de julio

No se desanime,
Jesús está en el control

Y una vez que despidió a la multitud, subió al monte, a solas, a orar; y cuando llegó la noche, estaba allí solo.

MATEO 14:23

El desánimo nos impone la derrota de antemano. Un individuo abatido acepta pasivamente la declaración de la derrota. A menudo, el desaliento es crónico. Hay personas que se ven desalentados por la naturaleza. Se quejan de la vida que tienen, la casa en la que viven, los alimentos que consumen. Otros están desanimados debido a la gravedad de los problemas que enfrentan: una enfermedad incurable, un divorcio traumático, un luto doloroso. Hay momentos en que el desaliento invade nuestros corazones. Perdemos el control de la situación y nos sentimos impotentes frente a vientos en contra. Los discípulos de Jesús estaban bien en el mar de Galilea. Por mandato de Jesús, habían entrado en el barco para cruzar el mar de Galilea y en un momento a otro, de forma inesperada, se vieron en medio de una terrible tormenta. Eran arrojados de un lado a otro a merced de la tormenta. Pero cuando la situación parecía perdida, vino Jesús caminando sobre el agua para librarlos. Las olas que conspiraron contra los discípulos estaban literalmente bajo los pies de Jesús. Jesús es más grande que nuestros problemas. Incluso cuando perdemos el control de las circunstancias, Jesús todavía está al control. Él siempre viene a nosotros, a cualquier momento del día o de la noche. Él viene para calmar nuestros corazones y las circunstancias que nos amenazan. Jesús viene a llevarnos sanos y salvos a nuestro destino.

28
de julio

¿Por qué mi dolor no para?

No he tenido tranquilidad ni calma, ni tuve reposo, sino que
me sobrevino turbación.

JOB 3:26

Hay momentos en que la vida se vuelve extraña. Nos sentimos acorralados por las circunstancias ásperas y no tenemos a dónde huir. Sufrimos, lloramos, sangramos. El dolor es como un látigo implacable, sin piedad nos castiga. En estos momentos nos preguntamos: ¿Por qué estoy sufriendo? ¿Por qué mi dolor no cesa? Estas fueron algunas de las preguntas de Job después de perder sus bienes, sus hijos y su salud. Job levantó al cielo dieciséis veces la misma pregunta: ¿Por qué? ¿Por qué? ¿Por qué? Cuando estamos en el valle del dolor, perdidos por los vendavales de las crisis, buscamos respuestas. Job preguntó: ¿Por qué estoy sufriendo? ¿Por qué he perdido a mis hijos? ¿Por qué mi dolor no cesa? ¿Por qué no morí yo en el vientre de mi madre? ¿Por qué no morí al nacer? ¿Por qué Dios no me mata de una vez? Dadas las circunstancias, Job solo escucha el silencio de Dios. Pero cuando Dios guarda silencio, no es que esté descansando; al contrario, él está trabajando en favor de los que en él esperan. Dios reveló su majestad a Job y restauró su suerte. El sufrimiento, en lugar de endurecer el corazón de Job, le abrió los ojos y el alma, y Job vio a Dios y cayó a sus pies en adoración ferviente. Aun en medio a las circunstancias más difíciles Dios está sonriente dispuesto a restaurarle. Corra a sus brazos y encuentre refugio y consuelo en Él.

29
de julio

La ira de Dios, una verdad olvidada

> Porque la ira de Dios se revela desde el cielo contra toda impiedad e injusticia de los hombres que detienen con injusticia la verdad.
>
> ROMANOS 1:18

La Biblia no oculta ni lidia con vergüenza por el tema de la ira de Dios. Está claro que la ira de Dios no es sinónimo de capricho o desconfianza emocional. La ira de Dios no es rabia, ni es pecaminosa como la ira humana. La ira de Dios es su santo odio por el pecado. Dios no responde al pecado con deleite. Él aborrece el mal. Desafortunadamente esta generación se burla de la santidad de Dios y vive deliberadamente en pecado. Pero la Biblia es clara al afirmar que "la ira de Dios se revela desde el cielo contra toda impiedad e injusticia de los hombres que detienen con injusticia la verdad" (Romanos 1:18). La maldad es la rebelión del hombre contra Dios, y la perversión es la rebelión del hombre contra su prójimo. La maldad se refiere a la relación vertical, y la perversión, a la relación horizontal. La maldad tiene que ver con la teología, y la perversión, con la ética. El problema humano no es el ateísmo, sino que sofoque el conocimiento acerca de Dios. El hombre ha desterrado a Dios de su vida e hizo otros dioses para sí, abandonando los preceptos de Dios y revolcándose en un pantano de inmoralidad. Las Escrituras, sin embargo, dicen: "No os dejéis engañar; de Dios nadie se mofa; pues todo lo que el hombre siembre, eso también segará". […] "el que siembra para su carne, de la carne cosechará corrupción; mas el que siembra para el espíritu, del espíritu cosechará vida eterna" (Gálatas 6:7-8). "¡Horrenda cosa es caer en manos del Dios vivo!" (Hebreos 10:31). La única manera de escapar de la ira venidera es arrepentirse de sus pecados y creer en Jesús, el Hijo de Dios.

30
de julio

No excave abismos, construya puentes

Pero si vosotros no perdonáis, tampoco vuestro Padre, el que
está en los cielos, perdonará vuestras transgresiones.

MARCOS 11:26

Somos la generación más privilegiada en la historia. Vivimos en el siglo de
los viajes interplanetarios y la comunicación virtual. Entramos en el reino
de los milagros tecnológicos. Pero, a pesar de que cruzamos los mares y hablamos en vivo y en directo con personas de todo el mundo, no podemos hablar,
cara a cara, con las personas que viven bajo nuestro techo. Vivimos en una
sociedad con más de siete mil millones de habitantes, pero llenos de soledad.
Nos apretujamos en las calles, pero no tenemos una relación sana. Adquirimos los bienes de consumo, pero en casa vivimos relaciones infelices con los
parientes. Ganamos las cosas, pero perdemos a la gente. Abrimos las ventanas
al mundo, pero cerramos las puertas de las relaciones a los que nos rodean.
Llegamos a la cima de la pirámide social, pero perdimos las personas más
importantes en la vida. No debemos estar contentos construyendo éxitos en
los escombros de las relaciones; debemos ser bendecidos por ser pacificadores,
que sanan relaciones heridas. Un pacificador es aquel que tiene el ministerio de la reconciliación. En vez de sembrar la discordia entre los hermanos,
restaura las relaciones quebradas. En lugar de hacer daño a la gente con sus
actitudes, balsamiza a los heridos con sus palabras terapéuticas. En lugar de
abrirle pozos a las relaciones, construye puentes de contacto con la gente.

31
de julio

El desierto, la escuela superior del Espíritu Santo

Apártate de aquí, y vuélvete al oriente, y escóndete en el arroyo de Querit, que está frente al Jordán.

1 REYES 17:3

No nos gusta el desierto, ya que no nos exalta. Más bien, nos humilla. El desierto no enciende las luces del escenario, sino que las apaga. No lleva a la notoriedad, sino a la insignificancia. Sin embargo, el desierto no es un curso intensivo en el viaje de la vida, sino una agenda de Dios. Dios es el que le matricula en la escuela en el desierto. El desierto es un colegio del Espíritu Santo, en el cual Dios capacita a sus líderes más importantes. Dios le inscribe en esta escuela no para exaltarnos a nosotros mismos, sino para humillar. En la escuela del desierto, Dios obra en nosotros, y luego trabaja a través de nosotros. Eso es porque Dios está más interesado en lo que somos que en lo que hacemos. La vida con Dios precede a la obra para Dios. Moisés, David, Elías y Jesús mismo pasaron por la escuela del desierto. En el desierto, Dios nos capacita para hacer su trabajo. En el desierto, nos enteramos de que no somos nada, pero Dios es todo. En el desierto, aprendemos a depender más del proveedor de la disposición. Cuando nuestra fuente se seca en el desierto, Dios sabe dónde estamos, hacia dónde debemos ir y lo que debemos hacer. Nuestra fuente puede secarse, pero todavía gotean las fuentes de Dios. Nuestra despensa puede estar vacía, pero Dios todavía llena los graneros. ¿Se le ha matriculado en la escuela del desierto? ¡No se desespere! Dios sabe lo que está haciendo. Él no tiene ninguna prisa cuando se trata de la formación de sus líderes. El desierto no es su destino, solo el campo de entrenamiento.

1
de agosto

No desista de sus sueños

… Jehová de los ejércitos, si te dignas mirar a la aflicción de tu
sierva, y te acuerdas de mí, y no te olvidas de tu sierva, sino que
das a tu sierva un hijo varón, yo lo dedicaré a Jehová…

1 Samuel 1:11

En 1952, un gran deportista de Nueva Zelanda, Edmund Hillary, nutría en
su corazón un sueño sin precedentes y audaz, subir a la cima del Everest,
la montaña más alta del planeta, con más de 8.800 metros de altitud. El atleta
se había preparado para el gran desafío de su vida. Pero no pudo cumplir su
sueño. No pudo llegar a la cima de la colina. Meses después, fue invitado a
dar una conferencia en Londres. Cuando llegó al auditorio alguien había co-
locado a propósito una gran imagen del monte Everest en la pared. Edmund
Hillary miró la foto y con la cabeza hacia abajo, se acercó a la plataforma.
Cuando le pasaron la palabra por un momento se olvidó de su audiencia, se
dirigió a la imagen y dijo al monte Everest: "la primera vez me ha derrotado.
Usted no puede crecer más, pero yo todavía estoy creciendo. La próxima vez,
le voy a ganar". Seis meses después, Edmund Hillary fue el primer hombre
en la historia de la humanidad en llegar a la cima del pico Everest, lo que nos
deja un gran aprendizaje: ¡No abandone sus sueños! Sé que usted tiene sueños.
Todos tenemos. ¿Quién no sueña en la vida? Les insto a que pongan sus sueños en la presencia de Dios, incluso aquellos que parecen imposibles, ¡porque
Dios es capaz de hacer mucho más abundantemente de lo que pedimos o
pensamos que podemos hacer!

2

de agosto

El yunque de Dios y el martillo de los críticos

... y la Escritura no puede ser quebrantada.

JUAN 10:35

La Biblia es el yunque de Dios que ha roto el martillo de los críticos. Muchos se han levantado con mucho orgullo, con argumentos engañadores, tratando de desacreditar a la Palabra de Dios, afirmando que está plagada de errores y contradicciones. Sin embargo, ni la crítica o la escéptica intolerancia han impedido la marcha victoriosa de la Biblia. La Biblia es la Palabra de Dios viva y activa. Está inspirada por Dios, escrita por hombres santos, predicada por la Iglesia, perseguida por el infierno, es creída por los fieles. La Palabra de Dios es infalible, porque Jesús dijo que las Escrituras no pueden ser quebrantadas. Es infalible, porque toda la Escritura es inspirada por Dios. Es suficiente, ya que contiene todo lo que necesitamos saber para heredar la vida eterna. Es útil para corregir, exhortar y enseñar a todos nosotros. Es la espada del Espíritu, arma de combate. Es pan para el hambriento, bebida para el sediento, carne para el adulto, la leche para los niños. Es mucho más preciosa que el oro refinado y más dulce que la miel. A través de ella, somos llamados a la fe. A través de ella, somos alimentados y entrenados para toda buena obra. Hubo muchos ataques en contra de la Palabra de Dios, pero cuanto más es atacada, más crece. Es el libro más impreso, más leído y más querido en el mundo. Es el libro de los libros, la revelación de Dios, el mapa de la vida, la fuente de nuestro mayor placer. Siempre viva, siempre presente, siempre oportuna. El cielo y la tierra pasarán, pero la Palabra de Dios nunca pasará.

3

¿Adolescente adulto?

Cuando yo era niño, hablaba como niño, pensaba como niño, razonaba como niño; mas cuando me hice hombre, dejé a un lado lo que era de niño.

1 Corintios 13:11

¡Sí, hoy tenemos adultos adolescentes! Adultos de edad, pero inmaduros de comportamiento. Adultos en estatura física, pero frágiles en la estructura emocional. Normalmente, estos adolescentes adultos fueron mimados por los padres, recibieron todo y no han aprendido a lidiar con el estrés de la vida ni a tener independencia para tomar decisiones. Se casan, pero no cortan el cordón umbilical con los padres. Se casan, pero el matrimonio no lo hicieron pleno. Los esposos que están jugando en vez de interactuar con su esposa. Esposas con síndrome de Cenicienta, que están más preocupadas por los cosméticos para el cuerpo que por la gimnasia del alma. Un "adultoscente" es alguien que se mantiene verde; con un cuerpo adulto, pero con la cabeza de un adolescente. Por lo tanto, no está preparado para la vida, para el matrimonio, para el trabajo y las relaciones interpersonales. A un adolescente adulto le gusta vestirse como a un adolescente, tiene las actitudes de los adolescentes, utiliza el ocio de los adolescentes. La adolescencia es una etapa preciosa de la vida, pero este ciclo debe completarse para hacer espacio para la juventud y la madurez. Volver a la adolescencia después de alcanzar la edad adulta trae graves daños a la familia, la iglesia y la sociedad. La Palabra de Dios dice que no debemos conformarnos a este mundo, sino ser transformados mediante la renovación de nuestras mentes. Debemos ser gobernados por los principios de la Palabra de Dios, y no por los dictados de una cultura decadente.

4

de agosto

Ayuno, hambre del pan del cielo

Pero tú, cuando ayunes, unge tu cabeza y lava tu rostro, para no mostrar a los hombres que ayunas, sino a tu Padre que está en lo secreto; y tu Padre que ve en lo secreto, te recompensará en público.

MATEO 6:17-18

Para una generación cuyo dios es el vientre (Filipenses 3:19), hablar del ayuno parece absurdo. Estamos tan acostumbrados al sabor del pan de la tierra que nos olvidamos del sabor del pan del cielo. Estamos tan enamorados de este mundo que no tenemos ningún anhelo por el cielo. Nos llenamos de tal manera con las delicias de este mundo que no tenemos apetito por la comida de la mesa de Dios. El ayuno no es la dieta para bajar de peso. El ayuno no es penitencia. El ayuno no es un sacrificio. El ayuno tiene hambre de Dios, anhelando el cielo, el apetito por las cosas de arriba. El ayuno es la nostalgia de Dios en lugar de la bendición de Dios. El ayuno es la fiesta del alma. El pueblo de Dios ayunó tanto en el Antiguo como en el Nuevo Testamento. Los periodos de oro de la historia de la iglesia fueron marcados por el ayuno. Los profetas, los reyes, los apóstoles, los padres de la iglesia, los reformadores y renovadores, todos ayunaron. El ayuno es un importante ejercicio espiritual, humillarnos ante Dios y buscar el revestir de su poder. Jesús dijo: "No solo de pan vivirá el hombre, sino de toda palabra que sale de la boca de Dios" (Mateo 4:4). Deberíamos tener un gusto más refinado para el pan del cielo, que para el pan de la tierra. El ayuno es el hambre de pan del cielo. Cuando comemos, alimentamos nuestro cuerpo con el pan de la tierra, símbolo del pan del cielo, pero cuando ayunamos, alimentamos nuestra alma, no con este símbolo, sino con el pan del cielo mismo.

5
de agosto

Dios no unge métodos; Dios unge personas

Porque los ojos de Jehová contemplan toda la tierra, para mostrar su poder a favor de los que tienen corazón perfecto para con él...

2 CRÓNICAS 16:9

E M. Bounds, un devoto metodista del siglo XIX, escribió, con razón, que Dios no unge métodos; Dios unge personas. Estamos en busca de los mejores métodos, y Dios busca mejores personas. Laboramos en error cuando creemos que la obra de Dios depende de nuestra capacidad de crear métodos. Fallamos cuando cultivamos la cultura de la cabeza y olvidamos la cultura del corazón. No sirve tener luz en la cabeza sin fuego en el corazón. Tenemos una cultura de los académicos y la elocuencia de los ángeles, pero sin la unción del Espíritu, no podemos hacer la obra de Dios con eficacia. El poder de predicar no se logra solo mediante el aprendizaje humano, sino sobre todo a través de la oración. Cuando oramos así, predicamos bien. Los muertos, sin embargo, toman de sí mismos sermones muertos, y los sermones muertos matan. Lutero dijo que un sermón sin unción endurece el corazón. No se limite a predicar; debe ser la boca de Dios. Una cosa es pronunciar la Palabra de Dios, otra cosa es ser la boca de Dios. El bastón profético no resucita a los muertos en las manos de los profetas. Si queremos ver a los chicos muertos levantándose desde la muerte espiritual, tenemos que agonizar en oración como lo hizo Eliseo. No se limite a predicar a los oídos; también debemos predicar a los ojos. No se limite a hablar; tiene que hacer. No se limite a sembrar con la boca; también debe sembrar las semillas con la mano. Que Dios tenga misericordia de nosotros, para que nosotros prediquemos la Palabra y en el poder del Espíritu Santo.

6
de agosto

La noche oscura del alma

> Entonces les dijo: "Mi alma está abrumada de una tristeza mortal; quedaos aquí, y velad conmigo".
>
> **MATEO 26:38**

Hay momentos en que cae la noche oscura sobre nuestra vida y los horrores del infierno sobre nuestra alma. Sentimos la opresión del enemigo, con su pesado aliento sobre nosotros. No escapamos a estos ataques. No vivimos blindados. El mismo Jesús derramó su vida hasta la muerte (Isaías 53:12), cuando sudó sangre en Getsemaní (Lucas 22:44). Él comenzó a entristecerse y a angustiarse. Dijo: "Mi alma está muy triste, hasta la muerte" (Marcos 14:34). Esa fue la noche oscura del alma, cuando Jesús luchó la batalla más feroz de la humanidad. En ese momento, él solo se dobló sobre sus rodillas, con su rostro sobre la tierra. Fue en este contexto que la Biblia dice que clamó fuertemente con lágrimas (Hebreos 5:7). Allí, sometido a la voluntad del Padre, fue confortado por un ángel y salió victorioso a caminar hacia la cruz, a caminar como un rey hacia su coronación. En la cruz, compró para nosotros la redención eterna. La noche oscura del alma no fue un accidente en la vida de Jesús, sino un plan elaborado en la eternidad. Esa noche había descendido sobre su alma la bendita luz del cielo a invadir nuestras vidas. Él bebió la amarga copa de la ira de Dios para ofrecernos el agua de la vida. Él sudó sangre y gritó para que pudiéramos experimentar un gozo inefable y lleno de gloria. Él murió para darnos la vida eterna. Debe saber que si esa noche llegó a su vida, ¡Dios es capaz de transformar la oscuridad en luz y el sufrimiento en el preludio de la gloria!

7

de agosto

La familia en los rieles

Esposas, estad sometidas a vuestros maridos, como conviene en el Señor. Maridos, amad a vuestras mujeres, y no seáis ásperos con ellas.

COLOSENSES 3:18-19

Para ser feliz, la familia debe caminar por el camino correcto y tener las prioridades correctas. Tiene que buscar primero las primeras cosas. Quiero mencionar cinco de estas prioridades. En primer lugar, colocar a Dios por encima de las personas. Cuando Dios es lo primero en nuestras vidas, otras cosas se colocan en su lugar correcto. Debemos buscar primeramente el reino de Dios, y se añadirán otras cosas (Mateo 6:33). En segundo lugar, poner a su cónyuge por encima de los hijos. Están en un error los padres que compensan la debilidad del matrimonio reemplazando al cónyuge por los hijos. El mayor regalo que podemos dar a nuestros hijos es amar a nuestro cónyuge. En tercer lugar, poner a los hijos por encima de los amigos. Tenemos que cuidar a nuestros hijos antes de volver la atención hacia el exterior, pues el que no se preocupa por su propia familia es peor que un incrédulo (1 Timoteo 5:8). Tenemos que tener tiempo con los hijos, y nuestros hijos necesitan saber que tienen prioridad en nuestra agenda y nuestros corazones. Cuarto, coloque las relaciones por encima de las cosas. Muchas personas se pierden en esta materia. Corren de manera sufrida detrás de las cosas y luego pierden a la gente que más aman. De nada sirve construir un vasto patrimonio financiero y dejar atrás una familia destrozada emocionalmente. Por último, poner las cosas importantes por encima de las cosas urgentes. No todo lo que grita a su oído como urgente es realmente importante. No sacrifique en el altar de lo urgente lo que es importante. ¡Busque las primeras cosas primero!

8
de agosto

Quien salva al lobo condena las ovejas

Porque yo sé que después de mi partida entrarán en medio de vosotros lobos rapaces, que no perdonarán al rebaño.

HECHOS 20:29

Víctor Hugo, escritor francés, tenía toda la razón cuando dijo: "Si usted protege al lobo, condena automáticamente a la oveja a la muerte". El apóstol Pablo dijo que hay lobos que acechan a las ovejas, con ganas de entrar en el redil y devorarlas. Los lobos son falsos maestros, y sus afilados dientes son falsas doctrinas. El primer signo mencionado por Jesús en el sermón profético acerca de su segunda venida es el engaño religioso. Hoy en día se multiplican los falsos maestros y las falsas doctrinas rápidamente se ejecutan. El desvío de la sana doctrina es sorprendente. Predicadores movidos por una falsa teología y gobernados por la codicia son ingeniosos para engendrar novedades extrañas en las Escrituras y las enseñan sin ningún escrúpulo en el nombre de Dios. Estos maestros del engaño no son pastores del rebaño, sino los lobos. No alimentan al rebaño sino que se alimentan de él. Tienen gusto por las ovejas para devorarlas, y no las protegen; les arrancan la lana y les devoran la carne. Toman el último centavo de las ovejas y no les importa dejarlas en la miseria, mientras viven en la moda opulenta. Debemos ser tolerantes con las ovejas, pero firmes con los lobos. Llevamos a los corderos en nuestros brazos, pero usamos la vara para ahuyentar a los lobos. Lobos disfrazados de ovejas en medio del rebaño son aún más peligrosos que las bestias que no usan disfraz. Un falso profeta que tuerce el mensaje de las Escrituras con el fin de inducir a la gente por mal camino es peor que un enemigo declarado de la fe. ¡Tengamos cuidado!

9
de agosto

La autopsia del miedo

En el amor no hay temor, sino que el perfecto amor echa fuera
al temor…

1 JUAN 4:18

El miedo está arraigado en la vida humana. Fue la primera sensación que se experimentó después de que Adán pecó. Dios conoce nuestra condición y sabe que somos polvo. Conoce nuestras debilidades. Diagnostica nuestras fragilidades. Por lo tanto, la orden que más se repite en toda la Biblia es la siguiente: No temas, es decir, "No tengas miedo". Tenemos miedo de salir de casa, miedo al asalto, miedo al secuestro, temor a las balas perdidas e incluso miedo de la policía. Vivimos detrás de candados bloqueados y cadenas gruesas y fuertes. Hay gente que tiene miedo de casarse y miedo de estar sola. El temor a los lugares cerrados y el miedo a lugares abiertos. Miedo de vivir y miedo a morir. El apóstol Pablo dijo que el miedo es más que un sentimiento; es un espíritu amenazante. Hemos superado el miedo cuando comprendemos lo que somos, de dónde venimos, hacia dónde vamos y por qué estamos aquí. Venimos de Dios y regresamos a Dios. Hemos sido creados por Dios, redimidos por la sangre de Jesús y sellados con el Espíritu Santo. Somos ciudadanos del cielo, y tenemos nuestro nombre escrito en el Libro de la Vida. Hemos superado el miedo cuando nos fijamos en las circunstancias con el fin de buscar al Dios que está en el control de la situación. Hemos superado el miedo cuando quitamos de nuestros ojos la debilidad y los ponemos en la omnipotencia divina.

10
de agosto

Consumismo,
la dictadura de la superficialidad

> No lo digo porque tenga escasez, pues he aprendido a contentarme, cualquiera que sea mi situación.
>
> **FILIPENSES 4:11**

Desde la revolución industrial, los bienes de consumo son más asequibles. Con el advenimiento de la globalización, somos testigos del rápido crecimiento de poco más de un centenar de empresas privadas, que tienen alrededor del cincuenta por ciento de la riqueza del planeta. Hay empresas más ricas que los países. Toyota es más rica que Sudáfrica; General Motors es más rica que Noruega. Walmart es más rica que 150 países. En esta era de la economía globalizada, las empresas requieren de más tiempo y más dinero. Con esto, conseguimos una obstinada e irreversible era del consumismo. En 1950, se consumía cinco veces menos que en la actualidad y no eran menos felices por ello. En la década de 1970 alrededor del setenta por ciento de los hogares dependían solo de un ingreso para mantenerse al día. Hoy en día, más del setenta por ciento de las familias dependen de dos ingresos para mantener el mismo estándar. Es decir, el lujo se ha convertido en la necesidad de hoy. El consumismo ha sido una dictadura despiadada. Pero ¿qué es el consumismo? Usted compra lo que no necesita, con dinero que no tiene, para impresionar a la gente que no conoce. El contentamiento es el remedio para la cura del consumismo. El contentamiento es una experiencia de aprendizaje. El apóstol Pablo dijo: "pues he aprendido a contentarme, cualquiera que sea mi situación" (Filipenses 4:11). "Pero gran fuente de ganancia es la piedad acompañada de contentamiento" (1 Timoteo 6:6).

11

de agosto

Cristofobia, una seria amenaza a la sociedad

Si el mundo os aborrece, sabed que a mí me ha aborrecido antes que a vosotros.

JUAN 15:18

Mientras que en algunos países discuten sobre la homofobia, tratando de criminalizar a quienes están en desacuerdo con la práctica homosexual, más de 100 millones de cristianos son perseguidos en el mundo a causa de su fe en Cristo. Las personas son arrestadas, torturadas y asesinadas simplemente por profesar la fe cristiana. El misionero John Dilson y la misionera Zenaide Novais, de la Iglesia Presbiteriana de Brasil, fueron detenidos en Senegal en 2013 solo por enseñar a niños de escasos recursos, que asistían a la enseñanza del evangelio de Jesucristo. En Occidente, no tenemos ninguna persecución física, pero hay una persecución ideológica declarada. No es solo una tolerancia al error, sino una promoción del error. Vivimos en una especie de inversión de valores. Al igual que en su tiempo Jesús fue odiado y perseguido por hacer el bien y predicar la verdad, hoy en día muchos seguidores de Cristo son odiados y perseguidos por vivir santamente y anunciar al mundo la gracia de Dios. Pero Jesús nos advirtió: "En el mundo tendréis aflicción; pero tened ánimo, yo he vencido al mundo" (Juan 16:33). El mundo marcha enloquecido hacia la secularización. En este proceso, se instala la dictadura del relativismo. No se aceptan verdades absolutas. La verdad deja de ser objetiva para ser subjetiva. Cada uno tiene su verdad. Este relativismo, sin embargo, despliega sus banderas de la tolerancia hasta que la persona y la doctrina de Cristo sean enseñadas. A partir de ahí, los agentes de la tolerancia visten una armadura de intolerancia implacable, para perseguir sin piedad a los cristianos.

12
de agosto

Un rey débil hace débil a un pueblo fuerte

El rey afianza su país por medio de la justicia; mas el que lo carga de impuestos lo destruye.

PROVERBIOS 29:4

Luís de Camões colocó en su obra inmortal *Os Lusíadas* esta frase inquietante: "Un rey débil hace débil a la gente fuerte". Un gobernante débil debilita a las personas fuertes. Un líder débil es aquel que no tiene vocación o preparación para gobernar. Un gobernante débil es aquel que no tiene independencia o el coraje para tomar decisiones. Un rey débil es el que está ligado a las tramas de corrupción. Un gobernante débil es aquel que, aunque no roba, tolera ratas hambrientas mordiendo vorazmente el erario. Un rey débil es un rehén en manos de los poderosos; distribuye el gobierno para satisfacer los intereses ocultos de los hombres sin escrúpulos. Un rey débil oprime al pueblo con impuestos pesados, pero no sirve a las personas con los servicios pertinentes. Utiliza a la gente para permanecer en el poder, pero mantiene a la gente en la pobreza, sin necesidad de abrir las puertas del progreso. Un rey débil es un rey débil populista; para permanecer en el trono, ofrece a las personas pobres pan y circo, pero no las alienta a levantar más altos vuelos. Tenemos que ser más cuidadosos en la elección de nuestros líderes políticos. Cuando los individuos son comprometidos con las reglas de la justicia, el pueblo se alegra; sin embargo, cuando las personas se rigen por la codicia y se entregan a la corrupción y al poder, el pueblo gime. Recordemos a Camões: "Un rey débil hace débil a la gente fuerte".

13
de agosto

Pulvis est, et pulvis reverteris

Con el sudor de tu rostro comerás el pan hasta que vuelvas a la tierra, porque de ella fuiste tomado; pues polvo eres, y al polvo volverás.

GÉNESIS 3:19

L a frase del título, en latín, significa: "pues polvo eres, y al polvo volverás" (Génesis 3:19). Dios conoce nuestra condición y sabe que somos polvo, ya que fue él quien nos hizo. Solo Dios es lo que es, porque solo Dios es autoexistente. Solo Dios puede decir: "Yo soy lo que soy". Debido a que el hombre fue hecho del polvo y al polvo volverá, es polvo. Eso es porque el hombre no es lo que es, sino lo que fue y lo que será. Entender el polvo que fuimos es fácil: Dios formó al hombre del polvo de la tierra. Entender que somos polvo también es fácil. Lea las inscripciones en las tumbas: "Aquí yace". Pero ¿cómo entender que somos polvo, polvo que camina, llora y se ríe? La respuesta es: Si el hombre salió del polvo y volverá al polvo, entonces el hombre es polvo, porque el hombre no es lo que es, sino lo que fue y lo que será. Lo que levanta el polvo es el viento. Cuando el viento sopla, el polvo se levanta en la calle, en casa, en el hospital. Dios formó al hombre del polvo de la tierra, y "sopló en su nariz aliento de vida y fue el hombre un alma viviente". Cuando se detiene el viento, el polvo cae en la calle, en casa, en el hospital. El hombre tiene un pie en este mundo transitorio. Nuestra vida aquí es neblina que se disipa rápidamente. No podemos confiar en el brazo de la carne. No podemos poner a nuestro refugio en lo que es polvo. Maldito el hombre que confía en el hombre. No confíe en su fuerza o sabiduría; confíe en Dios.

14

de agosto

¿Por quién doblan las campanas?

> Me volví y vi todas las violencias que se hacen debajo del sol;
> y he aquí las lágrimas de los oprimidos, sin tener quien los
> consuele; y la violencia estaba en la mano de sus opresores, y
> para ellos no había consolador.
>
> ECLESIASTÉS 4:1

John Donne, en el siglo XVII, escribió el siguiente poema: "La muerte de cualquier hombre me afecta, porque soy parte de la humanidad. Por consiguiente nunca preguntes: '¿Por quién doblan las campanas?'; doblan por ti". En un mundo donde la violencia está muy extendida y la vida se trata con desprecio, en que los niños son sacrificados en el vientre materno y que nuestras calles se transforman en campos de sangre, lloramos y decimos que doblan las campanas no solo por los que caen muertos, sino también por nosotros. El hombre se convirtió en lobo para sí mismo. El ser racional se hizo peor que el irracional. Siendo la imagen de Dios, se vistió con la piel del diablo, para concebir y practicar horrores indescriptibles y malignos. En el mismo siglo en que el hombre ha llegado a la cima del progreso científico, descendió a su profunda malignidad. Los horrores del Holocausto son una prueba innegable de esta declaración. Seis millones de judíos fueron asesinados como leprosos o perros masacrados, asfixiados en cámaras de gas o maltratados en campamentos inhumanos. Incluso hoy en día, las guerras étnicas o ideológicas diezman miles de personas en el mundo, con la participación de una omisión criminal y cobarde de los demás. La violencia dejó los campos de batalla y está presente en las calles y en los hogares. Lejos de Dios, el hombre se convierte en un monstruo canalla, una amenaza para la supervivencia de todos nosotros.

15
de agosto

El que salva una vida salva el mundo entero

Pues ¿qué puede dar el hombre a cambio de su alma?

MARCOS 8:37

Oseaskar Schindler, el protagonista de la película *La lista de Schindler*, compró cientos de judíos durante la Segunda Guerra Mundial y los llevó a una fábrica ficticia en Checoslovaquia, para librarlos de las cámaras de gas de los despiadados del nazismo alemán. Cuando terminó la guerra, se encontró con los judíos en el patio de esta empresa ficticia y encontró su coche de lujo y, llorando, dijo: "Si yo hubiera vendido este coche, habría comprado veinte vidas más que no habrían perecido". Luego miró el botón de oro en la solapa de su chaqueta y dijo: "Si yo hubiera vendido este botón, habría comprado dos vidas que perecieron". Así, continuó diciendo: "Quien salva una vida, salva al mundo entero". La mayor inversión que podemos hacer es salvar vidas. La inversión en la obra misionera tiene consecuencias eternas. Es una inversión para la eternidad. Cada inversión que hacemos en las cosas materiales, al final se pierde, porque este mundo y sus riquezas serán atesorados para el fuego, pero cuando invertimos en salvar vidas, la inversión trasciende el tiempo. Invierta sus recursos y su vida en lo que permanece. ¡Tómese su tiempo y energías para la proclamación del evangelio que salva!

16
de agosto

Actitudes con respecto al evangelio

Porque no me avergüenzo del evangelio, porque es poder de
Dios para salvación a todo aquel que cree...
ROMANOS 1:16

El apóstol Pablo mostró tres actitudes hacia el evangelio: 1) Estoy listo
(Romanos 1:14); 2) Estoy en deuda (Romanos 1:15); 3) Porque no me
avergüenzo (Romanos 1:16). Pablo estaba listo como siervo; era responsable
como un apóstol, y no tenía vergüenza como alguien apartado por Dios. Hoy
en día, algunos se avergüenzan del evangelio, y otros avergüenzan al evangelio.
Nosotros, el pueblo de Dios, no podemos estar avergonzando el evangelio;
más bien debemos proclamar el poder del Espíritu Santo, "porque es poder de
Dios para la salvación a todo aquel que cree". ¿Por qué Pablo no se avergonza-
ría del evangelio? Es que el evangelio se centra en la persona de Jesús, que fue
crucificado y murió como un criminal. Por el evangelio, Pablo sufrió azotes,
cadenas y prisiones. Pero Pablo dice que él no se avergüenza del evangelio, y
esto por varias razones. En primer lugar, debido a la naturaleza del evangelio:
¡porque es poder de Dios! El evangelio no tiene que ver con la debilidad humana, sino con el poder divino. En segundo lugar, por causa del propósito del
evangelio: porque es poder de Dios para la salvación. No hay manera de que el
hombre sea salvo, excepto por medio de Jesucristo. En tercer lugar, debido a la
exigencia del evangelio, pues es poder de Dios para salvación a todo aquel que
cree. La salvación es para todos los que creen, y solo para aquellos que creen.
En cuarto lugar, debido a la manifestación de la justicia de Dios en el evangelio. En la cruz de Cristo, el Padre demostró su justicia y nos reveló su amor.

17
de agosto

El anillo de compromiso

... el cual es las arras de nuestra herencia con miras a la redención de la posesión adquirida, para alabanza de su gloria.

EFESIOS 1:14

Todo el que cree en Cristo es sellado con el Espíritu Santo y recibe, al mismo tiempo, las arras del Espíritu. La palabra griega para el compromiso equivale a "anillo de compromiso". Cuando somos salvos por la fe en Cristo, el Señor Jesús firma con nosotros un pacto eterno que significa que pertenecemos a él y él nos pertenece. Este pacto se sella con el anillo de compromiso. El Espíritu Santo es dado como garantía de que se consumará la promesa. La prenda del Espíritu es el símbolo de compromiso. Es el anillo de compromiso que sella el pacto de amor. Jesús nunca dejó de amarnos. Él nunca le fue infiel a su novia. La iglesia, como la novia de Cristo, tiene que prepararse para el día glorioso en que el novio vuelve a encontrar a su amada y entrar con él en la fiesta de bodas. No sabemos el día ni la hora de la llegada del novio. Vendrá de manera personal, visible, audible, repentina, inesperada y gloriosa. Estará acompañado por una comitiva de la gloria de los ángeles. Los que ya están en el cielo, disfrutando de las bendiciones atemporales, vendrán con él en las nubes. Ese día grandioso, los muertos en Cristo resucitarán, los vivos serán transformados, y todos los redimidos se levantarán para recibir al Señor en el aire, y así estaremos para siempre con el Señor. Será la gran fiesta del Cordero. Entraremos en esa fiesta con vestidos blancos. Este salón de banquetes es el mejor lugar con las mejores compañías, la mejor música y los mejores manjares. En esta fiesta, no habrá dolor, ni pena ni llanto.

18

de agosto

La universalidad y la estrechez del evangelio

> Porque de tal manera amó Dios al mundo, que ha dado a su Hijo unigénito, para que todo aquel que cree en él, no perezca, sino que tenga vida eterna.
>
> **JUAN 3:16**

El evangelio de Cristo es a la vez universal y restringido. Es universal, ya que se dirige a todos los pueblos, grupos étnicos y razas de todos los lugares, en todo momento, independientemente de su sexo, color o clase social. Sin embargo, está restringido porque es poder de Dios para la salvación de todo aquel que cree, pero solo de aquel que cree. Dios ha elegido salvar a los hombres por la locura de la predicación. Están en un error los que predican el universalismo, la creencia de que todos serán salvos en el final porque Dios usará misericordia para todos, independientemente de su afiliación religiosa o conducta moral. La enseñanza de la Escritura es claramente evidente: el alma que pecare, esa morirá, porque Dios no tendrá por inocente al culpable. Además, los que están en el error limitan la salvación a su religión. La salvación no está conectada a una iglesia específica o una denominación. La salvación es exclusivamente la obra de Dios, por medio de Cristo Jesús, que se ofreció a los pecadores por la fe. Hay quienes predican una salvación ganada por el hombre mismo, el resultado de su esfuerzo, su trabajo o incluso de sus penitencias. La salvación, sin embargo, no es una insignia de honor. No somos salvos por la obra que hacemos por Dios, sino por lo que Dios ha hecho por nosotros a través del sacrificio de su Hijo en la cruz. La salvación es ofrecida a todos, pero garantizada solo a aquellos que creen en Cristo como Salvador y Señor. ¡Aquí están la universalidad y la estrechez del evangelio!

19
de agosto

¿Dios está muerto?

Mas Jehová es el Dios verdadero; él es el Dios vivo y el Rey eterno...

JEREMÍAS 10:10

En 1882, el influyente filósofo alemán Friedrich Nietzsche dijo categóricamente: "Dios ha muerto". Por no creer que Dios tuviera significado para los seres humanos, declaró: "Dios ha muerto". Muchos ateos teóricos niegan la existencia de Dios (Salmos 14:1) y se burlan de los que profesan la fe cristiana. Algunos de ellos, vestidos del orgullo, tildan a los cristianos de hijos del oscurantismo y la ignorancia. Otros, como Richard Dawkins patrono del ateísmo contemporáneo, muy aplaudido, dice que la creencia en Dios es un retroceso y que el ateísmo es el pináculo del progreso intelectual y moral. Se olvidan estos propagadores del ateísmo que los mayores logros de nuestra sociedad, tanto en el campo científico como en las esferas políticas y sociales, son el resultado directo de la influencia del cristianismo. Por otro lado, las mayores atrocidades de la historia han nacido del vientre del ateísmo. El ateísmo es más una cuestión moral que un problema filosófico. El hombre manchado con orgullo intenta ahogar su conocimiento de Dios (Romanos 1:18-23). Al rechazar a Dios, cuyo poder está estampado en la obra de la creación, y no querer la intervención divina en su vida, el hombre se ahoga en este conocimiento en sus corazones. Juzgándose por sabio, se convierte en un loco. De hecho, ¡Dios no está muerto! Él es el autor de la vida y, como juez, juzgará a los vivos y a los muertos. ¡Prepárese para encontrarse con el Señor!

20
de agosto

Velos largos, matrimonios cortos

> Así que ya no son dos, sino una sola carne; por tanto, lo que
> Dios juntó, no lo separe el hombre.
>
> **MATEO 19:6**

Los velos de las novias se alargan de nuevo y los matrimonios son cada vez más cortos. Invertimos mucho en la fiesta de bodas y poco en la relación. Gastamos un montón de dinero con ceremonias ricas e invertimos muy poco en la comunicación. Impresionamos a las personas con la pompa de nuestras fiestas, pero en la intimidad de la relación muchos matrimonios sufren por la falta de armonía. Porque invertimos poco en el matrimonio, el número de divorcios en la sociedad es creciente de manera increíble. Se habla más de divorcio que de matrimonio. Se crean todas las facilidades para el divorcio y todos los obstáculos para el matrimonio. Si entendiéramos mejor lo que es el matrimonio, habría menos divorcios. No hay escenario seguro para el matrimonio. La tasa de divorcios en la tercera edad ha crecido demasiado en la última década. Muchas parejas mantienen su matrimonio a causa de los hijos, pero cuando estos se van, los cónyuges no tienen más estructura para permanecer juntos. La conclusión ineludible es que, cuando no hay inversión, la relación matrimonial se enferma. Cuando no hay siembra en la relación, no hay cosecha. El matrimonio no es automáticamente feliz. La felicidad conyugal se construye con esfuerzo y perseverancia. Cobramos mucho del matrimonio e invertimos muy poco en él. No hay matrimonio feliz sin fidelidad. ¡La santidad del matrimonio es el fundamento de su felicidad!

21

de agosto

Los grandes énfasis de la Reforma

Porque por gracia habéis sido salvados por medio de la fe; y
esto no proviene de vosotros, pues es don de Dios.

EFESIOS 2:8

La Reforma protestante del siglo XVI fue un retorno a la doctrina de los
apóstoles. Cinco puntos se destacan. En primer lugar, "solo la Escritura".
La Escritura "es inspirada por Dios, y útil para enseñar, para redargüir, para corregir, para instruir en justicia" (2 Timoteo 3:16). La Escritura es nuestra única
regla de fe y práctica. En segundo lugar, "solo la gracia". La salvación no es un
logro del hombre, sino un don de Dios. La salvación se recibe por gracia, no es
ganada por obras. En tercer lugar, "solo la fe". La fe no es la causa meritoria de
la salvación, pero sí la causa instrumental. Somos salvos por gracia mediante
la fe. Por la fe nos apropiamos de la salvación ofrecida por Dios. La fe no es
meritoria, sino un don de Dios. En cuarto lugar, "solo Cristo". Jesús no es solo
uno de los muchos caminos a Dios; es la única manera de llegar a Él. Jesús no
es una de las muchas puertas del cielo; Él es la única puerta. Jesús no está en
medio de muchos mediadores entre Dios y los hombres; Él es el único mediador. Solo Jesús salva. Solo Jesús puede reconciliarnos con Dios. Solo Jesús
puede darnos la vida eterna. En quinto lugar, "solo Dios" merece la gloria. La
salvación no es un trofeo que se recibirá en el último día, por nuestros propios
méritos. La salvación es obra de Dios de principio a fin. Fue Dios quien nos ha
elegido, nos llamó, nos justificó y nos glorificó. Todo viene de Él, por Él y para
Él. A Él deben ser dados el honor y la gloria, ahora y por siempre.

22
de agosto

La espina en la carne de Pablo

Y para que por la grandeza de las revelaciones no me exalta-
se desmedidamente, me fue dada una espina en mi carne, un
mensajero de Satanás que me abofetee, para que no me enal-
tezca sobremanera.

2 Corintios 12:7

Ha sido objeto de un intenso debate y mucha discusión: qué es la espina en la carne de Pablo. El mismo apóstol nos da una pista sobre su "espina" en la carne. Él dice que predicó el evangelio por primera vez en Galacia a causa de una enfermedad física (Gálatas 4:13-14). Esta espina en la carne (2 Corintios 12:7) puede haber sido una malaria contraída en los pantanos de Perge de Pánfila, antes de subir a las montañas de Galacia, donde Pablo predicó el evangelio en Antioquía de Pisidia, Iconio, Listra y Derbe en su primer viaje misionero. Esta enfermedad, que le causó un dolor de cabeza alucinante, debió haber afectado a la visión de Pablo y los Gálatas, si hubiera sido posible, se habrían sacado sus ojos para dárselos a Pablo (Gálatas 4:15). Cuando Pablo se convirtió en Damasco, fue cegado por el brillo de la visión (Hechos 22:11). Tres días más tarde, fue curado de la ceguera por las oraciones de Ananías (Hechos 22:13). Las epístolas de Pablo, sin embargo, parecen indicar una deficiencia visual del apóstol, que llevaba un secretario para escribir sus cartas, y cuando llegó a la conclusión, dijo: "Mirad con qué letras tan grandes os escribo de mi propia mano" (Gálatas 6:11). Esta espina en la carne era de Dios, porque el propósito era que Pablo no fuera soberbio; al mismo tiempo, no obstante, era un mensajero de Satanás para abofetear al apóstol (2 Corintios 12:7). ¡Pablo pidió ser librado de esa espina, pero Dios le dio la gracia, gracia que es mejor que la vida!

23

de agosto

Jesús: ¿sastre de lo efímero o escultor eterno?

> Vosotros me llamáis Maestro, y Señor; y decís bien, porque lo soy.
>
> JUAN 13:13

Muchos maestros ilustres llenan bibliotecas con su erudición. Estos maestros han venido por los corredores del conocimiento humano. Pero entre todos, Jesús se presenta como el Maestro de maestros. Incluso se presentó a sí mismo como "maestro", y sus discípulos le llamaban "Maestro"; hasta sus enemigos reconocieron que él era maestro. Jesús no era un sastre de lo efímero, sino el escultor de lo eterno. Fue el Maestro de maestros, por varias razones. En primer lugar, por su pureza de carácter. Todos los profesores son limitados en el conocimiento y la ética defectuosa. Pero Jesús nunca pecó. Nunca hubo malicia en su boca. Él es el Maestro y el contenido de la educación, el mensajero y el mensaje. En segundo lugar, la sublimidad de su doctrina. Jesús vino del cielo para enseñarnos las palabras de vida eterna. No gastó su tiempo enseñando cosas comunes. Sus palabras son espíritu y son vida. Él no solo habló de la verdad, sino que es la Verdad. Su doctrina no es el resultado de la elucubración humana, sino el extracto de la revelación divina. Su enseñanza se refiere a cosas que ningún ojo ha visto y ningún oído ha escuchado: las conversaciones sobre el tiempo de vida eterna y las bienaventuranzas por toda la eternidad. Proclama la liberación del pecado, la redención por la sangre de la cruz, la justificación por la fe, la santificación del Espíritu, la glorificación eterna. En tercer lugar, la variedad de sus métodos. Jesús enseñó en parábolas y contrastes, por las palabras y el silencio, por la doctrina y el ejemplo.

24
de agosto

¿Por qué tarda
el avivamiento pleno?

> Oh Jehová, aviva tu obra en medio de los tiempos, en medio de
> los tiempos hazla conocer; en la ira acuérdate de la compasión.
>
> Habacuc 3:2

Leonard Ravenhill escribió un libro que impactó a la iglesia evangélica: *¿Por qué no llega el avivamiento?* Hace poco leí otro libro del mismo autor, en el que se pregunta: "¿Por qué tarda *todavía* el completo avivamiento?". Lloré cuando leí: "El reavivamiento completo todavía tarda porque la iglesia es muy feliz sin él". Tenemos que llorar por nuestra falta de llorar. Tenemos que gritar que tenemos sed de Dios, en lugar de las bendiciones de Dios. Ninguna dádiva al donante. Ninguna bendición puede tomar el lugar de quien bendice. Avivamiento es sed de Dios más que las bendiciones de Dios. Por desgracia, muchas iglesias han confundido avivamiento con cosas ajenas a la Escritura y se han perdido en esta búsqueda, y han caído en las falsas doctrinas y experiencias místicas. Otros, temerosos de estas desviaciones, partieron hacia el otro extremo y una ortodoxia muerta, cerrada y calcificada. Muchas iglesias, a pesar de que siguen siendo leales a la doctrina, como la iglesia de Éfeso, perdieron su primer amor. Son ortodoxas, pero frías. Tienen conocimiento, pero sin poder. Tienen un celo por la verdad, pero no el fervor espiritual. Otras iglesias han abandonado la sana doctrina y, por lo tanto, se han convertido a los caminos sinuosos del relativismo moral. Una iglesia que abandona la Palabra de Dios como su única regla de fe y práctica se deja vencer ante la ética situacional. Necesitamos una visitación de lo alto, un avivamiento poderoso. ¡Que el viento del Espíritu lance sobre nosotros un aliento de vida, removiendo las cenizas y calentando nuestros corazones de nuevo!

25
de agosto

Encienda una hoguera
en el púlpito

Fuego vine a echar en la tierra; y ¡cómo deseo que se haya encendido ya!

LUCAS 12:49

Una vez, alguien le preguntó a D. L. Moody: "Moody, ¿cómo iniciar un avivamiento en la iglesia?", y él respondió: "Encienda una hoguera en el púlpito". Aunque sabemos que el avivamiento es una obra de Dios y no se puede programar en la tierra, tenemos que preparar el camino del Señor. El púlpito debe ser encendido por el poder del evangelio. El predicador debe ser calentado por el fuego del Espíritu, porque cuando el predicador es un palo seco para prender fuego, aun la leña verde comienza a arder. Cuando le preguntaron al mismo Moody cuál era el problema más grande de la obra, respondió: "El mayor problema de la obra son los trabajadores". El líder es el problema más grande o el mayor defensor de la obra. Si él es un hombre lleno del Espíritu, sus subordinados siguen sus pasos. Por otra parte, los pecados del líder son más graves, más hipócritas y más dañinos que los pecados de sus seguidores. Más grave, porque el líder peca contra un mejor conocimiento. Más hipócrita, porque el líder que lucha contra un pecado en público a menudo lo practica en secreto. Y lo más perjudicial, porque cuando un líder cae, más personas se ven afectadas. Estoy convencido de que necesitamos desesperadamente un avivamiento en el liderazgo y un revestimiento de poder en el púlpito.

26
de agosto

Padres, espejo de los hijos

Y estas palabras que yo te mando hoy, estarán sobre tu corazón;
y las repetirás a tus hijos...

DEUTERONOMIO 6:6-7

Albert Schweitzer dijo que el ejemplo no es solo una forma de enseñanza, sino la única manera efectiva de hacerlo. Los padres enseñan con el ejemplo más que por preceptos. Los padres son el espejo de los niños. Para que sea útil un espejo, necesita tener tres características. En primer lugar, el espejo tiene que ser limpiado. Un espejo sucio no refleja la imagen. Si los padres no son ejemplo para sus hijos, no pueden enseñar de manera efectiva. No se limite a enseñar el camino; debemos enseñar en el camino. Antes que los padres inculquen en la mente de los niños la verdad, es necesario que esté reinando la verdad en los corazones de los padres. En segundo lugar, el espejo debe estar iluminado. Un espejo en la oscuridad es inútil. No tienen ojos para ver donde no hay luz. Los padres tienen que caminar en la luz si quieren educar a sus hijos para la vida. La Palabra de Dios es la luz que ilumina nuestros pasos. Jesús es la luz del mundo y los que lo siguen no andarán en tinieblas. Los padres que se rigen por la verdad de las Escrituras crían a los hijos en la disciplina y amonestación del Señor y tienen la alegría de verlos florecer en los atrios de Dios. En tercer lugar, el espejo debe ser plano, para no distorsionar la imagen. Un espejo cóncavo o convexo siempre distorsiona la imagen. También lo es la vida de los padres: si tienen una vida borrosa y desenfocada reflejan una imagen distorsionada. Los padres tienen que tener una vida limpia. Los padres tienen que ser la luz de la Palabra. Los padres necesitan tener una vida correcta. Padres, recuerden: ¡sus hijos los están mirando!

27
de agosto

Existe una cura para la ansiedad

Por nada os inquietéis, sino que sean presentadas vuestras peticiones delante de Dios mediante oración y ruego con acción de gracias.

FILIPENSES 4:6

La ansiedad es la enfermedad más democrática de nuestra generación. Llega a ricos y pobres, hombres y mujeres, religiosos y agnósticos. La ansiedad produce una inquietud en el alma, una inquietud por el futuro. Genera fatiga emocional, presión psicológica, debilitamiento de la salud y colapso espiritual. La ansiedad puede ser moderada o patológica. La ansiedad moderada es normal, revela que la persona no se enfrenta a las tensiones de la vida con apatía. Pero la ansiedad patológica es anormal y roba la capacidad de la persona para hacer frente a los problemas y la claridad para soportar las presiones de la vida. La ansiedad es inútil, ya que no mejora nuestra calidad de vida en el futuro. También es perjudicial, pues nos ocupamos anticipadamente de los problemas que están por venir. Como la mayoría de los problemas que nos aquejan nunca van a pasar, una persona ansiosa sufre innecesariamente. La ansiedad es una fuerte señal de incredulidad, para aquellos que confían en la providencia de Dios, que descansan sobre su cuidado bondadoso. La ansiedad es más que una enfermedad, es un pecado, un pecado de desobediencia a la orden de Dios de poner a los pies de Él todas nuestras ansiedades. No ceda ante esta sensación estranguladora. Lance, en este momento, toda ansiedad a los pies del Señor. En lugar de ser estrangulado por la ansiedad, coloque delante de Dios su adoración, su oración y su acción de gracias; y la paz de Dios, como vigilante divino, guardará su mente y su corazón.

28
de agosto

Usted tiene lo que reparte y pierde lo que retiene

Hay quienes reparten, y les es añadido más; y hay quienes retienen más de lo que es justo, pero vienen a pobreza.

PROVERBIOS 11:24

Jim Elliot, el misionero americano asesinado por los indios de Ecuador, dijo, con razón: "No es tonto el que da lo que no puede guardar para ganar lo que no puede perder". Está claro que Elliot estaba hablando del evangelio, las buenas nuevas de la salvación no las podemos retener en nuestras manos. Sin embargo, este mismo principio se puede aplicar a la administración de los bienes, en una sociedad avariciosa y acaparadora que acumula para sí egoístamente y retiene la ayuda a los pobres y necesitados. La Palabra de Dios enseña que quienes retienen más de lo que es justo tendrán pérdida, pero el alma generosa prosperará. El que da al pobre presta a Dios, y Dios nunca queda debiendo nada a nadie. Jesús enseñó que es más bienaventurado dar que recibir. El apóstol Pablo enseñó que el que siembra generosamente, generosamente segará, porque Dios ama al que da con alegría. Cuando bendecimos a alguien, Dios te devuelve por duplicado, sobre nuestra vida. Cuando se siembra en la vida de las personas, Dios siembra en nuestras vidas. Dios multiplica nuestra semilla. La semilla que se multiplica no es la que tenemos o que comemos, sino es la semilla que sembramos. Cuando sembramos, incluso con lágrimas, con alegría cosechamos espigas de la rica providencia divina. Recuerde: usted tiene lo que reparte y pierde lo que retiene.

29
de agosto

Cómo conciliar los decretos de Dios con la oración

Pedid, y se os dará; buscad, y hallaréis; llamad, y se os abrirá.

MATEO 7:7

Los decretos de Dios son perfectos. Dios ha planeado todas las cosas incluso antes de la fundación del mundo. Es la clara enseñanza de la Escritura que los decretos de Dios se establecieron en la eternidad y no pueden ser frustrados. Dios no improvisa. Nada le coge por sorpresa. Él conoce el futuro en su eterno ahora. La historia no entra en el caos o está dando vueltas. La historia es teleológica, es decir, avanza hacia su consumación final. El último capítulo de la historia ya está escrito. Es la contundente victoria de Cristo y su iglesia. Aunque todas las cosas ya están escritas y determinadas, el Dios soberano decidió actuar en la historia a través de las oraciones de los santos. En la oración, nos unimos a los efectos de aquel que está sentado en la sala de mando del universo y hace todas las cosas según el designio de su voluntad. No hay fuerza en la tierra más poderosa que la oración de los justos, en la fe, en el nombre de Jesús, y creyendo en el poder del Espíritu Santo. El altar se encuentra conectado con el trono. Las oraciones de los santos ascienden desde el altar hacia el trono, y en respuesta, desde el trono descienden a la tierra para hacer grandes cambios en la historia. Dios ve, Dios escucha, Dios actúa. En respuesta a las oraciones de su pueblo, Dios obra maravillas, porque quiso el Dios soberano actuar con eficacia, a través de las oraciones de los santos.

30
de agosto

¿Usted ya nació de nuevo?

> Respondió Jesús y le dijo: "De cierto, de cierto te digo, que el
> que no nace de nuevo, no puede ver el reino de Dios".
>
> JUAN 3:3

El nuevo nacimiento es una operación de la gracia de Dios, por el Espíritu Santo, cuando Dios cambia las disposiciones íntimas de nuestra alma, nos da un nuevo corazón, un nuevo espíritu, una nueva vida, una nueva familia, una nueva casa. Nacer de nuevo nace de lo alto, desde lo alto, del Espíritu Santo. No hay reforma moral de las costumbres. Es una transformación radical. Jesús habló acerca del nuevo nacimiento a Nicodemo, un judío reconocido por su pueblo como un hombre rico, culto y maestro religioso. Jesús fue categórico cuando dijo a Nicodemo, que "el que no nace de nuevo, no puede ver el reino de Dios". Y "el que no nace de agua y del Espíritu, no puede entrar en el reino de Dios" (Juan 3:5). El nuevo nacimiento no es ser religioso, asistir a la iglesia, diciendo oraciones y dando el diezmo. Nicodemo hizo todo esto y no había nacido de nuevo. ¿Ha nacido usted de nuevo? Sin el nuevo nacimiento, su esperanza es vana, y su religión no sirve para nada. Nacer de nuevo no es cambio de religión, ser bautizado, o miembro de una iglesia. Es una obra sobrenatural, libre y soberana del Espíritu Santo en su vida. El nuevo nacimiento ocurre cuando usted reconoce su pecado y pone su confianza en Jesucristo como su redentor. Jesús fue levantado en la cruz, para que todo el que mire hacia él reciba el perdón de los pecados y la vida eterna. ¿Usted ha nacido de nuevo?

31
de agosto

Dios, ¿un delirio?

> Señor, eres digno de recibir la gloria y el honor y el poder; porque tú creaste todas las cosas, y por tu voluntad existen y fueron creadas.
>
> **APOCALIPSIS 4:11**

Richard Dawkins, el santo patrón de los ateos, escribió un libro que está haciendo mucho ruido en el mundo académico, titulado *El espejismo de Dios*. Este líder del ateísmo se ha dedicado a ridiculizar la fe cristiana y exaltar la esencia del ateísmo. El texto del salmo 14:1 dice, sin embargo, que es necio el que dice que no hay Dios. El ateísmo no es un problema intelectual, sino moral. El ser humano no niega la existencia de Dios por falta de revelación, sino porque este conocimiento se ahoga en su corazón. Dios se reveló a través de la creación, la conciencia y la Palabra de Jesús. Las huellas de Dios están estampadas en cada gota de rocío. Los cristianos no adoran a un engaño, sino a Dios Todopoderoso, el que mide las aguas del océano en el hueco de su mano y pesó el polvo en una balanza de precisión. Nuestro Dios es el que midió los cielos cuando esparció las estrellas en el firmamento. Es él quien creó el universo sin materia preexistente y sostiene todas las cosas con su palabra poderosa. Se demostró hoy que no somos el resultado de la generación espontánea. No estamos programados genéticamente. El doctor Marshall Nirenberg, premio Nobel de Biología, encontró cerca de 60 billones de células vivas, y 1,70 centímetros de hebra de ADN, donde se registran e informatizan todos nuestros datos genéticos. No somos fruto de la casualidad o descendientes de los simios. ¡Venimos de Dios!

1
de septiembre

Sexo, un regalo de Dios

Sea bendito tu manantial, y gózate en la mujer de tu juventud.

PROVERBIOS 5:18

El sexo ha sido banalizado en nuestra generación. Mediante su uso como una cuestión de propaganda, la sociedad secularizada lo cosifica, degrada y envilece. Vivimos en una sociedad decadente, promiscua, que no solo tolera el error, sino que promueve el mal; que no solo tolera, sino que promueve la inmoralidad y la promiscuidad. Tanto los medios de la televisión como el cine se rindieron a la presión de la sexolatria. Nuestra generación ha perdido el pudor y las buenas costumbres. No hay más vergüenza. La indecencia es alabada como una virtud. Tenemos que anunciar, sin embargo, que el sexo no es un pecado. El sexo es bueno. Dios creó al hombre y la mujer. Los creó con la capacidad de dar y recibir placer. El sexo es puro, santo y agradable. Sin embargo, el sexo antes del matrimonio es fornicación (1 Tesalonicenses 4:3-9), y los que lo practican están bajo el juicio divino. El sexo fuera del matrimonio es adulterio, y solo aquellos que se quieren destruir cometen tal locura (Proverbios 6:32). El sexo antinatural, como la homosexualidad, el lesbianismo, el sadismo y el masoquismo, es fuertemente condenado por los preceptos divinos (Romanos 1:24-28). Pero el sexo en el matrimonio es la ordenanza de Dios (1 Corintios 7:5). Una relación sexual entre marido y mujer debe ocurrir en el contexto de la fidelidad y la pureza (Hebreos 13:4). Los que viven de acuerdo a los preceptos de Dios en esta área son más felices que los que andan tras aventuras locas. Santidad sexual es el camino de la felicidad conyugal.

2
de septiembre

Marido, cuide a su esposa

Maridos, amad a vuestras mujeres, y no seáis ásperos con ellas.
COLOSENSES 3:19

Los conflictos en las relaciones entre marido y mujer se intensifican. El número de divorcios aumenta. En este contexto, son oportunas las palabras del apóstol Pedro. Él escribió: "Vosotros, maridos, igualmente, convivid con ellas con comprensión, tratando a la mujer […], dándoles honor […], para que vuestras oraciones no sean estorbadas" (1 Pedro 3:7). La Palabra de Dios nos muestra que el marido se ha comprometido a atender a su esposa al menos en cuatro áreas distintas. En primer lugar, en el área física. El marido necesita conocer a su esposa en el área sexual. Es su papel para satisfacerla. Pedro dice: "Maridos, […] igualmente, convivid con ellas con comprensión". Esto se refiere a la convivencia entre marido y mujer. En segundo lugar, en el área intelectual. El marido necesita conocer a su esposa, sus sueños, sus deseos y necesidades. Pedro dice: "… con comprensión". El marido tiene que conocer las diferencias entre hombres y mujeres. En tercer lugar, en la zona emocional. Pedro escribe: "Maridos, […] dándoles honor". El marido tiene que ser un caballero, amable, romántico y cuidadoso en el trato con su esposa. En cuarto lugar, en el área espiritual. Pedro concluye: "… para que vuestras oraciones no sean estorbadas". La vida espiritual no puede ser desligada de la vida matrimonial. Un marido que no trata bien a la esposa no puede tener una abundante vida espiritual. Sus oraciones son interrumpidas y su testimonio está contaminado. La orden de Dios a los esposos es: "Maridos, amad a vuestras mujeres, así como Cristo amó a la iglesia" (Efesios 5:25).

3
de septiembre

El sol brillará de nuevo

> Bienaventurados los que habitan en tu casa; perpetuamente te alabarán. Bienaventurado el hombre que tiene en ti sus fuerzas, en cuyo corazón están tus caminos.
>
> SALMOS 84:4-5

Tal vez usted está viviendo en el epicentro de un gran huracán. La tormenta lo azota sin cesar. Los torrentes de perversidad pasan por encima de su cabeza y arrastra una avalancha montaña abajo sin pausa para recuperar el aliento. Tal vez la noche parece demasiado oscura y el pánico se está apoderando de su alma. Tal vez usted se encuentra en un aprieto, atrapado por las circunstancias más grandes que sus puntos fuertes. Ante este ritmo de angustia, animo a mirar hacia arriba, vivir en el Señor Dios y descansar en la providencia del Todopoderoso. Dios es capaz de transformar su árido valle en primavera, y su lamento en baile. Allí no se pierde porque cuando se coloca en las manos de Dios, Él tiene poder sobre las leyes de la naturaleza. Él tiene autoridad sobre la enfermedad y la muerte. Ni siquiera los demonios pueden resistir a su voz. No hay problema sin solución cuando Jesús interviene. Él da vista a los ciegos, levanta a los cojos, limpia a los leprosos y resucita a los muertos. No hay vida irrecuperable para Dios. Él transforma a los rufianes en santos, a los esclavos en los agentes libres de los malos presagios de la justicia. Cuando el esposo y la esposa se rinden a sus pies, la angustia se vuelve en dulzura, el odio en amor, la indiferencia en cuidado. No se desanime. No tire la toalla. No se rinda. Proceda. Tenga esperanza: ¡el sol brillará otra vez!

de septiembre

Prosperar en el desierto

Y sembró Isaac en aquella tierra, y cosechó aquel año ciento por uno; y le bendijo Jehová.

GÉNESIS 26:12

El desierto es la escuela de Dios, no es un bache en el camino. Dios nos lleva al desierto, no para destruirnos, sino para fortalecer los músculos de nuestra alma. Fue una época de sequía. La hambruna asoló la tierra. Isaac quería ir a Egipto y escapar de la crisis, pero Dios le prohibió hacerlo, ordenándole permanecer en Gerar, la tierra de los filisteos. Isaac sembró en aquella tierra, y cosechó el ciento por uno. Prosperaron y se enriquecieron debido a que la buena mano de Dios estaba con él. En esta tierra, él cavó pozos nuevos y reabrió los antiguos pozos que su padre había abierto. Isaac no despreció el pasado, pero no se limitó a él. Los filisteos tenían sus pozos y se lo reprochaban, pero Isaac no entró en confrontación inútil. Incluso siendo perseguido por los filisteos, Isaac no dejó su corazón amargo ni entró en batallas inútiles. Así que Dios le prosperó. La crisis es un momento de oportunidad, una encrucijada en la que los que confían en Dios colocan el pie en el camino de la victoria, pero los que dudan de su providencia están adoptando los métodos abreviados de la duda y la incredulidad. Isaac era un hombre amable. Cedió sus derechos, y Dios lo honró. Sus enemigos tuvieron que reconocer que fue bendecido por Dios. Como Isaac, también han sido llamados a vivir por la fe. Siembre en su desierto, y el desierto, por la gracia de Dios, va a florecer. ¡Así como Isaac, usted puede prosperar en el desierto!

5

de septiembre

Dios inspira canciones de alabanza en las noches oscuras

Y ninguno dice: "¿Dónde está Dios mi Hacedor, que da cánticos en la noche".

JOB 35:10

Job era un hombre justo y recto, temeroso de Dios y apartado del mal. Dios le ofreció una defensa adecuada a la acusación de Satanás de que Job servía a Dios solo por el interés. Dios le permitió a Satanás que tocara los bienes, la familia y la salud de Job. Este rico patriarca perdió sus bienes, sus hijos y su salud. Su esposa no soportó tanto dolor y le aconsejó maldecir a Dios y morir. Sus amigos imputaron cargas pesadas en su contra. Su dolor parecía insoportable. Su cuerpo débil estaba cubierto de heridas en descomposición. Sus lágrimas eran como ríos que inundaron su alma. Fue en este contexto de dolor que Job dijo que Dios inspiró canciones de alabanza en las noches oscuras. A veces los hijos de Dios pasan por valles oscuros, cruzando callejuelas estrechas y caminando por ardientes desiertos. Estamos devastados por ráfagas de vientos helados, atravesados por las flechas del dolor. En esta noche oscura, cuando nuestras fuerzas se desvanecen y las lágrimas irrumpen en nuestros ojos, Dios viene con su bálsamo reconfortante para inundar nuestras vidas. En estas horas de tormenta, nuestro Dios es el que inspira cánticos de alabanza en las noches oscuras. Incluso si estas noches son más oscuras, e incluso las lágrimas son nuestra comida, tenemos la firme esperanza de que la alegría viene por la mañana ¡porque nuestro redentor vive!

6

de septiembre

Llore,
pero llore a los pies del Señor

María, cuando llegó donde estaba Jesús, al verlo, se arrojó a sus
pies [...]. Jesús entonces, al verla llorando...

JUAN 11:32-33

E l hombre nace llorando, pasando por valles de lágrimas y termina sus días
en lágrimas. La vida no es sin dolor. Lloramos por nosotros, por nuestra
familia y nuestros amigos. También lloramos a causa de nuestros enemigos.
Incluso para dar sabor a los placeres de la vida con nuestras lágrimas. Pero el
mejor lugar para arrojar nuestras lágrimas se encuentra a los pies del Señor
Jesús. Tenemos que hacer como María, hermana de Marta y Lázaro. Se sentó
a los pies de Jesús para aprender, llorando y dando gracias. A los pies de Jesús,
encontramos consuelo y alivio para nuestro dolor. Muchas personas lloran
demasiado tarde, como hizo Esaú, y no se lavan las lágrimas del corazón con
arrepentimiento sincero. Jesús dijo: "Bienaventurados los que lloran, porque
ellos serán consolados". Los que no son felices hacen llorar a otros. No son
felices los que se afligen por el resultado de su pecado. Pero bienaventurados
los que lloran por sus pecados y reconocen que el pecado es muy maligno a los
ojos de Dios. Los grandes hombres de Dios eran hombres de lágrimas. David
lloró por sus pecados, y lloró al ver que los pecadores se endurecieron a la voz
de Dios. Nehemías lloró al enterarse de la caída de Jerusalén. Pablo lloró al
ver la incredulidad de su pueblo. También hay que llorar por nuestros males
y pecados del mundo. ¡Debemos llorar hasta aquel día en que Dios enjugará
toda lágrima de nuestros ojos!

7
de septiembre

El vacío del alma

En el último y gran día de la fiesta, Jesús se puso en pie y alzó la voz, diciendo: "Si alguno tiene sed, venga a mí y beba".

JUAN 7:37

El hombre es un ser sediento. Tiene un alma inquieta. Persigue muchas filosofías, creencias, rituales y experiencias que pueden mitigar el hambre y la sed de su corazón que tortura su alma. Incluso si bebe grandes tragos de todas las fuentes que brotan de la tierra, el hombre permanece insatisfecho. Aun saboreando cada gota de los placeres de este mundo, aún está vacío. Incluso si saborea todos los placeres de este mundo en banquetes, aún está con hambre. Dios ha puesto eternidad en el corazón del hombre, y las cosas terrenales no lo satisfacen. Salomón buscó la felicidad en la bebida, en el dinero, en el sexo y en el poder, pero solo encontró la vanidad. Salomón había llegado a pensar que la felicidad era el fondo de una botella, pero se encontró que había una locura. Imaginaba que la felicidad era la comodidad que el dinero podía comprar y disfrutó de todos los placeres que sus ojos codiciosos vieron, pero la felicidad no estaba allí. Corrió tras los placeres de la carne y poseía un millar de mujeres, pero las aventuras amorosas lo llevaron a una única decepción. Pensaba que el éxito y la fama podían tomarlo de la mano para llevarlo al banquete de la felicidad, pero una vez allí cosechó decepción. Salomón encontró que la esencia de la vida es temer a Dios. Solo Jesús tiene palabras de vida eterna y quita la sed de nuestra alma. Las fuentes de pecado están contaminadas. Las fuentes de las religiones son rutas. Pero Jesús es la fuente de agua viva. Es el agua de la vida. Todo el que beba de esta agua no volverá a tener sed jamás, para siempre.

8
de septiembre

Para Dios no hay imposibles

> Jesús, fijando en ellos la mirada, les dijo: "Para los hombres, eso es imposible; mas para Dios todo es posible".
>
> **MATEO 19:26**

El hombre es un ser contingente y limitado. Una vez y otra se tropieza con imposibilidades insuperables. Dios no es así. Él puede hacer todo cuanto quiere. Nuestras causas perdidas pueden ser victoriosas cuando se ponen en sus manos. Nuestros sueños, aunque enterrados en la tumba de lo imposible, pueden llegar a ser una realidad cuando la mano de Dios interviene. Dios levanta a los caídos, levanta del polvo al más débil, hace que la mujer estéril sea madre de hijos alegres. No renuncie a la espera de una extraordinaria intervención de Dios en su vida. Su imposible puede hacerse realidad a través del acto sobrenatural y soberano de Dios. Ana, la esposa de Elcana, era estéril. Su vientre era un desierto. Su probabilidad de quedar embarazada era cero. Pero Ana no aceptó el decreto de la derrota. Presentó su caso ante Dios. Y lloró abundantemente derramando su alma ante el Señor. Lloró por un milagro. Incluso frente a varios asesinos de sueños, sabía que la última palabra no era de la medicina, sino de Dios. En el apogeo de su aflicción, hizo un voto diciendo que si Dios le daba un hijo, ella lo dedicaría al Señor. Dios oyó su oración, y Ana concibió, dio a luz a Samuel, el más grande profeta, sacerdote y juez de Israel, el hombre que llevó a la presencia del Señor a la nación apóstata. Nada es imposible para Dios. No existe una causa perdida cuando se coloca a los pies del Señor. Nunca abandone sus sueños. ¡Con Dios, pueden convertirse en realidad!

9
de septiembre

Jesús es amigo de pecadores

> Porque ya conocéis la gracia de nuestro Señor Jesucristo, que por amor a vosotros se hizo pobre, siendo rico, para que vosotros fueseis enriquecidos con su pobreza.
>
> **2 Corintios 8:9**

Jesús es el Hijo de Dios. Llegó del cielo, vistió la piel humana y habitó entre nosotros. Siendo Dios, se hizo hombre. Siendo el Rey de Reyes, se convirtió en siervo. Siendo bendito por los siglos de los siglos, se convirtió en pecado. Siendo rico, se hizo pobre. Jesús es la imagen misma de Dios. Habita corporalmente en Él toda la plenitud de la divinidad. Él no vino a ablandar el corazón del Padre, sino para revelar el corazón del Padre por amor; Dios lo envió para que todo aquel que en él cree no se pierda, mas tenga vida eterna. Dios no perdonó a su propio Hijo, sino que lo entregó por todos nosotros. Aquí está la prueba del amor de Dios: Cristo murió por nosotros cuando aún éramos pecadores. Jesús anduvo haciendo el bien y curando a los oprimidos por el diablo. Liberó a los cautivos, limpió a los leprosos, dio vista a los ciegos, alimentó a los hambrientos, resucitó a los muertos. Pero los fariseos, con su espiritualidad miope, acusaron a Jesús de ser amigo de los pecadores. Lo acusaron de recibir publicanos y comer con ellos. Jesús le dio más importancia a las personas que a las reglas hechas por el hombre. Por lo tanto, curó en sábado, conversó con una mujer en público y entró en la casa de las personas rechazadas por la sociedad. De hecho, Jesús es el amigo de los pecadores, y es nuestra esperanza. Él no vino a salvar a los justos, sino a pecadores. Dijo que los sanos no tienen necesidad de médico, sino los enfermos. ¡Todos los que reconocen su pecado y la enfermedad espiritual encuentran en Cristo un amigo, un médico, el Salvador!

10
de septiembre

Cuidado con el complejo de inferioridad

Porque a mis ojos eres de gran estima, eres honorable, y yo te amo…

ISAÍAS 43:4

¿Usted es el tipo de persona que se siente insatisfecha cuando se ve en el espejo? ¿Se siente inferior a los demás cuando llega a una fiesta? Cuando está en un grupo de amigos, ¿intenta esconderse en la cueva de la autocompasión? Muchas personas sufren a causa de este terrible sentimiento de inadecuación o complejo de inferioridad. Sufren porque se sienten menos que ellos. Sufren porque aunque son príncipes, hijos del rey, se sienten como las langostas, como los espías de Israel. Sufren porque no les gusta su nombre, su cara, su cuerpo, su rendimiento escolar, su ingenio en el trabajo. Sufren porque se sienten incapaces de hacer frente a los desafíos de la vida. El complejo de inferioridad enferma el alma y destruye la autoestima. Al nutrir este sentimiento está conspirando contra el plan del Creador. Dios le creó como un ser único y singular. Nunca ha habido nadie como usted, y nunca habrá otro igual. Usted es la obra maestra de Dios. Él está trabajando en su vida para presentarlo como un trofeo de su gracia. Por lo tanto, glorifique a Dios por lo que es y viva plenamente y con alegría. Usted no es un fenómeno de la naturaleza. Usted tiene valor. Dios le ama. Jesús, el Hijo de Dios, murió por usted. El Espíritu Santo de Dios habita en usted. Su nombre está escrito en el Libro de la Vida. Usted es un heredero de Dios, la niña de los ojos de Dios, la alegría de Dios.

11

de septiembre

¿Usted ya le dio gracias a Dios hoy?

> Dad gracias en todo, porque esta es la voluntad de Dios para
> con vosotros en Cristo Jesús.
>
> **1 Tesalonicenses 5:18**

La gratitud es la reina de las virtudes. Debemos dar gracias no por el mal moral, no por nuestro error. Debemos dar gracias a pesar de las circunstancias adversas que nos golpean, porque Dios las convierte en instrumentos de bendición para nosotros. Los hermanos de José conspiraron contra él y lo vendieron como esclavo. Después de 22 años, José les dijo: "Vosotros pensasteis mal contra mí, mas Dios lo encaminó a bien" (Génesis 50:20). La gratitud no depende de la cantidad de bienes que tenemos en la mano, sino del discernimiento de los desbordamientos de la divina providencia en nuestro corazón. Muchas personas viven en el esplendor y el lujo, pero se revuelcan en la miseria debido a que murmuran todo el día y viven sin cumplir. Otros, aunque privados de bienes de consumo, celebran la vida con entusiasmo, incluso en la escasez. ¿Ha dado las gracias a Dios por estar vivo hoy? ¿Por tener salud o incluso hacer frente a la enfermedad? ¿Ya dio las gracias por tener una familia o incluso por hacer frente a la soledad dolorosa? ¿Ya dio gracias a Dios por tener una casa para vivir o incluso por no tener un techo que le cobije? ¿Ya agradeció la comida en la mesa o incluso la escasez? ¿Ya dio gracias a Dios por Jesucristo y su salvación eterna y el perdón de sus pecados? ¿Ya agradeció el hecho de que usted es un miembro de la familia de Dios, heredero de Dios y coheredero con Cristo? ¿Ya dio las gracias por tener su nombre escrito en el libro de la vida y ser un ciudadano del cielo? ¡Ah, cuántos motivos para dar gracias por muchas buenas razones! ¡La Biblia nos enseña a dar gracias en todo!

12

Sed llenos del Espíritu

Y no os embriaguéis con vino, en lo cual hay disolución; antes bien, sed llenos del Espíritu.

EFESIOS 5:18

La plenitud del Espíritu es la voluntad expresa de Dios para usted. En el versículo en cuestión, hay dos niveles: uno positivo y otro negativo. Emborracharse es un pecado, y no estar lleno del Espíritu también es pecado. Aquí hay un parecido superficial y el contraste es profundo. La similitud es que una persona ebria se rige por el alcohol, así como una persona llena del Espíritu es gobernada por el Espíritu. El fuerte contraste es que el alcohol produce la disolución, y el Espíritu produce dominio propio. Cuatro verdades se destacan en el verbo "sed llenos". En primer lugar, el verbo está en el imperativo. La plenitud del Espíritu no es una opción, sino una orden divina. No ser llenos del Espíritu, es pecado. Al igual que emborracharse con vino es un delito, no ser lleno del Espíritu también lo es. En segundo lugar, el verbo está en la voz pasiva pronominal. No somos agentes de la plenitud del Espíritu; somos receptáculos de esa plenitud. No recibimos ni distribuimos esta experiencia a nuestro gusto, pero la recibimos como regalo gratuito de Dios. En tercer lugar, el verbo es plural. La plenitud del Espíritu no es solo para algunos, sino para todos los que creen. La plenitud del Espíritu no es para una elite espiritual, sino una bendición destinada a todos los salvos. En cuarto lugar, el verbo está en presente continuo. Debemos ser llenos del Espíritu todos los días. La plenitud de ayer no es para hoy. Todos los días tenemos que ser llenos nuevamente. ¿Usted está lleno del Espíritu?

13
de septiembre

La paz, la gracia y la gloria

> Justificados, pues, por la fe, tenemos paz para con Dios por
> medio de nuestro Señor Jesucristo; por medio del cual hemos
> obtenido también entrada por la fe a esta gracia...
>
> ROMANOS 5:1-2

La paz, la gracia y la gloria son los frutos de la justicia (Romanos 5:1-3). ¡En cuanto al pasado, tenemos paz para con Dios; en el presente, tenemos acceso a la gracia; sobre el futuro, tenemos esperanza de la gloria! La doctrina de la justificación es el corazón de la Biblia, la columna vertebral del evangelio, la esencia del cristianismo. Con esta doctrina, la iglesia permanece de pie; sin ella, la iglesia cae. Solo hay dos religiones en el mundo: la creada por el hombre y la revelada por Dios. Lo hecho por el hombre enseña la salvación por obras; la revelada por Dios enseña la salvación por la gracia mediante la fe. Las religiones humanas construyen torres para alcanzar el cielo; en la religión revelada, Dios desciende a la tierra y, a través de su Hijo, justifica a los pecadores que creen en Él. Gracias al sacrificio perfecto y completo de Jesús, Dios nos declara la paz y la salvación incluso con las exigencias de su ley y las exigencias de su justicia. No hay condenación para los que están en Cristo Jesús. Fuimos reconciliados con Dios por medio de Jesús, así que tenemos paz para con Dios. Tenemos libre acceso a Dios, porque Cristo es nuestro mediador. Ahora entramos en la sala del trono y disfrutamos de la plena comunión con el Rey; no caminamos hacia una noche oscura, sino que caminamos a la mañana gloriosa de la resurrección. Nuestra última dirección no es una tumba fría, sino la gloria eterna. ¡Oh, bendita salvación! Miramos hacia atrás y sentimos paz. Miramos para el ahora y experimentamos la gracia. Miramos al futuro y vemos la gloria.

14

de septiembre

No hurtarás

El que hurtaba, ya no hurte más, sino que trabaje, haciendo con sus manos lo que es bueno, para que tenga qué compartir con el que padece necesidad.

EFESIOS 4:28

Este es el octavo mandamiento de la ley de Dios. Después de hablar del respeto a los padres, a la vida y honra a la ley de Dios, viene el respetar la propiedad de otros. En una sociedad donde la ley que prevalece es aprovecharse de todo, es imprescindible prestar atención a este mandamiento de la ley de Dios. La honestidad debe ser una prerrogativa de los cristianos, el sello distintivo de su carácter. Dios aborrece la falta de honradez y prohíbe el robo. Hoy en día, se multiplican los escándalos financieros en el gobierno, en los negocios e incluso en las iglesias. Los Comités del senado de la cámara de representantes con frecuencia destapan la corrupción, brechas nauseabundas excavadas en los pasillos de los poderes establecidos, y elevan los escándalos financieros. Las ratas voraces, disfrazadas de benefactores del pueblo, desvían para sus cuentas personales los recursos de la nación, producto de los impuestos exorbitantes a los trabajadores. Los recursos que deberían destinarse a la salud, la educación, la seguridad y el progreso caen por el desagüe de la corrupción y el robo. La falta de honradez en la parte superior del poder estimula las tramas de corrupción en la base de la pirámide. La riqueza mal adquirida, sin embargo, es condenada. Su objetivo es la vergüenza y la execración pública. De nada sirve vivir en un *penthouse* y tener un coche blindado, sin paz en la mente y sin un nombre limpio en los negocios. Aunque estos ladrones driblen su conciencia y engañen a los tribunales de la tierra, no escaparán del juicio divino.

15
de septiembre

La cura por la palabra

> Panal de miel son los dichos suaves; suavidad al alma y medicina para los huesos.
>
> **PROVERBIOS 16:24**

Las palabras agradables son terapéuticas. Le hacen bien al alma y al cuerpo. Curan emocional y físicamente, son un panal que renueva las fuerzas e ilumina los ojos. Las palabras agradables elevan a los humildes, sanan a los afligidos, consuelan a los tristes y tonifican el alma de aquellos que están angustiados. Una buena palabra, oportuna, que transmite gracia a los oyentes, es medicina para el cuerpo. Por otra parte, las palabras cortantes, amargan y enferman. He seguido a muchas personas que se vieron afectadas por las palabras duras, duras críticas y acusaciones frívolas, que acabaron perdiendo la alegría de vivir. Después de haber permitido que estas flechas venenosas se alojaran en el corazón, estas personas enfermaron emocional y físicamente. Nuestras palabras no son neutrales. Son medicinas o veneno; bálsamo o vinagre; canales de bendición o maldición. Nuestras palabras deben ser verdaderas, y también bondadosas. Deben ser oportunas y dar gracia a los oyentes. Deben ser fuertes y dulces. Salomón llegó a decir que la muerte y la vida están en poder de la lengua (Proverbios 18:21). Podemos dar vida o matar nuestras relaciones, en función de cómo nos comunicamos. La comunicación es el oxígeno de las relaciones. Nuestras palabras tienen que ser una fiesta para el alma, y no un tribunal de censura; un cóctel terapéutico, no una fábrica de enfermedad; medicina que cura, no una causa de la muerte.

16
de septiembre

De regreso al evangelio

Porque el mensaje de la cruz es locura para los que se están perdiendo; pero para nosotros que somos salvos, es poder de Dios.

1 CORINTIOS 1:18

La mayor necesidad en los púlpitos evangélicos iberoamericanos es un regreso urgente al evangelio de Cristo y a la predicación bíblica. El predicador no crea el mensaje, solo lo transmite. No estamos llamados a predicar la prosperidad, sino el evangelio. Tenemos el desafío de predicar la Palabra, y no la autoayuda de la psicología. Estamos llamados no a predicar las últimas novedades del mercado de la fe, sino la cruz de Cristo. El predicador es un siervo del mensaje, no su propietario. Su papel no es ser popular, sino correcto. Su propósito no es predicar para complacer a la audiencia, sino para llevar a los oyentes al arrepentimiento. Regidos por la verdad, y no por lo que funciona. El predicador no busca el éxito a los ojos del mundo, sino que trata de ser aprobado por Dios. Su deseo no es ser grande a los ojos de los hombres, sino ser agradable a los ojos de Dios. Necesitamos urgentemente un renacimiento en los púlpitos. Le preguntaron a D. L. Moody: "¿Cómo podemos iniciar un avivamiento en la iglesia?". Él respondió: "Encienda un fuego en el púlpito". El predicador debe ser un hombre en llamas. La predicación es la lógica en el fuego. Nuestros labios deben ser tocados por la brasa viva del altar. Nuestro corazón debe arder con devoción al Señor. Falta avivamiento en la vida de los predicadores y falta fervor en su predicación. John Wesley dijo a los pastores de su tiempo: "ponga fuego a su sermón, o ponga su sermón en el fuego". Debemos volver al evangelio de la gracia. ¡Es hora de proclamarlo en el poder del Espíritu Santo!

17
de septiembre

Alegría superlativa

Regocijaos en el Señor siempre. Otra vez digo: "¡Regocijaos!".

FILIPENSES 4:4

El apóstol Pablo escribió estas palabras en una prisión mientras estaba esposado, en el corredor de la muerte, en la antesala del martirio. A pesar de estas circunstancias adversas, nos habla de tres verdades sublimes sobre la alegría. En primer lugar, la alegría es imperativo "¡Regocijaos!...". La alegría no es una opción, sino un mandato; no es una sugerencia, sino un mandamiento. Alegría aquí no es sustantivo, es un verbo, y el verbo en modo imperativo. Usted no tiene derecho a ser una persona triste, porque ser una persona triste es un pecado de desobedecer una orden directa de Dios. En segundo lugar, el gozo no depende de las circunstancias: "Otra vez digo: ¡Regocijaos!...". Como todos tenemos problemas en la vida y debemos hacer frente a las tensiones físicas, emocionales y espirituales, debemos entender que nuestro gozo no depende de las circunstancias. Cualquiera puede ser feliz cuando todo va bien. Nuestro desafío es ser feliz a pesar de la adversidad. En tercer lugar, la alegría es Cristo: "Regocijaos en el Señor siempre". La alegría del cristiano no es un sentimiento, ni siquiera una emoción; es una persona. Nuestra alegría no es la mera presencia de las cosas buenas, sino la mera ausencia de cosas malas. Nuestra alegría es Jesús. Así que Pablo dice: "Regocijaos en el Señor siempre". El gozo del Señor es nuestra fortaleza. ¡En su presencia hay plenitud de gozo, y en su mano derecha están los placeres para siempre!

18
de septiembre

Usted es un poema de Dios

Porque somos hechura suya, creados en Cristo Jesús para buenas obras, las cuales Dios preparó de antemano para que anduviésemos en ellas.

EFESIOS 2:10

La palabra griega traducida como "hechura" en el texto resaltado, significa 'poema'. Usted es un poema de Dios. Todo el sonido del corazón divino se estampa en su vida. Todo el amor y toda la ternura de Dios se demuestra por usted. Usted fue creado a imagen y semejanza de Dios. Las huellas digitales del creador están presentes en su vida. Él le tejió, de manera formidable, maravillosa, en el vientre de su madre. Lo conoció como embrión. Escuchó el primer latido de su corazón. Estaba allí cuando se movió por primera vez en el vientre de su madre. Celebró su nacimiento y siguió sus primeros pasos. Usted es muy precioso para Dios. El amor de Dios por usted viene desde la eternidad. Dios nunca desistió de usted y de atraerlo con cuerdas de amor. La divina providencia cubre su vida como un manto protector. Dios está escribiendo en su vida un mensaje hermoso. Dios se deleita en usted de la misma manera como se deleita el esposo con la esposa. Usted es un hijo de Dios, heredero de Dios, la herencia de Dios. Usted es el deleite de Dios, el favorito de Dios, en quien él tiene todo su placer. Glorifique a Dios porque en Cristo, usted tiene un valor infinito y eterno. Tal vez hoy no se da cuenta, pero Dios sigue escribiendo ese poema. ¡Al final, su vida va a tener un buen sonido a los oídos de Dios y será un trofeo de su gracia!

19
de septiembre

Cómo envejecer con dulzura

Y hasta vuestra vejez yo soy el mismo, y hasta las canas os soportaré yo; yo hice, yo llevaré, yo soportaré y libraré.

ISAÍAS 46:4

La vejez es la etapa de otoño de la vida. Es hora de cosechar lo que se ha sembrado. Tiempo de alegría o de gran dolor. Muchos consideran que son los años de edad de oro. Tiempo de la estabilidad financiera, el merecido descanso, contemplar la familia creada, disfrutar de sus nietos y ver a sus hijos prosperar en la tierra. La vejez suele estar marcada por la madurez emocional y la debilidad física. El tiempo es implacable y esculpe arrugas en nuestra cara sin disfraz. Los años pesan mucho en nuestras mentes, como el plomo, dejando las piernas temblorosas, los brazos y las rodillas vacilantes y débiles. Los estudiosos dicen que todo el pelo blanco que fluye en nuestra cabeza es la muerte que nos llama a un duelo. La vejez es una realidad inevitable. No existe ningún elixir que nos mantenga jóvenes a todos toda la vida. La fuerza y la belleza de la juventud pasan. Muchas personas, infelizmente, llegan al final de la vida y de la familia y se sienten indefensos y abandonados por sus hijos. Así envejecen en amarga soledad. La vejez fue diseñada como una edad bendita. Los ancianos pueden ser llenos con el Espíritu y alimentar en el alma grandes sueños. Puede influir en la próxima generación en vez de solo alabar el pasado. La vejez es un privilegio, un regalo de Dios. Debemos desearla, recibirla con gratitud y vivir con entusiasmo.

La Biblia, el libro de los libros

Santifícalos en tu verdad; tu palabra es verdad.

JUAN 17:17

La Biblia es el libro de los libros, el libro más difundido, más leído, predicado, cada vez más amado en el mundo. La Biblia es la biblioteca del Espíritu Santo, inspirada por Dios, escrita por hombres, diseñada en el cielo, nacida en la tierra, odiada por el infierno, predicada por la iglesia, perseguida por el mundo y creída por los fieles. La Biblia es la Palabra viva del Dios vivo. Es inerrante, infalible y suficiente. Es más preciosa que el oro y más dulce que la miel. Tres pruebas de su veracidad pueden aducirse. La primera es su unidad en la diversidad. Fue escrita en un período de 1.600 años. Escrita por más de cuarenta escritores de diferentes lugares, diferentes culturas y en diferentes idiomas. Sin embargo, hay armonía en su contenido y unidad en su pensamiento. El segundo es el cumplimiento de las profecías. La Biblia es un libro profético. Abre las cortinas del futuro y escribe la historia antes de que suceda. Todas las profecías acerca de la primera venida de Jesús se cumplieron literalmente y totalmente. Ninguna de ellas cayó en el descrédito. Las profecías de la segunda venida de Cristo se están cumpliendo con rigurosa precisión. La Palabra de Dios no puede fallar. Su mensaje es digno de toda aceptación. El tercero es su poder transformador. La Palabra de Dios es espíritu y vida. Ella tiene un poder inherente. Es viva y eficaz. Es como una espada de doble filo que penetra en las profundidades del alma humana. Su mensaje es poderoso y transformador.

21
de septiembre

La agonía del planeta Tierra

Porque sabemos que toda la creación gime a una, y a una está con dolores de parto hasta ahora.

ROMANOS 8:22

El planeta Tierra está enfermo. La naturaleza está gimiendo, esperando el día de su liberación. Nuestro planeta está en agonía, sintiendo calambres intestinales. Llegamos a la cima del progreso científico, pero destruimos la casa donde vivimos. La insaciable codicia de las empresas gigantes contamina el aire, los ríos, el mar y la tierra con el fin de obtener beneficios más sólidos. En esta frenética carrera con fines de lucro, se cavó un profundo pozo de la muerte para las postreras generaciones. Nuestros ríos están contaminados. Nuestros bosques están siendo devastados. Nuestras fuentes se están secando. Estamos terminando con la fauna y la flora. Las sequías y las inundaciones ocurren todos los días. Muchas fuentes de agua potable se están secando. Se vuelcan a diario millones de toneladas de dióxido de carbono en el aire, se destruye la capa de ozono que nos protege de los rayos mortales del sol. Los glaciares de los polos se están derritiendo, los terremotos son cada vez más frecuentes y devastadores. Las gigantescas olas del mar invaden las ciudades, causando gran devastación. El calentamiento global es una realidad innegable. Es hora de tocar la trompeta y alertar a todos sobre el hecho de que somos mayordomos de la creación y los gerentes de Dios. Si fracasamos en esta mayordomía, vamos a pagar un alto precio. La agonía del planeta puede ser la agonía de la humanidad. Que seamos fieles en esa mayordomía.

22
de septiembre

Propuestas seductoras

> Entonces Faraón llamó a Moisés y a Aarón, y les dijo: "Andad, ofreced sacrificio a vuestro Dios en la tierra".
>
> **ÉXODO 8:25**

La seducción del mundo es peor que la espada del mundo. El diablo se vuelve más peligroso cuando se sienta en la mesa para negociar. El Faraón hizo cuatro propuestas a Moisés con el fin de frustrar el éxodo de Israel de Egipto. La primera fue: Adora a Dios en Egipto (Éxodo 8:25). Faraón quería mantener al pueblo en la esclavitud e indujo a hacer un altar en Egipto. Moisés rechazó esta propuesta, lo que demuestra que no es posible servir a Dios en Egipto. La segunda fue: ¡Vete, pero quédate cerca de Egipto! (Éxodo 8:28). El diseño del Faraón era una alianza, para construir un puente de amistad. Pero la orden de Dios no es el amor al mundo, ni ser amigo del mundo ni conformarse con el mundo. Moisés rechazó decididamente esta propuesta. La tercera fue: Servir a Dios, pero dejar a sus hijos en Egipto (Éxodo 10:10-11). El Faraón quería dividir a la familia y así debilitarla. Quería que sus hijos continuaran en cautividad. Pero Moisés rechazó firmemente esta propuesta, demostrando que la familia debe estar unida en su adoración y servicio a Dios. Finalmente, el Faraón propuso: Sirva a Dios, pero deje su propiedad en Egipto (Éxodo 10:24-26). Ahora el Faraón quería retener la propiedad del pueblo de Dios, pero Moisés fue categórico: Ni una pezuña se quedará atrás en Egipto. La consagración a Dios debe ser completa: todo lo que somos y todo lo que tenemos. Tenga cuidado con las alianzas con el mundo. No transija con la verdad de Dios. ¡No haga compromisos con el pecado! ¡Ponga su vida, su familia y sus bienes en el altar de Dios!

23
de septiembre

Verdades esenciales
de la fe cristiana

Porque en primer lugar os transmití lo que asimismo recibí: Que Cristo murió por nuestros pecados, conforme a las Escrituras.

1 CORINTIOS 15:3

La salvación es una obra divina. Su base no es lo que hacemos por Dios, sino lo que él ha hecho por nosotros por medio de su Hijo. No somos salvos por las obras que hacemos por Dios, sino por la obra que Cristo hizo por nosotros. Tres verdades esenciales deben ser resaltadas. En primer lugar, Cristo murió por nuestros pecados. La paga del pecado es la muerte y por lo tanto deben morir todos, porque todos pecaron en contra de Dios. En lugar de aplicar sobre nosotros el castigo de Dios que nuestros pecados merecen, colocó sobre su Hijo el pecado de todos nosotros. Jesús se hizo pecado por nosotros y murió nuestra muerte. En segundo lugar, Cristo fue resucitado para nuestra justificación. Jesús murió y arrancó de la muerte su aguijón. Abrió la tumba de dentro hacia afuera y nos abrió la puerta de la inmortalidad. Su sacrificio fue perfecto y completo, y su resurrección es la garantía de que su obra en la cruz fue eficaz. Una vez que morimos y resucitamos con Cristo, no pesa más en nosotros, ninguna condenación. Estamos en paz y a salvo con la ley de Dios, y como estamos en Cristo, todas las demandas de la justicia divina fueron satisfechas. En tercer lugar, Cristo regresará para nuestra glorificación. Fuimos salvos de la condenación del pecado al creer en Cristo, pero seremos salvos de la presencia del pecado cuando Cristo regrese en gloria. Así, recibiremos un cuerpo inmortal, incorruptible, glorioso, poderoso, celestial, como el cuerpo de la gloria de Jesús. Por lo tanto, vamos a estar con él en la gloria a través de los siglos eternos.

de septiembre

La matemática del matrimonio

El cordel de tres hilos no se rompe fácilmente.

ECLESIASTÉS 4:12

El matrimonio es un gran misterio. Desafía a la mayor cantidad de mentes peregrinas. Trasciende nuestra comprensión. Va más allá de la lógica. Aunque las matemáticas son una ciencia exacta, en el matrimonio se relativiza esta precisión. Considere esto: en el matrimonio, uno más uno es igual a uno. La Biblia dice que los esposos y las esposas, cuando se unen en la relación conyugal, se convierten en uno. Hay una fusión en una intimidad sexual tan profunda entre el esposo y la esposa que los dos son una sola carne. Pero el matrimonio es también uno más uno es igual a dos. A pesar de ser una sola carne, el esposo y la esposa no pierden su individualidad. Son diferentes personas con diferentes perspectivas, diferentes gustos, diferentes visiones del mundo, que se unen para construir un camino común. Estas diferencias, lejos de destruir la relación, la enriquecen. El esposo y la esposa no están en oposición entre sí, se complementan entre sí. Por último, en el matrimonio, uno más uno es igual a tres. El matrimonio es como "el cordel de tres hilos no se rompe fácilmente". El matrimonio es más que una unión entre un hombre y una mujer. Es un pacto entre el esposo y la esposa que se hace en la presencia de Dios. Dios es el tercer capítulo de este redil. De hecho, Dios es el arquitecto de su matrimonio. El matrimonio no es una institución humana, sino divina. El matrimonio no nació en la tierra, sino en el cielo; no nació en el corazón del hombre, sino en el corazón de Dios. Dios es el constructor, el protector y remunerador del matrimonio. ¡La mayor necesidad de las parejas no es de las cosas sino de Dios!

25

de septiembre

El Dios de nuestra salvación

> Pero Dios, que es rico en misericordia, por su gran amor con
> que nos amó, aun estando nosotros muertos por nuestros
> delitos, nos dio vida juntamente con Cristo (por gracia habéis
> sido salvados).
>
> **EFESIOS 2:4-5**

Warren Wiersbe, en su comentario sobre Efesios, da el siguiente esquema de Efesios 2:1-10. En primer lugar, el pecado trabaja contra nosotros (Efesios 2:1-3). Causó la mayor tragedia de la humanidad, porque nuestros padres cayeron, el hombre se convirtió en un esclavo de la carne, del mundo y del diablo. El hombre es un ser caído y depravado. Es hijo de la ira y está muerto en sus delitos y pecados. En segundo lugar, Dios trabaja por nosotros (Efesios 2:4-9). A pesar de la situación desesperada del hombre, Dios lo amó, por gracia inmerecida, envió a su hijo para quitar al hombre de la tumba espiritual y llevarlo a las regiones celestiales. Lo que estaba perdido fue encontrado y lo muerto revivió. La base de la salvación es la gracia de Dios. El instrumento para la recepción de la salvación es la fe, y el propósito de la salvación son las obras. En tercer lugar, Dios trabaja en nosotros (Efesios 2:10a). Una vez salvos, somos hechura de Dios, es decir, poemas de Dios para revelar al mundo su gracia bendita. Somos la caja de resonancia de Dios, que hace resonar su gloriosa gracia. Somos el trofeo de la gracia, la poesía de Dios, la expresión del amor infinito del Padre. En cuarto lugar, Dios trabaja a través de nosotros (Efesios 2:10b). Dios nos ha creado en Cristo para las buenas obras. Las buenas obras no son la causa de nuestra salvación, sino su evidencia. No somos salvos por las buenas obras, sino para las buenas obras. No somos salvos por las obras que hacemos por Dios, sino por lo que Dios ha hecho por nosotros en su Hijo. La salvación no es una obra humana, sino divina. Es la oferta de la gracia y no por la conquista de las obras.

26
de septiembre

María, la madre del Salvador

Y el ángel le dijo: "Deja de temer, María, porque has hallado gracia ante Dios".

LUCAS 1:30

María era una niña pobre de la ciudad de Nazaret, pero encontró el favor de Dios y fue elegida para ser la madre del Salvador. Dios envió al ángel Gabriel a ella desde el cielo. Este la sorprendió llevándole desde las alturas la buena noticia de que vendría sobre ella el Santo Espíritu, el poder del Altísimo y la envolvería con su sombra, y ella iba a concebir y dar a luz a Jesús, el Hijo del Altísimo, el Salvador del mundo, el heredero del trono de David, que reinaría por siempre y cuyo reino no tendría fin. María se puso a disposición del Señor, como sierva de Dios, para hacer su voluntad, convencida de que nada es imposible para Dios en todas sus promesas. María estaba dispuesta a enfrentar todos los riesgos de la entrega: un malentendido de su novio, las cuestiones de la familia y el repudio de la sociedad. Lejos de volverse vanidosa por el inesperado privilegio, se inclinó humildemente y adoró a Dios, su Salvador. Esta mujer piadosa, humilde y valiente llevó en su vientre la Palabra de Dios, al Creador del universo, al Salvador del mundo. María fue llamada por su prima Elisabet bendita entre las mujeres y bendita por todas las generaciones. María es un gran ejemplo para todas las generaciones, por su buena voluntad dispuesta a obedecer a Dios, aun conociendo los riesgos y desafíos que enfrentaría.

27
de septiembre

Juan el Bautista, el precursor del Salvador

> Hubo un hombre enviado de parte de Dios, el cual se llamaba Juan.
>
> JUAN 1:6

El mismo ángel Gabriel que anunció a María el nacimiento de Jesús también anunció a Zacarías el nacimiento de Juan. Si María era una joven virgen, Elisabet, madre de Juan el Bautista, era estéril y entrada en años. Si el ángel parecía haber llegado demasiado pronto a María, porque se trataba de una virgen y aún no estaba casada con José, parecía que para Elisabet era tarde porque era vieja y ya no podía concebir. Tanto el nacimiento de Jesús como el nacimiento de Juan eran milagros de Dios. Juan el Bautista fue levantado por Dios para ser el precursor del Mesías. Él no era el Cristo, ni siquiera se sentía digno de desatar la correa de sus sandalias. Sin embargo, Jesús dijo que ningún hombre en la tierra era más grande que él. Juan era un hombre humilde, audaz y lleno de espíritu. Su nacimiento fue un milagro, su vida fue un ejemplo, y su muerte fue un testimonio. Juan el Bautista preparó el camino del Señor, proclamando un mensaje de arrepentimiento. Predicó en el desierto, se enfrentó a la multitud, reprendió al rey y presentó a Jesús como el Cordero de Dios que quita el pecado del mundo. Juan el Bautista puso el hacha de la verdad sobre la raíz de la religiosidad sin vida y convocó a toda la nación al arrepentimiento. Denunciando el pecado del rey, de los soldados, los religiosos y otras personas, las multitudes acudieron a escucharlo, incluso en el desierto. No era una caña sacudida por el viento, sino un heraldo del Rey. Prefirió la muerte a la conveniencia. ¡Salió de la historia, pero dejó el camino abierto para el paso del Rey!

28
de septiembre

¡El Salvador ha nacido!

… que os ha nacido hoy, en la ciudad de David, un Salvador, que es Cristo el Señor.

LUCAS 2:11

José y María viajaron desde Nazaret a Belén, a fin de empadronarse. La profecía tenía que cumplirse: "Pero tú, Belén Efrata, aunque eres pequeña para ser contada entre las familias de Judá, de ti me saldrá el que será Señor en Israel…" (Miqueas 5:2). Cuando José y María llegaron a Belén, la "casa del pan", no había lugar para Jesús, el Pan de la vida, para su nacimiento. Así que él nació en un establo, un lugar donde se recogen los animales por la noche. El Salvador del mundo, el Cordero de Dios, nació en una cuna de paja, y no en una cuna de oro. Esa noche memorable de Navidad, el ángel del Señor anunció a los pastores que estaban en el campo: "Dejad de temer, porque os traigo buenas noticias de gran gozo, que lo será para todo el pueblo; que os ha nacido hoy, en la ciudad de David, un Salvador, que es Cristo el Señor" (Lucas 2:10-11). La venida de Jesús al mundo es el mensaje del cielo que echa fuera el temor y entroniza la alegría. Dios irrumpió en la historia trayendo salvación a los perdidos, la liberación a los cautivos y la paz a los afligidos. Jesús es el Salvador del mundo, el Mesías prometido, el Señor de señores. El Rey se convirtió en siervo, Dios se hizo hombre, el Verbo hecho carne, lo trascendente se hizo inmanente, el que ni los cielos de los cielos podían contener nació en un pesebre. Él vino por amor. ¡Él vino a cumplir el propósito del Padre, vino a dar su vida por nuestro rescate, para que, por su muerte, tuviéramos la vida eterna!

29
de septiembre

La encarnación del Verbo de Dios

Y el Verbo se hizo carne, y habitó entre nosotros (y vimos su gloria, gloria como del unigénito del Padre), lleno de gracia y de verdad...

JUAN 1:14

El nacimiento de Jesús fue un gran milagro. Esa noche en Belén nació el Sol de justicia. La luz divina invadió la oscuridad humana. Los ángeles cubrieron los cielos alabando a Dios y llevando un mensaje de esperanza para la humanidad. Del cielo venían buenas nuevas de gran alegría para todo el pueblo. La salvación venía a través del Mesías, el Señor del universo. El Dios trascendente vino, se hizo carne y habitó entre nosotros. Vistió piel humana. Nacido en un establo, creció en una carpintería y anduvo haciendo el bien, liberando a los cautivos del diablo. Jesús es la Palabra eterna y divina. No fue creado; es el Creador. No tuvo principio; es el Padre Eterno. No es inferior a Dios el Padre, sino de la misma sustancia. Él y el Padre son uno. Quien ve a Jesús ve al Padre, es Dios, Emmanuel, Dios con nosotros. Renunció a la gloria que tenía con el Padre antes de la fundación del mundo para entrar en nuestra historia con el fin de transformarla. Incluso siendo adorado por los ángeles, llegó a ser escupido por los hombres, para abrirnos un camino nuevo y vivo para Dios. Era bendecido de Dios, hecho por nosotros maldición para librarnos de la maldición del pecado. Era santo, pero fue hecho pecado por nosotros para darnos vida eterna. Era plenamente Dios, pero se hizo hombre perfecto para reconciliarnos con Dios. Jesús es el mediador entre Dios y los hombres, el único camino a Dios, y puerta del cielo.

30

de septiembre

El crecimiento integral de Jesús

Y Jesús seguía progresando en sabiduría, en vigor y en gracia ante Dios y ante los hombres.

LUCAS 2:52

La humanidad de Jesús no era solo aparente como decían los docéticos, ni irreal como pensaban los gnósticos. Los docéticos pensaban que Jesús era solo una especie de fantasma sin cuerpo real. Los gnósticos creían que Jesús era solo una emanación de Dios, pero no Dios hecho carne. Los griegos niegan la doctrina de la creación, la encarnación y la resurrección, porque creen que la materia era esencialmente mala. Pero Jesús era plenamente hombre sin dejar de ser totalmente Dios. Jesús era como nosotros en todo, menos en el pecado. El crecimiento se produjo en tres áreas distintas. En primer lugar, él creció físicamente, "Y Jesús crecía en estatura". En segundo lugar, él creció intelectualmente, "y Jesús crecía en sabiduría". En tercer lugar, creció espiritualmente, "y Jesús crecía en gracia para con Dios y los hombres". Jesús fue obediente a sus padres en la tierra (Lucas 2:51) y sumiso al Padre celestial (Lucas 22:42). Su crecimiento fue saludable en todas las áreas de la vida y es un modelo para nosotros. Hoy en día, valoramos el crecimiento físico e intelectual a expensas del crecimiento espiritual. Invertimos en los gimnasios y los cosméticos y hemos dejado la vida devocional. Nosotros nos encargamos del cuerpo y descuidamos el alma. Invertimos fuertemente en la formación intelectual y casi nada en el crecimiento espiritual. El crecimiento de Jesús nos lleva a reflexionar sobre las prioridades de la vida. Jesús es nuestro ejemplo. ¡A Él debemos imitar!

1
de octubre

Jesús, el amado de mi alma

> … sino que Cristo es todo, y en todos.
>
> **COLOSENSES 3:11**

Jesús es el centro de la eternidad y el conductor de la historia. Es el personaje central de la tierra y el glorioso Rey servido en el cielo. Es el creador y preservador de la vida, el Rey de reyes y Señor de señores. Es nuestra alegría y nuestra paz. Esto es todo en todo. En su epístola a los filipenses, el apóstol Pablo hace cuatro declaraciones preciosas acerca de Jesús. Primero, Jesús "es nuestra vida". Dice el apóstol veterano, "para mí, el vivir es Cristo…" (Filipenses 1:21). Hay muchas cosas buenas en la vida. Hay muchos placeres legítimos y santos, pero la esencia de la vida es Jesús. La vida solo tiene sentido cuando conocemos a Cristo. Él es el que nos da la vida, y es nuestra vida. En segundo lugar, "Jesús es nuestro ejemplo". Pablo escribe: "Haya, pues, entre vosotros los mismos sentimientos que hubo también en Cristo Jesús" (Filipenses 2:5). Jesús es nuestro paradigma, personificación del amor y de la santidad. Hemos de amar como él nos amó y perdonar como Él nos perdonó. En tercer lugar, "Jesús es nuestro objetivo". Pablo dice: "Prosigo hacia la meta, para conseguir el premio del supremo llamamiento de Dios en Cristo Jesús" (Filipenses 3:14). Nuestro principal objetivo en la vida no es la adquisición de la riqueza o el éxito, sino ser como Jesús. Dios nos predestinó para que fuésemos hechos conforme a la imagen de su Hijo, y el Espíritu Santo nos está transformando en gloria en la imagen de Cristo. En cuarto lugar, "Jesús es nuestra fuerza". Pablo concluye diciendo: "Todo lo puedo en Cristo que me fortalece" (Filipenses 4:13). Somos débiles, pero tenemos a Jesús como nuestro Dios omnipotente. En él somos fuertes y más que vencedores.

Jesús es nuestra esperanza en la hora del duelo

Le dijo Jesús: "Yo soy la resurrección y la vida; el que cree en mí, aunque haya muerto, vivirá".

JUAN 11:25

El dolor del duelo es quizá el más agudo que enfrentamos en la vida. Nos duele en el alma. Es como si una parte de nosotros fuera arrancada. Las lágrimas inundan los ojos, sentimos dolor punzante en el corazón y un nudo aprieta la garganta. Pero en este valle oscuro, una luz ilumina nuestro camino: Jesús es nuestra esperanza. Creemos en el mañana. Creemos en la resurrección del cuerpo. Creemos en la vida eterna. Creemos en la bondad del Padre. Creemos en el bálsamo del Espíritu Santo. Creemos en la paz que sobrepasa todo entendimiento. Incluso ahora que nuestro rostro está bañado por las lágrimas, sabemos que Dios está con nosotros y es nuestro refugio de generación en generación. La muerte, incluso siendo el rey de los terrores, no puede arrancar nuestra esperanza del pecho. La muerte ya no tiene la última palabra. No tuvo éxito, y su aguijón se ha arrancado. Ahora, podemos mirar a la muerte a la cara y preguntarle: "¿Dónde está, oh muerte, tu victoria? ¿Dónde está, oh sepulcro, tu aguijón?" (1 Corintios 15:55). Podemos elevar nuestras voces y gritar: "Sorbida es la muerte con victoria" (v. 54). Jesús mató a la muerte al resucitar de entre los muertos. Él nos trajo la inmortalidad. La tumba no es nuestra última dirección. Caminamos a la gloria, donde tendremos un cuerpo inmortal, incorruptible, glorioso, poderoso, divino, similar al cuerpo de la gloria de Cristo. ¡En breve entraremos en la ciudad cuya lámpara es el Cordero y allá, Dios enjugará toda lágrima de nuestros ojos!

3
de octubre

Perdonar es recordar sin sentir dolor

> El señor de aquel siervo, movido a compasión, le soltó y le perdonó la deuda.
>
> MATEO 18:27

C S. Lewis dijo, con razón, que es más fácil hablar de perdonar que dar perdón. El perdón es una necesidad imperiosa para tener salud emocional. No somos personas perfectas, no venimos de una familia perfecta y no tenemos cónyuges perfectos. Por lo tanto, tenemos quejas unos de otros. Las personas decepcionan y decepcionamos a las personas. Por lo tanto, el perdón es vital para tener relaciones saludables en la familia, la iglesia y el trabajo. Quien no perdona no puede orar, dar o ser perdonado. El que no perdona es enfermo física, emocional y espiritualmente. Quien no perdona se entrega a los verdugos de la conciencia, y a los que afligen el alma. Quien no perdona es el esclavo de dolor. Quien no perdona no tiene paz. El perdón es una cuestión de sentido común. Tener amargura es como beber una taza de veneno pensando que el otro es quien morirá. La amargura es una especie de autofagia. Cultivar la amargura en el corazón es vivir todo el tiempo con la persona con la que menos nos gustaría relacionarnos. El que guarda amargura se convierte en un prisionero de la persona que detesta. El perdón no es fácil, pero es necesario. El perdón es la limpieza del alma y de la mente, la liberación del corazón. El perdón cura, libera y transforma. El perdón es más que el odio. El perdón supera la sed de venganza. Perdonar es poner a cero la cuenta, no estar cobrando más deudas. Perdonar es recordar sin sentir dolor.

4

de octubre

Soliloquio, una conversación en el espejo

Recobra, oh alma mía, tu calma, porque Jehová te ha procurado bienes.

SALMOS 116:7

Mantener un soliloquio es estar hablando consigo mismo. Es mirar a los ojos al que vemos en el espejo y enfrentarlo sin subterfugios. Es entrar por los corredores del alma y no por los callejones laterales para escapar. Es lidiar con nuestro interlocutor más difícil. Es hablar a nuestro oyente más exigente. Es enfrentarnos a nosotros mismos con la verdad. Es hacer un viaje a nuestra intimidad, en lugar de mirar a los demás. Es tener el valor de tomar la viga de nuestro ojo, en lugar de tratar de sacar la paja del ojo de los demás. Sin embargo, mirar en el interior es más difícil que mirar para afuera. Es más fácil hablar a una multitud que hablar con nuestra propia alma. Es más fácil exhortar a los demás que corregirnos a nosotros mismos. Es más fácil señalar los pecados de los demás que ver los propios. Es más fácil rendirse al desaliento que alimentar nuestra alma con optimismo. Tenemos que aplicar a nuestro propio corazón el bálsamo de Galaad. Es necesario buscar en lo eterno el refugio para nuestra alma. Hay que decirle a nuestra alma que esa tristeza no durará para siempre. Alabar, no gemir; alegría, no llorar, es lo que nos espera por delante. No debemos alarmarnos por la angustia, pero debemos consolarnos a nosotros mismos con las promesas de Dios. Tenemos que entonar con el salmista: "¿Por qué te abates, oh alma mía, y por qué te turbas dentro de mí? Espera en Dios; porque aún he de alabarle, salvación mía y Dios mío" (Salmos 42:11).

5
de octubre

El trabajo produce riqueza

> El alma del perezoso desea mucho, y nada alcanza; mas el alma
> de los diligentes será prosperada.
>
> **PROVERBIOS 13:4**

La pereza es la mamá de la pobreza y la hermana gemela del hambre. El perezoso alimenta el corazón con devaneos y el estómago, con escasez de pan. Habla de grandes proyectos, pero no realiza ni siquiera pequeñas cosas. Anuncia a los cuatro vientos que está construyendo un rascacielos, pero apenas hace los cimientos de un gallinero. El perezoso desea muchas cosas, pero no tiene nada. Desea los frutos del trabajo, pero no ama el trabajo. Prefiere el sueño y el descanso a la fatiga de la lucha. El trabajo es una bendición. Fue Dios quien lo instituyó, y eso aun antes de que el pecado entrase en el mundo. El trabajo continuará en la eternidad, aun después de que el pecado sea exterminado de la creación. El trabajo no solo tonifica los músculos de nuestro cuerpo, sino que también fortalece la musculatura de nuestra alma. El trabajo llena el alma de los diligentes, produce riquezas, promueve el progreso, multiplica los recursos naturales. Hace la vida más deliciosa, la familia más segura y la sociedad más justa. El trabajo engrandece la nación y trae gloria al nombre de Dios. Fuimos creados por Dios para el trabajo. Aquel que nos creó es nuestro ejemplo más grande, pues Él trabaja hasta ahora. ¡No se rinda a la pereza; trabaje con diligencia!

6
de octubre

La mentira tiene que ser odiada

El justo aborrece la palabra de mentira; mas el impío se hace odioso e infame.

PROVERBIOS 13:5

La palabra mentirosa tiene que ser odiada. Tenemos que aborrecerla con todas las fuerzas de nuestra alma. La mentira es un cáncer en las relaciones. Quiebra la confianza, deshace lazos, promueve conflictos y protagoniza grandes tragedias. La mentira es maligna. Ella procede del diablo, está al servicio del diablo y los mentirosos serán lanzados en el lago de fuego junto con el maligno. No podemos sostener ni promover la mentira. No podemos aplaudir a los mentirosos ni callarnos ante su acción perversa. El justo odia la palabra mentirosa. El justo odia lo que es falso. Los impíos que promueven la mentira son motivo de vergüenza y traen sobre sí gran deshonra. La mentira puede desfilar en la pasarela del tiempo, puede subir al palco y presentarse con esfuerzo para el delirio de los insensatos, pero al fin se le quitará la máscara. Quedará desnuda y mostrará sus vergüenzas. Todos verán su horrible cara. Y los mentirosos, llenos de deshonra, serán expuestos a la vergüenza pública y a la condenación eterna. Aún es tiempo de cambio. La Palabra de Dios nos exhorta: "Por lo cual, desechando la mentira, hablad verdad cada uno con su prójimo" (Efesios 4:25).

7
de octubre

Vale la pena ser íntegro

La justicia guarda al de perfecto camino; mas la impiedad trastornará al pecador.

PROVERBIOS 13:6

El mejor seguro que podemos hacer contra las tragedias de la vida es vivir de manera íntegra. La honestidad nos protege más que vehículos blindados y chalecos a prueba de balas. La justicia guarda a quien es correcto en su camino. La rectitud protege al hombre íntegro. Aunque los íntegros sufran injusticias en los tribunales y sean lanzados a las cárceles, ellos tienen la protección de la conciencia y la protección divina. Es mejor sufrir como el justo que ser promovido como el culpable. José de Egipto prefirió ir a la cárcel como inocente que vivir en libertad, pero prisionero del pecado. Juan el Bautista prefirió la cárcel y la muerte a encubrir el pecado del rey Herodes. Daniel prefirió ir a la cueva de los leones a pecar contra su Dios. Aunque Dios no nos libre de la muerte por causa de nuestra integridad, él nos librará en la muerte. Es mejor morir como justo que vivir como impío. Cuando el justo muere, entra inmediatamente en el gozo eterno; pero la perversidad trastorna al pecador y su condenación es eterna. La integridad en sí misma ya es una gran recompensa. Los íntegros tienen paz de conciencia aquí y bienaventuranza por toda la eternidad.

8
de octubre

Ricos pobres y pobres ricos

Hay quienes pretenden ser ricos, y no tienen nada; y hay quienes pretenden ser pobres, y tienen muchas riquezas.

PROVERBIOS 13:7

El problema no es poseer dinero sino ser poseído por él. No es cargar dinero en los bolsillos, sino en el corazón. El dinero en sí mismo es bueno, ya que nos permite disfrutar de las cosas buenas y promover el bien. El problema es amar el dinero. El amor al dinero es la raíz de todos los males. Individuos se casan y se divorcian por causa del dinero. Las personas se vuelven corruptas y son corrompidas por causa del dinero. Hay quienes matan y mueren por el dinero. Pero el dinero no ofrece felicidad ni seguridad. Así, hay ricos que son pobres. Pero hay pobres que son ricos, pues aprenden a vivir contentos en cualquier situación. El contentamiento es una actitud de plena satisfacción en Dios. La vida de un hombre no consiste en la abundancia de bienes que él posee. Podemos ser pobres y al mismo tiempo, ricos. Podemos decir como el apóstol Pablo: "como entristecidos, mas siempre gozosos; como menesterosos, mas enriqueciendo a muchos; como no teniendo nada, mas poseyéndolo todo" (2 Corintios 6:10).

9
de octubre

La seguridad de la pobreza

El rescate de la vida del hombre está en sus riquezas; pero el pobre no oye amenazas.

PROVERBIOS 13:8

El hombre rico vive inseguro a pesar de su riqueza. Anda con guardaespaldas, viaja en vehículos blindados y vive en palacios con cercas eléctricas y un sofisticado sistema de alarmas. Aun así vive con miedo de atracos y secuestros. Su riqueza, a pesar de darle comodidad, no le ofrece paz. En el caso de un rapto, los bandidos exigen recompensa, y su riqueza sirve para el rescate de una vida. No obstante, el pobre nunca recibe amenazas. No necesita andar blindado por fuertes esquemas de seguridad. Anda tranquilamente y con libertad sin restricciones. Su pobreza, en lugar de colocarlo en el camino de la inseguridad, es su escudo protector. Él camina sin preocupaciones de casa para el trabajo y del trabajo para casa. Sus hijos van y vuelven del colegio con seguridad. Su pobreza no le permite lujos y comodidades, pero le ofrece seguridad. Al pobre no le suceden amenazas. El pobre duerme tranquilo después de un arduo y largo día de trabajo. Sus músculos laten de cansancio y el sueño le repone las fuerzas para una nueva jornada. El rico, con sus muchas preocupaciones, se acuesta en sábanas de seda, pero el sueño no viene, porque siendo rico, quiere más; aun blindado, se siente inseguro; aun lleno de bienes, se siente vacío.

El justo brilla espléndidamente

La luz de los justos es alegre; mas la lámpara de los impíos se apagará.

PROVERBIOS 13:9

Los perversos tienen una lámpara, y una lámpara brilla, pero ese brillo se apagará, pues en el momento de la crisis a los perversos les faltará el combustible necesario. Entonces, la vida de ellos será como la oscuridad. Caminarán a ciegas para un abismo tenebroso. La vida de los justos es totalmente diferente: ellos siguen a Jesús, la luz del mundo. Él es la verdadera luz que, venida al mundo, ilumina a todos los hombres. Quien sigue a Jesús no anda en tinieblas; al contrario, verá la luz de la vida. La luz de los justos es como la luz de la aurora, que va brillando más y más hasta ser un día perfecto. El justo anda en la luz, pues no hay engaño en su corazón ni falsedad en sus labios. El justo vive en la luz porque se aparta de sus pecados, confesándolos a Dios y recibiendo purificación de la sangre de Jesús. El justo se deleita en la luz porque ama la santidad, tiene placer en la misericordia y ejercita el amor. El justo, además de hijo de la luz, de ser luz del mundo y de vivir en la luz de Cristo, también camina para la ciudad santa, la nueva Jerusalén, donde no necesitará más de la luz del sol ni de la luna, pues el Cordero de Dios será su lámpara.

11
de octubre

El orgullo no compensa

Ciertamente la soberbia concebirá contienda; mas con los que admiten consejos está la sabiduría.

PROVERBIOS 13:10

El orgullo solamente genera discusiones; la arrogancia solo produce conflictos. De la soberbia solamente resulta la contienda. El orgullo es una actitud execrable. Es la tendencia de querer ser más grande y mejor que los demás. El orgulloso es aquel que se coloca en el pedestal y mira a todos de arriba abajo, desde lo alto de su tonta prepotencia. Se siente superior, más sabio y más fuerte que los demás. Y no solo eso: el orgulloso es aquel que busca ocasiones para humillar a otros y despreciarlos. Siempre hace comparaciones para exaltar sus pretendidas virtudes y disminuir el valor de los demás. Pero la soberbia precede a la ruina, pavimenta la calle del fracaso y conduce a la caída. Donde la soberbia entra, con ella llega la contienda. Donde el orgullo desfila, provoca discusiones. Donde la arrogancia muestra su cara, produce conflictos. La postura de los humildes es totalmente diferente. Ellos no se creen dueños de la verdad. Tienen la mente abierta para aprender y el corazón receptivo a la instrucción. Los humildes buscan consejos y saben que en la multitud de consejeros está la sabiduría. El humilde es aquel que abre la mano de sus ideas para abrazar la idea del otro, convencido de que encontró el mejor entendimiento. El soberbio, aun equivocado, se mantiene irreductible, prefiriendo la vergüenza del fracaso a abrir la mano de sus posiciones inflexibles.

12

El peligro de la riqueza fácil

Las riquezas mal adquiridas vendrán a menos; pero el que recoge con mano laboriosa, las aumenta.

PROVERBIOS 13:11

Una estadística reciente afirmó que la mayoría de los artistas y deportistas que ganan mucho dinero siendo muy jóvenes gastan sus bienes criterio y terminan sus días en la pobreza. De la misma manera, el dinero adquirido con deshonestidad disminuirá, ya sea por los gastos irresponsables, ya sea por las exigencias de la ley para que devuelva públicamente a los verdaderos dueños los bienes que fueron robados furtivamente. Los bienes que fueron mal adquiridos se vuelven una maldición y no una bendición para aquellos que los acumulan. Las casas construidas con sangre jamás pueden ser refugios de paz. El dinero retenido con fraude levanta la voz al cielo y clama por justicia. Los bienes robados se vuelven combustible para la destrucción de los que los robaron. Pero las riquezas adquiridas con el trabajo honesto son expresión de la bendición de Dios. Esas riquezas generan progreso y bienestar. Se vuelven instrumentos de bendición para todos los que de ellas disfrutan. Muchas veces el trabajo puede ser penoso, pero su fruto delicioso. El trabajo puede ser arduo, pero su resultado puede traer descanso a su alma.

13

de octubre

La esperanza pospuesta enferma el corazón

La esperanza que se prolonga es tormento del corazón; pero árbol de vida es el deseo cumplido.

PROVERBIOS 13:12

La esperanza es el oxígeno de la vida. Si llega a faltar, perecemos. Si es pospuesta, el corazón enferma. Pero el deseo no satisfecho es árbol de vida. La vida está hecha de decisiones. No somos aquello que hablamos, pero sí lo que hacemos. No es sabio dejar para después aquello que podemos hacer hoy. No es sensato posponer decisiones que tienen que ser tomadas rápidamente. No es prudente colocar debajo del tapete lo que tenemos que resolver con agilidad. La esperanza pospuesta entristece el corazón. Quizá usted haya dejado para después la conversación que necesita tener con su cónyuge, con sus hijos o con sus padres. Quizá esté huyendo de la responsabilidad de tomar algunas decisiones en su vida. Es mejor la incomodidad de la confrontación que la posición cómoda de la omisión. No espere más para hablar, actuar y posicionarse. Levántese y sea fuerte. Nadie puede asumir su lugar y tomar decisiones que son de su exclusiva responsabilidad. Rompa el ciclo vicioso. Sacúdase el polvo. Ponga el pie en el camino. Mantenga la visión de ser luz en lo alto. Súbase en los hombros de los gigantes y empiece la marcha victoriosa en la vida. ¡No deje para mañana lo que tiene que hacer hoy!

14
de octubre

El que no escucha los consejos no llega a viejo

El que menosprecia el precepto perecerá por ello; mas el que teme el mandamiento será recompensado.

PROVERBIOS 13:13

E xiste un dicho que dice: "El que no escucha los consejos no llega a viejo". El que se burla de la instrucción pagará caro. Quien desprecia los consejos trae sobre sí destrucción, pues en la multitud de los consejos está la sabiduría. Quien no aprende con amor en casa quizá aprenda con dolor en la calle. Quien no escucha la voz de la sabiduría recibirá el látigo de la disciplina. Quien no abre los oídos para escuchar los consejos ofrece la espalda para el látigo del juicio. La obediencia es el camino de la bienaventuranza. Trae dulzura para el alma, descanso para el corazón y éxito para la vida. Somos libres cuando seguimos, y no cuando transgredimos los mandamientos. Somos libres para manejar nuestro vehículo cuando obedecemos las leyes de tránsito. Somos libres como ciudadanos cuando cumplimos los preceptos de la ley. Un tren es libre para transportar con seguridad los pasajeros cuando circula bien sobre los rieles. De esta manera, también somos libres para vivir una vida feliz y victoriosa cuando cumplimos los mandamientos. Los que guardan los mandamientos son galardonados.

15
de octubre

La enseñanza sabia
nos libra de la muerte

La instrucción del sabio es manantial de vida para apartarse de
los lazos de la muerte.

PROVERBIOS 13:14

Las cárceles están llenas de hombres y mujeres que se taparon los oídos
a las sabias enseñanzas de sus padres. Los cementerios están repletos de
víctimas de la desobediencia. La enseñanza del sabio es fuente de vida, ya que
libra sus pies de los lazos de la muerte. Quien la sigue camina con seguridad
y disfruta lo mejor de la vida. Hay muchas trampas peligrosas y mortales es-
parcidas a lo largo de nuestro camino. Son lazos de muerte los que nos cercan.
Son atractivos que apelan a nuestro corazón. Son placeres que gritan a los
impulsos de nuestra carne. Son ventajas inmediatas que encienden los faroles
y nos incentivan a buscarlas. El pecado, sin embargo, es un embuste. A pesar
de venir envuelto de manera tan elegante y atractiva, es un veneno mortal.
Aunque parezca agradable a los ojos y deseable al paladar, es muy maligno.
Quien coloca el pie en ese lazo cae en el hoyo de la muerte. El pecado es engañador. Promete mundos y riquezas, pero no tiene nada para ofrecer a no ser
dolor, sufrimiento y muerte. Pero la enseñanza del sabio, es árbol de la vida.
Alimenta y hace disfrutar, fortalece y alegra, enriquece y bendice. Los sabios
huyen de los caminos que resbalan, se alejan del camino de los pecadores y
andan por las sendas de la justicia.

16
de octubre

El valor inestimable
del buen sentido

El buen sentido se gana el favor; mas el camino de los transgresores es difícil de recorrer.

PROVERBIOS 13:15

El buen sentido cabe en todo lugar. El buen sentido abre puertas, desbloquea caminos, remueve obstáculos y alcanza favores. El buen sentido o la buena inteligencia no caminan por el camino de la arrogancia. No estira el cuello con la tonta intención de sobresalirse sobre los demás. El buen sentido no proclama sus propios hechos, no hace propaganda de sus propias obras ni se levanta soberbiamente contra los demás apenas para denunciar sus debilidades. La buena inteligencia consigue el favor porque sigue los pasos de la humildad, y la humildad es el portal de la honra. El camino del malvado es completamente diferente, soberbio e infiel. Su camino es áspero e intransitable, su compañía es indeseable, sus palabras son insensatas, sus acciones son injustas, su vida es lazo mortal. La Palabra de Dios nos muestra que el secreto de la felicidad es alejarnos del camino de los perversos. El salmista dice: "Bienaventurado el varón que no anduvo en consejo de malos, ni estuvo en camino de pecadores, ni en silla de escarnecedores se ha sentado; sino que en la ley de Jehová está su delicia, Y en su ley medita de día y de noche" (Salmos 1:1-2).

17
de octubre

El conocimiento
vale más que el oro

Todo hombre prudente procede con sabiduría; mas el necio manifiesta su necedad.

PROVERBIOS 13:16

El conocimiento es un bien inalienable. Invertir en conocimiento es acumular un tesoro que nadie le puede robar. El conocimiento vale más que el oro, es una joya que brilla siempre y nunca pierde el valor. El prudente procede con conocimiento. Su conocimiento lo promueve, lo destaca y le hace sentarse entre príncipes. Los bienes materiales pueden ser robados y saqueados, pero ninguna fuerza de la tierra puede violar el cofre donde usted atesora el conocimiento. Pero el prudente no es solamente quien tiene conocimiento, sino aquel que procede con conocimiento. Sabiduría es el conocimiento aplicado correctamente. No basta saber; es necesario poner en práctica lo que se sabe. Tanto el saber sin actuar como el actuar sin saber son actitudes insensatas. El tonto es aquel que rechaza el conocimiento y al mismo tiempo esparce su locura. Habla de lo que no entiende y actúa inconsecuentemente. Esparce su tontería, provoca falta de comodidad con sus ideas insensatas y con sus actitudes agresivas maltrata a las personas a su alrededor. Invierta en el conocimiento; ¡vale más que oro!

18
de octubre

El gran valor del mensajero fiel

El mal mensajero acarrea desgracia; mas el mensajero fiel
acarrea salud.

Proverbios 13:17

Un mensajero es aquel que lleva el mensaje de una persona para otra. Un mensajero fiel es el que lleva ese mensaje con fidelidad y agilidad. Él no retrasa el tiempo ni cambia el mensaje. El mensajero malo es infiel a aquel que le dio esa tarea. Es negligente con el contenido del mensaje y descuidado para con la urgencia del mensaje. El mal mensajero no solo se precipita en el mal y cae en dificultades, sino que también hace que otros caigan en el mal. Aun el mal mensajero es aquel que transporta mensajes de muerte y no de vida, de esclavitud y no de libertad, de perdición y no de salvación. Es agente de las tinieblas y no de la luz. Es portador de malas noticias, y no un proclamador de las buenas nuevas. El embajador fiel es completamente diferente. Él es íntegro en su carácter, fiel a su misión y cuidadoso en su proclamación. El embajador fiel es medicina. Tiene pies hermosos y labios que emanan la verdad. Es mensajero de salvación. Es embajador de los cielos, ministro de la reconciliación y profeta del Altísimo. Su vocación es sacrosanta, su misión es bendita, su mensaje es restaurador. El embajador fiel lleva esperanza por donde pasa, esparce el perfume de Cristo por donde anda y esparce la luz del evangelio por todos los recintos.

19
de octubre

No desista de sus sueños

> El deseo cumplido regocija el alma; pero apartarse del mal es
> abominación a los necios.
>
> ### PROVERBIOS 13:19

Sueños realizados, anhelos satisfechos y deseos cumplidos agradan el alma. Todos nosotros tenemos sueños y anhelamos verlos cumplidos. Quien no sueña no vive; quien desistió de soñar, desistió de vivir. Muchos ven sus sueños transformándose en pesadillas. Otros desisten de sus sueños y los sepultan, colocando sobre la tumba una frase que dice: "Aquí yacen mis sueños". Enterrar los sueños es sepultarnos vivos en la misma tumba. Nos roba la alegría y hace que nuestra alma se seque. Pero el deseo que se cumple agrada a Dios. Eso nos recuerda a la mujer de Elcana, Ana, que tenía el sueño de ser mamá. Su sueño estaba siendo pospuesto, pues era estéril y por donde pasaba las personas intentaban matar su sueño. Su rival la provocaba; el sacerdote Elí un día la trató de borracha, pero la verdad era que ella estaba derramando su alma ante Dios en oración; su marido intentó convencerla para que abandonara el sueño de ser mamá. Pero Ana perseveró. Ella continuó creyendo en el milagro y dio a luz a Samuel, el profeta más grande, el sacerdote más grande y el juez más grande de su generación. Sus sueños también pueden volverse realidad. ¡No desista nunca!

20
de octubre

Cuidado con sus amistades

El que anda con sabios, sabio será; mas el que se junta con
necios se echa a perder.

PROVERBIOS 13:20

Existe un dicho popular que dice: "Dime con quién andas y te diré quién
eres". Ese adagio es verdadero. Nuestras amistades dicen mucho sobre
nosotros. Nos aproximan a aquellos que se parecen a nosotros y reflejamos
su comportamiento. Si andamos con personas íntegras, honestas y piadosas,
reflejaremos el carácter de ellas en nuestra vida y seremos bienaventurados.
Pero si nos unimos a personas insensatas, perversas y malas, acabaremos comprometidos con esas mismas actitudes y trastornaremos nuestra vida. Por eso
la Palabra de Dios exhorta: "Hijo mío, si los perversos intentan seducirte, no
lo consientas. Si te dicen: 'Ven con nosotros, pongamos asechanzas para de-
rramar sangre, acechemos sin motivo al inocente; devorémoslos vivos como el
Seol; enteros, como los que caen en la fosa, hallaremos riquezas de toda clase,
llenaremos nuestras casas de botín; echa tu suerte entre nosotros; tengamos
todos una bolsa'. Hijo mío, no vayas de camino con ellos. Aparta tu pie de
sus veredas, porque sus pies corren hacia la maldad, y van presurosos a derra-
mar sangre" (Proverbios 1:10-16). Es mejor vivir solo que mal acompañado.
Busque amigos verdaderos, amigos que lo inspiren a vivir más cerca de Dios.

21
de octubre

El valor de la mujer sabia

> La sabiduría edifica su casa; mas la necedad con sus manos la derriba.
>
> **PROVERBIOS 14:1**

Las mujeres siempre estuvieron a la vanguardia de los valores morales que sostienen la vida familiar. Cuando las mujeres abandonan esos principios, es porque la sociedad está llegando a su más bajo nivel de degradación. El sabio nos habla de dos tipos de mujeres. No habla de mujeres ricas y pobres, jóvenes y viejas, bellas y las que no tienen refinados predicados físicos, sino de las mujeres sabias e insensatas. "La mujer sabia edifica su casa", pues es la arquitecta de los valores morales que adornan la vida familiar. ¡Si la construcción con piedras y ladrillos exige inversión y práctica, cuánto más la construcción del hogar y de las relaciones interpersonales! La mujer sabia es aquella que invierte su tiempo, su vida, sus sentimientos, sus recursos y su alma en personas, más que en las cosas. Valoriza más las relaciones interpersonales que los objetos. Le da más importancia a la belleza interna que al refinamiento externo. No obstante, la mujer insensata es demoledora. Sus palabras y acciones provocan un verdadero terremoto en la familia. Ella deshace, divide y separa. Sus manos no trabajan para el bien, sino para el mal. Ella no es una escultora de lo eterno, sino una costurera de lo efímero.

No ande por caminos tortuosos

El que camina en rectitud, teme a Jehová; mas el de caminos tortuosos, lo menosprecia.

PROVERBIOS 14:2

Solamente hay dos caminos: el camino ancho y el camino estrecho; el camino de la vida y el de la muerte; el camino de la rectitud y el camino tortuoso. Solamente hay dos puertas: la puerta de la salvación y la de la perdición. Solamente hay dos destinos: la bienaventuranza eterna y el sufrimiento eterno. Aquellos que andan por los caminos de la rectitud temen al Señor y en él se deleitan. Sin embargo, aquellos que andan por los caminos tortuosos, por los caminos atractivos del pecado, desprecian el temor del Señor. Si el temor del Señor es el principio de la sabiduría, solamente los insensatos lo desprecian. La Biblia afirma que "hay caminos que al hombre parecen rectos pero que al fin son caminos de muerte". Existen caminos que nos llevan a ventajas inmediatas y a los placeres más arrebatadores, pero después nos cobran un precio altísimo. El pecado no compensa. El pecado es mentiroso. Promete ríos de dinero, pero nos lo quita todo: la comunión con Dios, la paz y el sentido de la vida. El pecado es muy maligno. Esconde detrás de sus atractivos un señuelo mortal. No acompañe a aquellos que siguen rápido por los caminos sinuosos, despreciando el temor del Señor. Esos marchan para el abismo, para la muerte irremediable.

23
de octubre

La lengua, látigo del alma

En la boca del necio está la raíz de su soberbia; mas los labios de los sabios los protegerán.

PROVERBIOS 14:3

El necio es aquel que habla demasiado, no comunica nada y complica todo. El necio tropieza en su propia lengua. La lengua del tonto es el látigo que azota su propia vida llena de soberbia. El soberbio es aquel que cree que es mejor que los demás, y el necio es aquel que además de creer en eso, aun lo manifiesta públicamente. Como no tolera el soberbio y declara guerra a los altivos de corazón, Dios permite que la lengua de los insensatos les castigue como se lo merecen. Diferente del necio es el prudente, cuyos labios lo preservan de situaciones peligrosas y de vergüenzas no necesarias. El sabio no ostenta el poder, conocimiento o grandeza. El sabio no humilla al prójimo, antes lo trata con respeto y dignidad, considerando el otro superior a sí mismo. Mientras que la lengua del necio es un látigo que lo castiga, la lengua del prudente desarma las trampas tramadas contra él. De la boca del sabio fluyen palabras de vida, y no semillas de muerte. De la boca del sabio salen palabras de consuelo para el corazón, y no de tormento para el alma. El prudente es alguien cuya vida es una bendición para los demás; el necio es alguien que no consigue ni salvarse de sus propias locuras.

24
de octubre

El testigo verdadero y el testigo falso

El testigo verdadero no mentirá; mas el testigo falso hablará mentiras.

PROVERBIOS 14:5

Un testigo es alguien que vio alguna cosa y comparte eso con fidelidad. Un testigo no reparte sus impresiones subjetivas, pero sí sus experiencias objetivas. No habla lo que siente, sino lo que vio. El papel del testigo no es dar su versión de los hechos, sino narrarlos con integridad. El testigo verdadero no miente, no adultera los hechos ni se deja sobornar por ventajas inconfesables. Jesús fue condenado por el sanedrín judío porque los propios jueces contrataron testigos falsos para acusarlo. El mismo destino lo sufrió Esteban, el primer mártir del cristianismo. Nuestras palabras deben ser sí, sí; no, no. Lo que pasa de eso es inspirado por el maligno. La mentira procede del maligno y promueve sus intereses. Por eso, el testigo falso se desboca en mentiras, conspirando contra la verdad. Ya que la mentira tiene piernas cortas y el tiempo es señor de la razón, la mentira puede quedar encubierta por algún tiempo, pero no para siempre. La mentira puede engañar a algunos, pero no a todos. La mentira puede tener recompensas inmediatas, pero sufrirá las consecuencias de una vergüenza eterna.

25
de octubre

La sabiduría no habita donde hay insensatez

> Busca el escarnecedor la sabiduría y no la halla; mas al hombre entendido la sabiduría le es fácil.
>
> **PROVERBIOS 14:6**

Sabiduría es más que conocimiento. Sabiduría es el uso correcto de conocimiento. Sabiduría es mirar para la vida con los ojos de Dios. Hay muchas personas cultas que son necias, pero hay individuos que son sabios aun cuando no han estado sentados en las sillas de una universidad. La sabiduría se aprende a los pies del Señor. El temor del Señor es el principio de la sabiduría. Es por eso que el escarnecedor busca la sabiduría y no la encuentra, porque el escarnecedor jamás busca a Dios. Él no conoce la Palabra de Dios ni se deleita en la ley de Dios. Su placer está en el pecado, y no en la santidad. La sabiduría no habita en la casa de la insensatez. Ya el prudente busca el conocimiento y con él encuentra la sabiduría. La sabiduría es más que una percepción ante las realidades y los desafíos de la vida. La sabiduría es una persona. Jesús es nuestra sabiduría. Aquellos que conocen a Jesús y viven en su presencia y para alabanza de su gloria alcanzan el verdadero sentido de la vida.

26
de octubre

Conócete a ti mismo

La ciencia del prudente está en discernir su camino; mas la indiscreción de los necios es engaño.

PROVERBIOS 14:8

El gran reformador Juan Calvino afirma en la introducción de *Institución de la religión cristiana* que solamente podemos conocer a Dios porque él se reveló a nosotros. Eso está por encima de cualquier cuestionamiento. También es una verdad incontestable que solamente nos podemos conocer a nosotros mismos por la lente de la sabiduría. El pecado nos volvió seres ambiguos, contradictorios y paradójicos. Somos seres en conflicto. En conflicto con Dios, con el prójimo, con nosotros mismos y con la naturaleza. Hay una esquizofrenia instalada en nuestro pecho. El bien que queremos hacer, no lo hacemos, pero el mal que no queremos, ese practicamos. Por lo tanto, el prudente es aquel que busca entender su propio camino a la luz de la Palabra de Dios, por la iluminación del Espíritu Santo. El necio, con su insensatez, además de vivir engañado sobre su identidad y su destino, hace de la vida una carrera sin gloria con el propósito de engañar a los demás. El necio no sabe lo que hace. Su vida es un espejismo. Sus consejos son perversos. Sus labios son llenos de engaño. Su camino desemboca en la ruina. Tenemos que orar como el salmista: "Escudríñame, oh Dios, y conoce mi corazón; pruébame y conoce mis pensamientos" (Proverbios 139:23).

27
de octubre

Cuidado con la ira

El que fácilmente se enoja hará locuras; y el hombre perverso
será aborrecido.

PROVERBIOS 14:17

La ira es un fuego crepitante, rápido y peligroso. Una persona iracunda es
una bomba mortífera a punto de explotar. Y cuando explota, lanza esquir-
las para todos los lados hiriendo a las personas a su alrededor. Quien se enoja
fácilmente habla mucho, piensa poco y provoca grandes trastornos a sí mismo
y a los demás. El hombre de malos designios es odiado. Se vuelve persona non
grata. El trastorno emocional provoca tensiones y conflictos en el hogar, en
el trabajo, en los demás sectores de la vida comunitaria. Es mejor vivir en el
desierto que vivir con una persona rabiosa. Es mejor vivir solo que estar acompañado de una persona que se irrita con facilidad. Hay dos maneras de lidiar
con la ira. La primera es la explosión de la ira. Un individuo temperamental y
explosivo maltrata a las personas con sus palabras y actitudes, se vuelve duro
en el trato y maligno en sus acciones. La segunda es el congelamiento de la
ira. Algunos no explotan, pero almacenan la ira. No lanzan su agresividad para
fuera, pero la acumulan en el corazón. Se vuelven amargos, mal humorados,
se cierran como una coliflor y acaban amargando el alma. La solución no es la
explosión ni el congelamiento de la ira, sino el ejercicio del perdón. El perdón
cura y restaura. El perdón es la asepsia del alma, la limpieza de la mente y la
cura de las emociones.

28
de octubre

Valore el conocimiento

Los simples heredarán necedad; mas los prudentes se coronarán
de sabiduría.

PROVERBIOS 14:18

E l conocimiento es el mejor tesoro que podemos acumular. Los bienes se
disipan, pero el conocimiento permanece. El dinero puede ser robado,
pero nadie puede asaltar lo que allí depositamos. Los tesoros que negocia-
mos aquí pueden ser disminuidos por el óxido, carcomidos por las polillas y
saqueados por los ladrones, pero el conocimiento que adquirimos es un bien
inalienable que nadie puede quitarnos. Aquellos que desprecian el conocimiento y se enaltecen de cosas son necios y heredan la insensatez, pero los
prudentes se coronan de conocimiento. Los sabios invierten tiempo en la búsqueda del conocimiento. Se privan de comodidades inmediatas para adquirir
conocimiento, pero esto es un inmenso placer. El conocimiento distingue al
prudente, lo corona de honra y lo eleva a una posición de destaque. La Biblia
nos enseña a emplear lo mejor de nuestros recursos para adquirir la sabiduría.
Los necios hacen poco caso de la sabiduría y se acomodan con su tontería,
pero al fin serán avergonzados y tendrán como herencia aquello que no posee
ningún valor. Pero los prudentes buscarán el conocimiento y heredarán honra
y felicidad.

29
de octubre

La recompensa de la bondad

Los malos se inclinarán delante de los buenos, y los impíos a las puertas del justo.

PROVERBIOS 14:19

Los hombres malos temporalmente parecen ser más fuertes, más inteligentes y más exitosos que los hombres buenos. Prevalecen por la fuerza. Hacen escándalo en los tribunales y amedrantan por sus iras. Sin embargo, esa ventaja de los malos es solamente temporal. La maldad no compensa. Las conquistas alcanzadas por el uso de la maldad terminan en derrotas amargas y fatídicas. El prevalecer por la fuerza se vuelve una debilidad consumada. Las victorias adquiridas por la injusticia se convierten en un fracaso vergonzoso. Los justos, aun sufriendo afrentas y amenazas, aun cosechando pérdidas y perjuicios, triunfarán, mientras que los malos tendrán que inclinarse delante del rostro de los buenos, y los perversos tendrán que doblarse a la puerta de los justos. La maldad no compensa; puede parecer robusta e imbatible, pero carga dentro de sí el potencial para el desastre. Pero la bondad tiene recompensa garantizada. Los buenos hasta pueden ir a la sepultura siendo víctimas de la más clamorosa injusticia, pero recibirán del juez recto la bienaventurada recompensa. Los justos incluso pueden sufrir temporalmente escarnios y persecuciones, pero al final disfrutarán de una gloriosa recompensa, sino es en la tierra, con seguridad en el cielo.

Los dramas de la pobreza

El pobre es odioso aun a sus parientes; pero el rico tiene muchos amigos.

PROVERBIOS 14:20

L as relaciones se están volviendo utilitaristas. Las personas se aproximan las unas a las otras no para servir, sino para recibir alguna cosa a cambio. El salmo 73 retrata bien esa realidad. El impío que ve sus riquezas aumentando, aun sentado en la silla de la soberbia, tiene su casa llena de amigos. Sin embargo, esos amigos no son verdaderos. Son explotadores. Son aprovechadores. Buscan una oportunidad para alcanzar algún favor. La verdad, esos amigos no pasan de aduladores, personas sin escrúpulos, cuyo carácter es gobernado por la codicia. Por otra parte, el pobre, en su penuria, vive en la soledad. Su pobreza no le da prestigio. Los aduladores no encuentran en el pobre un puerto seguro para sus avaros intereses. Lo abandonan a su desdicha. Inclusive los vecinos más cercanos desprecian al pobre y pasan a odiarlo porque no reciben ninguna recompensa inmediata de esa relación. Es bueno destacar que es mejor vivir solo con integridad que rodeado de amigos falsos. Es mejor ser pobre, pero colocando la cabeza en la almohada de la integridad, que vivir cercado de bienes mal adquiridos, y sufriendo al intentar dormir sobre un colchón lleno de espinas.

31
de octubre

La felicidad de la misericordia

Peca el que menosprecia a su prójimo; mas el que tiene misericordia de los pobres es dichoso.

PROVERBIOS 14:21

El desprecio al prójimo, especialmente al vecino, es una actitud reprochable en cualquier código moral creado por los hombres y también afrenta a la ley de Dios. Debemos amar y bendecir a nuestro vecino en vez de despreciarlo. Debemos buscar oportunidades para servirlo en vez de ignorarlo. El desprecio al vecino es una actitud insensata, pues quien siembra con desprecio cosecha soledad. Quien deja de invertir en la vida de las personas más cercanas acabará sus días en el más doloroso ostracismo. La felicidad no está en que vivamos de manera egoísta, sino en ser misericordiosos y generosos, especialmente con aquellos que yacen a nuestra puerta. El que tiene misericordia de los pobres es feliz. Quien tiene el corazón abierto para amar y el bolsillo para socorrer a los necesitados disfruta de alegría verdadera. La generosidad es una fuente de placer. El amor al prójimo es el elixir de la vida, el tónico de la longevidad y la esencia de la propia felicidad. Quien da al pobre le presta a Dios. El alma generosa prospera. Quien siembra en la vida del pobre las semillas de la bondad siembra en campo fértil y tendrá cosecha abundante. El sembrador encuentra en la propia acción de sembrar una alegría inimaginable y al final aun tendrá una recompensa que no necesariamente viene de la tierra, sino con seguridad vendrá del cielo.

1

La sabiduría produce riqueza

Las riquezas de los sabios son su corona; pero la insensatez de los necios es infatuación.

PROVERBIOS 14:24

L a riqueza no produce sabiduría, pero la sabiduría produce riqueza. No todo rico es sabio, pero todo sabio es rico, pues la riqueza no es lo que poseemos, sino quienes somos. La riqueza no tiene que ver apenas con lo que cargamos en los bolsillos, pero por encima de todo con lo que llevamos en el corazón. Riqueza no es solamente una fina capa de barniz de oro, sino nobleza de carácter. Hay unos que se dicen ricos siendo muy pobres, pero hay otros que aun siendo pobres son muy ricos. El apóstol Pablo habla de aquellos que son pobres, pero enriquecen a muchos; de aquellos que no poseen nada, pero tienen todo. La felicidad no habita en la casa de la riqueza, pero sí en la casa de la sabiduría. La felicidad no está en el tener, pero sí en el ser. El dinero no nos puede dar la felicidad, pero el contentamiento con la piedad es gran fuente de ganancias, pues nos ofrece tanto felicidad como seguridad interior. Cuando nuestro contentamiento está en Dios, podemos vivir contentos en toda y cualquier situación, sea viviendo en un palacio o en una choza, pues nuestra felicidad no viene de las circunstancias sino de Dios.

2
de noviembre

El valor del testigo verdadero

El testigo verdadero libra las almas; mas el engañoso hablará mentiras.

PROVERBIOS 14:25

Testificar es contar exactamente lo que vio y oyó. No es dar la opinión propia. A lo largo de la historia muchos tribunales profirieron sentencias injustas porque testigos infieles dieron falso testimonio, escondiendo y escamoteando la verdad. José de Egipto fue a parar a la cárcel cuando la verdadera culpable del crimen era su propia acusadora. El sanedrín judío contrató falsos testigos para acusar a Jesús y así lo sentenció a muerte. El mismo destino lo sufrió Esteban, que terminó apedreado por un grupo enloquecido. El que abre la boca para promover la mentira es un engañador. Aquel que vende su conciencia y altera la realidad de los hechos para obtener ventaja personal, acusando inocentes y haciendo inocentes a culpables, trabaja en error y se vuelve un gran agente del mal. Pero el testigo que dice la verdad salva vidas y libra a personas de la muerte. La verdad es luz. La verdad es pura. La verdad promueve la justicia. Nuestros labios deben estar al servicio de la verdad y no de la mentira, del bien y no del mal, de la justicia y no de la iniquidad. El verdadero ciudadano del cielo es aquel que jura con daño propio y no vuelve atrás.

3

de noviembre

Un castillo seguro para la familia

En el temor de Jehová está la fuerte confianza; y esperanza tendrán sus hijos.

PROVERBIOS 14:26

El temor del Señor no es fobia de Dios, sino santa reverencia. El temor del Señor no nos lleva a huir de Dios, sino a correr para Dios. El temor del Señor es el principio de la sabiduría; es por medio de este que nos alejamos del mal y nos apegamos al bien. Cuando tememos a Dios, nuestras palabras y acciones son gobernadas por la santidad. Cuando tememos a Dios, mantenemos integridad en nuestras relaciones, aun estando lejos de los cañones de luz. En el temor del Señor encontramos un fuerte amparo, un apoyo firme, una fortaleza segura, una confianza estable. Ese castillo seguro no solo es para nosotros, sino también y sobre todo para nuestra familia. Cuando un hombre teme a Dios, con eso está protegiendo a sus propios hijos. El temor del Señor aleja a nuestros hijos de personas nocivas, de consejos perversos, de ambientes peligrosos, de circunstancias tentadoras y de caminos sinuosos. El temor del Señor no es solo refugio para nosotros, sino también para nuestros hijos. La mejor protección que podemos darle a nuestra familia es andar en el temor del Señor. La mejor seguridad que nuestros hijos pueden tener es vivir en el temor del Señor. Las aventuras del pecado pueden propiciar un placer momentáneo, pero el temor del Señor ofrece una seguridad permanente.

4

de noviembre

La paciencia, prueba de sabiduría

El que tarda en airarse es grande de entendimiento; mas el de genio pronto, está lleno de necedad.

PROVERBIOS 14:29

Una persona con poca paciencia es más explosiva que una bomba. Un individuo sin control emocional no solamente comete locuras, sino que exalta la locura. Por donde pasa deja un rastro de destrucción. Siempre que habla, agrede y maltrata a las personas. La insensatez está en sus labios, y la agresión acompaña sus actos. Es muy diferente el paciente. Este piensa antes de hablar; sus palabras son medicina para el alma, bálsamo para el corazón y deleite para la vida. Un hombre paciente siempre está dispuesto a oír, pero piensa mucho antes de abrir la boca. Sus palabras son pocas y comedidas. Aun cuando es ultrajado, no se venga con ultraje. Prefiere pagar el mal con el bien. En vez de retribuir odio con rencor, toma la decisión de perdonar. En vez de maldecir a aquellos que lo cubren de críticas injustas, toma la decisión de bendecir. Si la precipitación es la sala de espera de la locura, la paciencia es el pórtico de la sabiduría. La persona iracunda intenta controlar a los otros con sus amenazas, pero el individuo paciente se controla a sí mismo con sabiduría. El hombre que tiene dominio propio es más fuerte que aquel que gana una pelea y conquista una ciudad.

5
de noviembre

La paz de espíritu, el elixir de la vida

El corazón apacible es vida para el cuerpo; mas la envidia es carcoma de los huesos.

PROVERBIOS 14:30

Una persona envidiosa es la que se perturba con el éxito de los otros. No se alegra con lo que tiene, sino que se entristece con lo que el otro tiene. Un envidioso nunca es feliz porque siempre está buscando aquello que no le pertenece. Un envidioso nunca es grato, pues siempre está queriendo lo que es del otro. Un envidioso nunca tiene paz porque su mezquindad es como un cáncer que destruye los huesos. La Organización Mundial de la Salud (OMS) afirma que más del cincuenta por ciento de las personas que pasan por los hospitales son víctimas de enfermedades de fondo emocional. Cuando el alma está inquieta, el cuerpo padece; cuando la mente no descansa, el cuerpo se agita. La paz de espíritu es un bien precioso. Esa paz no está en las cosas ni se compra en la droguería. La paz de espíritu da salud al cuerpo. Un corazón tranquilo es la vida del cuerpo. Pero ¿cómo alcanzar esa codiciada paz de espíritu? ¿Por la meditación trascendental? ¿Huyendo peligrosamente por el camino de las drogas? ¿Entrando por los laberintos del misticismo? No, mil veces no. La paz de espíritu es el resultado de la gracia de Dios en nuestra vida. Solamente los que fueron reconciliados con Dios por medio de Cristo tienen paz con Dios y disfrutan de la paz de Dios.

6

de noviembre

Quien cuida del pobre honra a Dios

> El que oprime al pobre, afrenta a su Hacedor; mas el que tiene misericordia del pobre, lo honra.
>
> **PROVERBIOS 14:31**

Uno de los atributos de Dios es la justicia. Él es justo en todas sus obras. Dios abomina de toda forma de injusticia. Él juzga la causa de los pobres y oprimidos. Quien oprime al pobre por ser débil, sin vez y sin voz, insulta a Dios. Quien tuerce la ley para tener ventajas sobre el pobre conspira contra el creador. Quien corrompe los tribunales, sobornando jueces y testigos para prevalecer sobre el pobre en juicio, entra en una batalla contra el propio Dios omnipotente. Pero insultar a Dios es una locura consumada, pues nadie puede luchar contra el Señor y prevalecer. Por otra parte, quien socorre al necesitado agrada el corazón de Dios. Aquello que hacemos para los pobres, se lo hacemos al propio Señor. Quien da a los pobres le presta a Dios. El alma generosa prosperará. Dios multiplica las semillas de los que siembran la bondad en la vida del prójimo. Tanto el pobre como el rico fueron creados por Dios. Él los ama a los dos. Los ricos deben manifestar la generosidad de Dios a los pobres, y estos deben dar las gracias a Dios por la bondad de los ricos. Aquellos que oprimen al pobre, aunque acumulen riquezas, no disfrutarán de sus tesoros. Sin embargo, aquellos que socorren al necesitado, aunque sin la provisión de los tesoros de la tierra, poseerán las riquezas del cielo.

La esperanza del justo no muere

Por su maldad será derribado el impío; mas el justo aun en su muerte tiene esperanza.

PROVERBIOS 14:32

El perverso es el hombre que profesa el nombre de Dios en los labios y lo niega con la vida. Dice conocer a Dios, pero vive como si Dios no existiera. Es un ateo práctico, que profesa una cosa y vive otra. Hay un abismo entre su creencia y su conducta. El perverso es aquel que empuja a Dios hacia un lado y se rinde a la maldad. Pero la maldad, lleva a los malos a la desgracia. Cuando la calamidad llega, esos impíos son derrumbados. Aquello que desearon e hicieron contra los otros les cae en las propias cabezas. La lanza venenosa que tiran contra los demás se vuelve contra su vida. Ellos reciben el salario con sus propias obras perversas. El justo no es así. Su ancla está firme en la roca que no se agita. Su esperanza no es un devaneo incierto. Aun atravesando todos los desiertos ardientes, aun cruzando los valles más oscuros, aun gimiendo bajo el látigo del dolor, aun bajando a la tumba, aun castigado por la enfermedad más brava, el justo no pierde la esperanza, pues ella no está apenas en esta vida. Su esperanza está en Dios. El justo tiene una esperanza viva. Él sabe que su redentor vive. Camina para una eternidad de gloria, en la cual recibirá un cuerpo de gloria y será coronado con una corona de gloria. ¡La esperanza del justo jamás muere!

8
de noviembre

Una nación avergonzada

La justicia engrandece a las naciones; mas el pecado es la vergüenza de los pueblos.

PROVERBIOS 14:34

Los historiadores afirman que el Imperio romano cayó en manos de los bárbaros porque ya estaba podrido por dentro. Los grandes imperios cayeron en manos de sus enemigos porque primero tropezaron en sus propios pecados. El profeta Oseas dice a Israel: "porque es tu pecado el que te ha hecho tropezar" (Oseas 14:1). El pecado es la vergüenza de los pueblos, el oprobio de las naciones. Una nación es más grande que sus valores morales. Si una nación promueve el pecado, hace apología del vicio, levanta la bandera de la inmoralidad e invierte los valores morales, llamando a la luz tinieblas y a las tinieblas luz, su ruina ya está labrada. Una nación no es más grande que sus familias. Si las familias que la componen están debilitadas, tambaleando borrachas por la fascinación del pecado, entonces esa nación está cubierta de vergüenza, y su derrota es irremediable. No obstante, la justicia exalta las naciones. Las naciones cuya cuna estaba en la verdad y que bebieron la leche de la piedad, esas crecieron fuertes, ricas, bienaventuradas y se volvieron protagonistas de grandes transformaciones sociales. Esas naciones siempre estuvieron a la vanguardia y lideraron el mundo en la carrera rumbo al progreso. La justicia no puede ser apenas un artículo en los diccionarios; debe ser una práctica presente en los palacios, en las cortes, en las casas legislativas, en las universidades, en la industria, en el comercio, en la familia y en la iglesia.

9
de noviembre

La prudencia tiene recompensa

La benevolencia del rey es para con el servidor prudente; mas su enojo, contra el que le avergüenza.

PROVERBIOS 14:35

El éxito o fracaso de nuestras relaciones depende mucho de quienes somos. Favor o furia serán cosechas de nuestra siembra. Si somos prudentes, cosecharemos favor; si somos indignos, cosecharemos furia. Sembraremos una acción y cosecharemos una reacción. Aquellos que siembran viento cosechan una tempestad. Quien siembra en la carne cosecha corrupción. Quien planta las malditas semillas del odio cosechará desprecio. Sin embargo, aquellos que siembran amor harán una abundante siega de amistad. El empleado prudente que vive de forma irreprensible, habla de forma irrefutable y realiza obras innegables goza del respeto y del favor de sus superiores. Pero aquellos cuyo proceder es irresponsable e indigno acaban provocando el furor de sus superiores y el desprecio de sus iguales. La Biblia nos enseña a respetar a aquellos que ejercen autoridad. Debemos entender que instituyeron el orden y, por eso, toda autoridad es constituida por ellos. Debemos dar honra a quien tiene honra. No hacemos las cosas para que seamos reconocidos. No practicamos el bien para ser aplaudidos ni hablamos palabras bonitas para ser lisonjeados. Nuestro compromiso es con Dios y con nosotros mismos. Pero cuando respetamos a las personas y honramos a nuestros superiores, recibimos favor en vez de repudio.

10
de noviembre

La lengua es el pincel de los labios

La lengua de los sabios adornará la sabiduría; mas la boca de los necios hablará sandeces.

PROVERBIOS 15:2

La lengua de los sabios no solamente revela conocimiento, sino que también adorna el conocimiento. El conocimiento no solamente es útil, sino que también es bello. No solo es necesario sino que es atrayente. Una persona sabia vuelve el conocimiento apetitoso. El aprendizaje deja de ser un proceso doloroso para volverse algo que da placer. El conocimiento en la lengua de los sabios recibe contornos de belleza sin igual. La lengua de los sabios es como un pincel en las manos de un artista. Transforma las cosas comunes de la vida en obras de arte raras. Lo opuesto de eso es la boca de los insensatos. Cuando una persona necia abre la boca, deja salir un raudal de insensatez. La boca del insensato es una pala que excava su propia tumba. El hombre necio abre la boca apenas para hablar lo que no le conviene y que corrompe las buenas costumbres. Se vanagloria de sus palabras vulgares y se burla a carcajadas ruidosas para contar bromas indecentes. La boca del hombre insensato es como romper un dique. Provoca una inundación y mucha destrucción. De la boca del insensato salen raudales pestilentes que arrastran hacia el hueco de la podredumbre la reputación de las personas. Que Dios nos libre de la boca de los insensatos. Que Dios nos ayude a adornar el conocimiento con nuestra lengua.

11
de noviembre

Dios lo está mirando

Los ojos de Jehová están en todo lugar, mirando a los malos y a los buenos.

PROVERBIOS 15:3

Los ateos dicen que Dios no existe. Los agnósticos dicen que no podemos conocerlo. Los panteístas afirman que Dios no es personal. Y los deístas dicen que Dios está muy distante de nosotros. Pero la Biblia enseña que los ojos del Señor están en todo lugar. Dios es omnipresente. No hay un único centímetro en el universo en el que Dios no esté presente. Dios no solo está presente, sino que también conoce y sonda a todos los seres humanos. Sus ojos contemplan a los malos y a los buenos. Dios no es un ser con barbas blancas como Papá Noel. Dios no es un ser sin forma y sin moral que trata de la misma manera el bien y el mal. Él es santo en su carácter y justo en todas sus obras. Él distingue entre el bien y el mal. Él contempla los malos y los buenos. Dios se deleita en aquellos que siguen la bondad, pero abomina a aquellos que maquinan el mal. Dios tiene placer cuando andamos por el camino de la santidad, pero se disgusta cuando cedemos ante el pecado. Dios está mirándole. ¿Qué está viendo? ¿Su corazón es íntegro ante Dios? ¿Su alma anhela de Dios? ¿Usted anda en la luz? ¿Habla la verdad? ¿Practica la justicia? ¿Tiene placer en la misericordia?

12
de noviembre

La terapia de la comunicación

La lengua apacible es árbol de vida; mas la perversidad de ella
es quebrantamiento del espíritu.

PROVERBIOS 15:4

La lengua es un órgano pequeño del cuerpo que, como el timón de un barco, domina todo su cuerpo. La lengua puede ser como bálsamo que alivia o como vinagre en la herida. La lengua puede ser remedio que cura o veneno que mata. Puede ser una fuente de refrigerio o un fuego que se esparce. Puede ser árbol de vida o tormento de muerte. La lengua serena es árbol de vida: alimenta, instruye y conduce por los caminos de la vida abundante. La lengua serena es terapia del alma, un refrigerio para el corazón. Siempre que una persona herida se aproximaba a Jesús con el corazón quebrantado, salía con la esperanza para vivir la vida con entusiasmo. Las palabras de Jesús aún curan, restauran y rehacen la vida. Sus palabras son espíritu y vida. Son palabras de vida eterna. Sus ovejas oyen su voz y lo siguen camino de la gloria celestial. No obstante, la palabra perversa, que adoctrina para el mal, que desvía a las personas de la senda de la justicia, que atormenta y maltrata, lleva a la esclavitud y la muerte. Muchos hijos cargan un alma herida porque desde la infancia fueron insultados con palabras insensatas por parte de los padres. Muchos individuos nunca superaron su pasado de dolor porque fueron quebrantados por la lengua perversa.

13
de noviembre

Hijos, obedezcan a sus padres

El necio menosprecia el consejo de su padre; mas el que guarda
la corrección vendrá a ser prudente.

PROVERBIOS 15:5

El conflicto de generaciones es cada vez más grande. Muchos padres perdieron el control sobre sus hijos, y estos ya no los respetan más. El hogar se volvió un ring de disputas y peleas, o un escenario de silencio e indiferencia. Hoy muchos padres abandonan la trinchera de la educación de los hijos y colocan en manos de terceros esa noble tarea, ya sea a la televisión o al colegio. Cada vez más los valores absolutos que deben regir la familia y la sociedad están siendo escarnecidos. Se promueve la inmoralidad. Se hace apología del vicio. En ese escenario gris de relativismo y degradación, muchos hijos desprecian la instrucción del padre y se sacuden de encima todo yugo de la disciplina. Eso es una insensatez consumada, es colocar el pie en la pendiente del fracaso, es labrar su propia sentencia de muerte. El hijo sabio es aquel que escucha y obedece a sus padres. Es aquel que atiende a la represión y acepta humildemente la disciplina. Ese consigue la prudencia y vive de manera feliz. En estos días en que la familia está siendo tan impíamente atacada, es necesario levantar la voz para decir que el camino de la vida no es la rebeldía, sino la obediencia.

14
de noviembre

Cuidado con las ganancias ilícitas

En la casa del justo hay gran provisión; pero turbación en las ganancias del impío.

Proverbios 15:6

Está de moda la llamada teología de la prosperidad. Miden la bendición de Dios por la cantidad de dinero que usted tiene. Piensan que una persona fiel a Dios debe ser rica, pues la pobreza es vista como maldición. Pero existen cosas mejores que el dinero, como la paz de espíritu, un cónyuge fiel y una familia unida. "En la casa del justo hay gran provisión". Y esa provisión puede ser material, fruto del trabajo honesto, o puede ser moral, resultado de la permanente bendición celestial que inunda la casa de alegría, comunión y paz. Sacrificar esos valores en la búsqueda por las riquezas terrestres es insensatez. Construir el éxito financiero sobre los escombros de la familia es necedad. Acumular riquezas mal adquiridas es juntar tesoros para su propia destrucción. En la renta de los perversos hay inquietud. No se disfruta plenamente lo que fue acumulado con deshonestidad. Esas personas comen, pero no se llenan. Beben, pero no quedan satisfechas. Se acuestan en camas suaves, pero la mente no descansa. Se cercan de ricas provisiones, pero el alma no se deleita. Es mejor ser un pobre rico que un rico pobre. Es mejor no tener provisión de riquezas, pero tener paz en la familia, que vivir cercado de oro y vivir un infierno existencial. No corra detrás de la ganancia ilícita; busque en primer lugar el reino de Dios, y las demás cosas le serán añadidas.

de noviembre

El canal del conocimiento

La boca de los sabios esparce sabiduría; no así el corazón de los necios.

PROVERBIOS 15:7

El conocimiento no es como un tesoro que se descubre en la superficie, sino una conquista que se alcanza por medio de un esfuerzo intenso. El conocimiento no es un bien que adquirimos rápidamente, sino un proceso que toma toda la vida. El conocimiento nos viene del estudio y de la experiencia, del examen y de la observación. Pero el conocimiento de las cosas más profundas no resulta apenas de la investigación, sino sobre todo de la revelación. Solamente podemos conocer a Dios porque él se reveló a nosotros. No lo conocemos por la elucubración, sino por la revelación. Dios se reveló a nosotros en la creación, en su Palabra y en su hijo Jesucristo. La lengua de los sabios derrama ese conocimiento, pero el corazón de los insensatos no procede así. El corazón del necio no se aplica al conocimiento de las cosas ni valoriza la meditación de la Palabra. Apenas piensa en las cosas de los hombres. Su corazón no busca las cosas de lo alto, donde Cristo vive. El insensato es terrenal y solamente busca las cosas que sus ojos ven, las cosas que perecen. Los sabios adquieren el conocimiento, y su lengua derrama ese conocimiento. Ellos no solo se abastecen en esa fuente de la vida, sino que también se vuelven canales que distribuyen esa bendición para los demás.

16
de noviembre

El culto sin vida no tiene valor

El sacrificio de los impíos es abominación a Jehová; mas la oración de los rectos es su delicia.

PROVERBIOS 15:8

Es un tremendo engaño pensar que podemos adorar a Dios de cualquier manera. Es una tontería pensar que podemos aproximarnos a aquel que es santo con un corazón lleno de suciedad. Dios no se satisface con ritos sagrados y liturgias pomposas. Él ve el corazón y busca la verdad en la intimidad de nuestro ser. Los perversos también ofrecen culto. Ellos también hacen sus sacrificios, también tienen una expresión religiosa. Pero el servicio religioso de aquellos que con su vida deshonran a Dios es abominable al Señor. Dios no se satisface con adoración; él busca adoradores que lo adoren en espíritu y en verdad. Si el culto de los perversos es abominable para Dios, la oración de los rectos es su contentamiento. Antes de aceptar nuestras oraciones, Dios necesita aceptar nuestras vidas. Antes de recibir ofrendas, Dios recibe al que hace la ofrenda. Caín y Abel ofrecieron sacrificios a Dios, pero el Señor se agradó de Abel y de su ofrenda, mientras que rechazó a Caín y su ofrenda. No es posible separar la adoración del adorador. No es posible distinguir la ofrenda del oferente. Si nuestra vida es reprobada por Dios, nuestro culto no será aceptado por él. La mejor oración que podemos llevar al altar de Dios es nuestra propia vida.

17
de noviembre

Caminos que agradan a Dios

Abominación es a Jehová el camino del impío; mas él ama al
que sigue la justicia.

PROVERBIOS 15:9

L a Biblia habla de caminos que al hombre le parecen rectos, pero su fin
son caminos de muerte. El camino del perverso es ancho y lleno de luces.
Es el camino de las facilidades, de los atractivos del mundo, de los placeres
de la carne, de las aventuras y de las pasiones infames. En ese camino todo
es permitido, nada es prohibido. En ese camino no hay tabúes ni leyes. Cada
uno vive a su manera y sigue los dictados de su corazón. En ese camino el
sentimiento de culpa es eliminado, la idea de correcto y errado es deshecha, y
los valores morales son colocados del revés. Ese camino es popular. Por él pasa
una multitud que escarnece a aquellos que entran por el camino estrecho de
la santidad. Pero el camino del perverso, a pesar de ser aplaudido por los hombres, es abominación para Dios. El fin de ese camino ancho es la muerte y la
condenación eterna. Por otra parte, Dios ama el que sigue la justicia. Aunque
sigan por un camino estrecho, empinado y lleno de peligros, Dios ama a aquellos que siguen por ese camino. Este es estrecho, pero seguro. Exige renuncias,
pero ofrece salvación. Requiere arrepentimiento, pero conduce a la bienaventuranza eterna. Es rechazado por los hombres, pero aprobado por Dios.

18
de noviembre

La disciplina es amarga, pero su fruto es dulce

> La reconvención es molesta al que deja el camino; y el que aborrece la corrección, morirá.
>
> PROVERBIOS 15:10

Nuestra naturaleza se inclina hacia el mal. Fuimos concebidos en pecado y nacemos en pecado. El pecado no se encuentra solamente en las estructuras sociales y en las ideologías políticas, sino que está instalado en nuestro corazón. Todos nosotros necesitamos ser corregidos y disciplinados para no desviarnos por los caminos de la muerte. Pero aquellos que dejan el camino de la justicia y tapan los oídos a la corrección sufrirán disciplina rigurosa. Quien no oye la voz de la exhortación recibirá el látigo del castigo. Aun siendo amarga la disciplina rigurosa, es una expresión de la gracia, pues aquellos que endurecen la cerviz en el camino de la desobediencia y odian la reprensión caminarán rápidamente e irremediablemente para la muerte. ¡Cuántos jóvenes fueron muertos porque tempranamente rechazaron la disciplina! ¡Cuántos matrimonios fueron destruidos porque los cónyuges no aceptaron ningún tipo de consejo! ¡Cuántas familias fueron deshechas porque no buscaron ningún tipo de ayuda! La reprensión puede ser amarga, pero su fruto es dulce. La disciplina puede ser dolorosa, pero su resultado trae descanso para el alma. Es mejor ser herido por la disciplina que morir en la perversidad.

19

Corazón alegre, rostro feliz

El corazón alegre hermosea el rostro; mas por el dolor del corazón el espíritu se abate.

PROVERBIOS 15:13

La Organización Mundial de la Salud afirma que la mayoría de las enfermedades tiene un contexto emocional. Las emociones se reflejan en la salud física. Muchas enfermedades provienen de la ansiedad. Muchos males que florecen en el cuerpo proceden de un corazón triste. Un corazón angustiado resulta en un espíritu abatido, pues la tristeza deja a la persona oprimida. Ningún cosmético puede dar más hermosura al rostro que un corazón alegre. Ninguna cirugía plástica puede corregir mejor el rostro que la paz interior. Esa paz de espíritu no se alcanza con meditación trascendental. Esa alegría de corazón no se compra en comprimidos en las farmacias. Podremos vestir ropas de marca, andar en vehículos importados y vivir en verdaderos palacios y aun así tener un corazón triste, una cara abatida y un espíritu oprimido. Esa alegría del corazón no está en las cosas sino en Dios. Él es la fuente de la verdadera alegría. Es en la presencia de Dios que hay plenitud de alegría y delicias perpetuamente. Jesús vino para darnos la vida y vida en abundancia. Solamente viviendo en Cristo podremos tener un corazón alegre y un rostro feliz.

20
de noviembre

Búsqueda del tesoro

El corazón inteligente busca la sabiduría; mas la boca de los necios se alimenta de necedades.

PROVERBIOS 15:14

El conocimiento es un tesoro más precioso que mucho oro. Muchas personas buscan riquezas, placeres y aventuras, pero por falta de conocimiento atormentan su alma en esa búsqueda. Cuando Salomón empezó su gobierno en Jerusalén, no le pidió a Dios riquezas y poder, sino sabiduría y conocimiento. Con el conocimiento y la sabiduría, recibió riquezas, glorias y poder. Quien es sabio busca aprender. Quien es regido por la sed del aprendizaje busca el conocimiento, pero los necios están satisfechos con la propia ignorancia. El necio no invierte en educación, no se prepara para el futuro. Es inmediatista y no labra su campo, no hace la siembra en el campo del aprendizaje. El resultado de esa necedad es la pobreza y el oprobio. Mientras el corazón del sabio busca el conocimiento, la boca de los insensatos se apacienta con la insensatez. El necio habla del vacío de su mente y del engaño de su corazón. Su lengua es maestra de torpezas e instrumento de la insensatez. El insensato no solo es una fuente contaminada que contamina a los demás, sino que también se apacienta a sí mismo con insensatez. En vez de ser una fuente de bendición, es un pozo de vergüenza y maldición para sí y para los demás. ¿Qué tipo de inversión está haciendo usted para crecer en el conocimiento y en la gracia de Cristo?

21
de noviembre

Cuando la pobreza
es mejor que la riqueza

Mejor es lo poco con el temor de Jehová, que el gran tesoro
donde hay turbación.

PROVERBIOS 15:16

La riqueza es preciosa cuando viene como fruto de la bendición de Dios
y del trabajo honesto. La bendición de Dios enriquece y con ella no hay
sinsabor. Es Dios quien fortalece nuestras manos para adquirir riquezas, pues
las riquezas y las glorias vienen de Dios. Pero de nada vale ser muy rico y vivir
inquieto. No hay ningún provecho en dormir en una cama de marfil, y no
tener paz de espíritu. De nada sirve poner la cabeza en una almohada suave
si la mente está arrasada por la inquietud. Es mejor ser pobre y andar en el
temor del Señor, que adquirir muchos bienes, vivir en la suntuosidad y el lujo,
pero con el alma perturbada. Es mejor ser pobre y temer a Dios que ser rico e
infeliz. Es mejor tener poco con el temor del Señor que tener mucho dinero,
pero vivir sin paz. La riqueza mal adquirida le puede dar comodidad, pero no
la paz para el corazón. Le puede dar una casa bonita, pero no un hogar feliz.
Le puede garantizar un funeral pomposo, pero no la vida eterna. Temer a Dios
es mejor que granjear fortunas. Temer a Dios es un tesoro más precioso que
mucho oro depurado. Quien teme a Dios tiene paz de espíritu y aunque su
riqueza aumente, no pone en ella el corazón.

22
de noviembre

El amor supera la pobreza

> Mejor es la comida de legumbres donde hay amor, que de buey
> engordado donde hay odio.
>
> PROVERBIOS 15:17

Lo que hace a una persona feliz no es un lujoso menú sobre la mesa, sino el sentimiento de amor en el corazón de aquellos que se sientan alrededor de esa mesa. Hay familias que pueden tener sobre la mesa las mejores carnes, los más refinados manjares y los dulces más apetitosos, pero esos platos sabrosos se vuelven intragables porque las personas que se reúnen alrededor de la mesa no se aman. El odio quita la paz y también el paladar. El odio roba la alegría y también el apetito. Donde hay odio, no hay comunión; y donde no hay comunión, la carne de la mejor calidad no tiene ningún sabor. Nuestra familia no necesita de más comodidad, sino más amor. No necesitamos casas más bellas, ropas más sofisticadas o vehículos más lujosos. Necesitamos más amistad, más compañerismo y más amor en el hogar. Es mejor comer verduras en la compañía de aquellos que amamos que comer la mejor carne donde hay odio e indiferencia. El amor supera la pobreza. Las personas más felices no son aquellas que tienen más cosas, sino las que tienen más amor. El amor transforma la choza en un palacio. El amor transforma un plato de hortalizas en menú sofisticado. El amor hace florecer el desierto de la pobreza, volviéndolo un rico jardín de lindas flores.

23
de noviembre

No coloque leña en la hoguera

El hombre iracundo promueve contiendas; mas el que tarda en airarse apacigua la rencilla.

PROVERBIOS 15:18

Un individuo rabioso, emocionalmente descontrolado, deja que su ira se pierda por los poros del alma, es un incendiario. Siempre está colocando leña en la hoguera, atizando las brasas de la contienda y provocando el fuego de las incomprensiones. Una mente perturbada y un corazón iracundo producen una lengua suelta. Y una persona que habla sin pensar suscita contiendas, siembra intrigas y planta la enemistad en el corazón de las personas. No hay pecado que Dios abomine más que ese espíritu contencioso de colocar una persona contra la otra. El propósito de Dios para nosotros es lo opuesto a ese camino de guerra. Podemos ser pacificadores en vez de provocadores de contiendas. Podemos apaciguar los ánimos en vez de atizarlos. Podemos colocar agua para hervir en vez de colocar leña en la hoguera. Podemos ser ministros de la reconciliación en vez de agentes de la guerra. No fuimos llamados por Dios para cavar abismos en las relaciones interpersonales, sino para construir puentes de contacto. Nuestra lengua puede ser remedio que cura en vez de ser espada que hiere. Nuestros gestos deben caminar en dirección a reconciliar a las personas en vez de colocarlas las unas contra las otras. Somos agentes de paz y no promotores de la guerra; protagonistas del bien y no hacedores del mal; vehículos del amor y no canales del odio.

24
de noviembre

Escuche para responder después

Responder antes de haber escuchado es fatuidad y oprobio.
PROVERBIOS 18:13

La palabra de Dios nos enseña a ser prontos para oír y tardos para hablar. Hablar mucho y oír poco es señal de necedad. Entonces, responder antes de oír con seguridad es vivir una vergüenza. No podemos hablar de algo que no entendemos. No podemos responder sin ni siquiera oír la pregunta. Una persona sabia piensa antes de abrir la boca y evalúa las palabras antes de proferirlas. Una persona sensata mastica la pregunta antes de dar la respuesta. Evalúa y pesa cada palabra antes de enunciarla. El apóstol Pedro no seguía ese patrón. Era un hombre de sangre caliente. Hablaba sin pensar y muchas veces, sin entender lo que estaba hablando. Por tener una necesidad casi que irresistible de siempre hablar, tropezaba en sus propias palabras y se involucraba en grandes problemas. En la casa del sumo sacerdote, afirmó tres veces que no conocía a Jesús, y eso después de declarar que estaba listo para ser preso con él e inclusive morir por él. Pedro profería afirmaciones intempestivas y daba respuestas sin ningún sentido. Era un hombre contradictorio, que en un momento hacía declaraciones audaces para enseguida echar para atrás y demostrar una cobardía vergonzosa. El camino de la sabiduría es oír más y hablar menos, es pensar más y discutir menos, es abrir más los oídos y menos la boca.

25
de noviembre

En la enfermedad, tenga esperanza

El ánimo del hombre le sostiene en su enfermedad; mas ¿quién sostendrá al ánimo angustiado?

PROVERBIOS 18:14

Nuestra actitud ante los dramas de la vida tiene una conexión muy estrecha con nuestra salud física. Las ganas de vivir mantienen la vida de un enfermo, pero si se desanima, no existe más esperanza. Quien se entrega y tira la toalla, quien pierde la esperanza y no lucha más para sobrevivir es vencido por la enfermedad. Nuestras emociones tienen un peso decisivo cuando se trata de enfrentar una enfermedad. No basta usar los recursos de medicamentos. Tenemos que alimentar nuestra alma con el tónico de la esperanza. Tenemos que quitar los ojos de las circunstancias y colocarlos en aquel que está en el control de las circunstancias. Nuestros pies pueden estar en el valle, pero nuestro corazón debe estar en la montaña. Aun cuando pasamos por valles áridos, Dios los puede transformar en manantiales. El llanto puede durar una noche, pero la alegría viene por la mañana. Pero aquellos que se entregan al desánimo, hacen de la lamentación la sinfonía de la vida. Pierden las fuerzas, se atrofian emocionalmente y son dominados de manera irremediable por el sentimiento del fracaso. En la enfermedad tenemos que colocar nuestros ojos en Dios, pues la última palabra no es de la ciencia, sino de aquel que nos creó, nos sostiene y puede intervenir en nuestra vida, redimiéndonos de la cueva de la muerte.

26
de noviembre

La generosidad abre puertas

La dádiva del hombre le ensancha el camino y le conduce a la presencia de los grandes.

PROVERBIOS 18:16

Un corazón generoso es nuestra mejor tarjeta de presentación. El amor traducido en actitudes abre puertas para nuevas relaciones. ¿Quiere hablar con alguien importante? Lleve un regalo, y será fácil. Un simple gesto de bondad pavimenta el camino para nuevas amistades. Nadie pierde por ser gentil. El corazón abierto es revelado por manos abiertas y estas son generosas para regalar. A veces quedamos avergonzados por darle un regalo a alguien que tiene todo lo mejor. Pero no es una cuestión de lo que estamos ofreciendo. Lo que importa no es el valor monetario del regalo, sino su significado. Es el gesto de amor lo que cuenta. Es la demostración de cariño lo que enternece. Nadie es tan rico que no pueda recibir un regalo, y nadie es tan pobre que no pueda darlo. La generosidad nos coloca en compañía de los príncipes. Cuando tenemos amor en el corazón y un regalo en las manos, hacemos amplio el camino para nuevos contactos, y ese gesto nos lleva a la presencia de los grandes. La generosidad es una clave que abre el cofre de las relaciones más difíciles y abre el camino para las amistades más profundas.

27
de noviembre

Cuidado con sus motivaciones

> Parece tener razón el primero que aboga por su causa; pero viene su adversario, y le descubre.
>
> **PROVERBIOS 18:17**

Las cosas no son lo que aparentan ser; estas son lo que son en su esencia. No somos lo que somos en el palco, sino lo que somos en la intimidad. Muchas veces las personas no admiran quienes somos, sino lo que aparentamos ser. No gustan de nosotros, sino de la máscara que usamos. No respetan nuestro carácter, sino nuestro desempeño. Aman nuestras palabras, pero no nuestros sentimientos. Salomón está diciendo aquí que las personas pueden juzgarnos justos cuando empezamos un pleito. Nuestras palabras son elocuentes, nuestra defensa es perfecta, nuestros derechos son soberanos. Pero cuando alguien se aproxima, levanta la punta del velo y revela lo que escondemos bajo las capas de nuestras motivaciones más secretas, descubre que hay un descompás entre nuestro pleito y nuestros intereses personales. Hay un abismo entre lo que hablamos y lo que somos. Hay una grieta entre lo que profesamos y practicamos. Hay inconsistencia en nuestras palabras y deformación en nuestro carácter. Una cuña separa nuestras intenciones más secretas de nuestro pleito. No basta parecer justo en público; es necesario ser justo en lo secreto. No basta parecer justo en el tribunal de los hombres; es necesario ser justo en el tribunal de Dios. No basta parecer justo a los ojos de los hombres; es necesario ser justo a los ojos de Dios.

28
de noviembre

El corazón se alimenta de la boca

Del fruto de la boca del hombre se llenará su vientre; se saciará del producto de sus labios.

PROVERBIOS 18:20

Existe una estrecha relación entre el corazón y la boca. La boca habla lo que procede del corazón, y el corazón se alimenta de lo que la boca habla. El corazón es la fuente; la boca, los riachuelos que fluyen de esa fuente. Siendo la boca el vehículo del corazón, también es la despensa que lo alimenta con lo mejor de los manjares. Cuando la boca dice palabras sabias, bondadosas, edificantes, el corazón se satisface con lo que producen los labios. Palabras verdaderas, oportunas y llenas de gracia siempre alegrarán el corazón. Esas palabras bendicen no solamente a quien las oye, sino también a quien las dice. Esas palabras alimentan no solamente el corazón de los oyentes, sino también el corazón de aquellos que las proclaman. ¡Qué bueno es ser portador de buenas nuevas! ¡Qué bueno es ser instrumento de Dios para consolar a los tristes! ¡Qué bueno es abrir la boca para decir la verdad en amor y estimular a las personas ante los dramas de la vida! Cuando plantamos semillas en la vida de los demás, nosotros mismos cosechamos los frutos de esta siembra. Cuando plantamos buenas semillas en la huerta de nuestro prójimo, vemos esas mismas semillas floreciendo y fructificando en nuestro propio campo. Las bendiciones que distribuimos para los demás caen sobre nuestra propia cabeza.

29
de noviembre

El poder de la comunicación

La muerte y la vida están en poder de la lengua, y el que la cuida comerá de sus frutos.

PROVERBIOS 18:21

Podemos avivar o matar una relación dependiendo de la manera como nos comunicamos. La vida de la relación conyugal, así como de todas las otras relaciones interpersonales, depende de la manera como lidiamos con la comunicación. La comunicación es el oxígeno de las relaciones humanas. En cierta ocasión, un joven muy vivo quiso colocar en apuros a un sabio anciano que vivía en su villa. El viejo siempre tenía respuestas para todos los dilemas que le eran presentados. Entonces, el joven pensó: "Voy a llevar un pájaro pequeñito en mis manos y le preguntaré al anciano si el pajarito está vivo o muerto. Si él dice que está muerto, yo abro la mano y lo dejo volar. Si dice que está vivo, aprieto las manos, lo aplasto y lo presento muerto. De cualquier manera ese anciano está en apuros conmigo". Al aproximarse al anciano, el joven lo desafió de la siguiente manera: "Usted es muy sabio y siempre tiene respuestas correctas para todos los dilemas, entonces dígame: ¿el pajarito dentro de mis manos está vivo o muerto?". El anciano lo miró y le dijo: "Joven, si el pajarito está vivo o muerto, solamente depende de usted". La comunicación dentro de su casa, en su matrimonio, en su trabajo, en su escuela, en su iglesia está viva o muerta; solamente depende de usted, pues "La muerte y la vida están en poder de la lengua" (Proverbios 18:21).

30
de noviembre

La esposa es un regalo maravilloso

El que halla esposa halla el bien, y alcanza la benevolencia de Jehová.

PROVERBIOS 18:22

El matrimonio es una fuente de felicidad o la razón de los más grandes infortunios. Pavimenta el camino del bien o promueve grandes males. El matrimonio fue instituido por Dios para la felicidad del hombre y de la mujer, pero podemos transformar ese proyecto de felicidad en una pesadilla terrible. Muchos hombres no buscan la dirección divina para su matrimonio. Se casan sin reflexión, movidos solamente por una pasión palpitante o por intereses egoístas. Tenemos que pedirle a Dios nuestro cónyuge. Esa búsqueda debe estar regada de oración. Debemos observar los principios establecidos por el propio Dios en esa búsqueda. Como Isaac, también debemos buscar la dirección de Dios para encontrar la persona que él reservó para nosotros. La Biblia dice que la casa y los bienes vienen como herencia de los padres; pero del Señor, la esposa prudente. Encontrar esa persona es una gran felicidad. Es tomar posesión de la propia bendición del Señor. Una esposa prudente vale más que las riquezas. Su valor sobrepasa el de finas joyas. Un matrimonio feliz es mejor que conseguir fortunas. ¿De qué sirve tener mucho dinero y vivir con una esposa escandalosa? ¿De qué sirve tener la casa llena de bienes, y vivir en conflicto permanente y tensión dentro de la casa? El matrimonio hecho en la presencia de Dios y el hogar edificado por Dios son expresión elocuente de la benevolencia del Señor.

1

La delicadeza en el trato

El pobre habla con ruegos, mas el rico responde durezas.

PROVERBIOS 18:23

L a comunicación es la radiografía del alma. Quien no habla con dulzura expone sus entrañas amargas. Quien es duro en el trato demuestra tener un corazón maligno. La Biblia habla de Nabal, marido de Abigail. El hombre era un hijo de Belial, dominado por espíritus malignos. Era un hombre rico, pero incomunicable. Nadie le podía hablar. Sus palabras herían más que la punta de espada. Sus actitudes revelaban su corazón ingrato, y sus palabras duras demostraban su espíritu perturbado. Ese hombre cavó la propia sepultura. Sembró vientos y cosechó tempestades. Por haber tratado con desprecio a David y sus valientes, fue sentenciado a muerte. Su muerte no sucedió por las manos de David porque Abigail defendió la causa del marido con sentido de urgencia. La Biblia dice que el pobre pide permiso para hablar, pero el rico responde con grosería. El pobre habla con súplicas, pero el rico responde con durezas. El rico, por causa de sus bienes, habla con dureza y actúa con prepotencia. Se juzga mejor que los demás, se burla de ellos y usa el poder de su dinero para humillar a aquellos que vienen a su presencia. Esa es una actitud insensata. La delicadeza en el trato es un deber de todos los hombres. Pobres y ricos pueden ser benignos en el trato y usar su lengua para bendecir a las personas en vez de herirlas.

2
de diciembre

El valor del amigo verdadero

El hombre que tiene amigos ha de mostrarse amigo; y hay amigo más unido que un hermano.

PROVERBIOS 18:24

El famoso cantante brasileño Milton Nascimento dice que amigo es una cosa para guardarse en el corazón. Existen muchas personas que nos rodean en el momento de la alegría, pero pocas permanecen a nuestro lado en la hora de la crisis. El amigo verdadero es aquel que llega cuando todos se fueron. El amigo ama en todo tiempo, y en la desventura se conoce un hermano. La Biblia habla sobre el hijo pródigo, que salió para gastar su herencia en un país distante. Allí disipó todos sus bienes viviendo de manera disoluta, rodeado de amigos. Pero cuando la crisis llegó, esos amigos de fiestas se desvanecieron. Los amigos de la mesa de juegos, los amigos de bares y los amigos de bailes solamente se sirven de usted, pero nunca están listos para servirlo. Los amigos utilitarios solamente se aproximan buscando alguna ventaja. Ellos no lo aman, sino a lo que usted tiene y lo que les puede dar. Algunas amistades no duran nada, se basan solamente en intereses; pero el amigo verdadero es más unido que un hermano. Siempre está a su lado, especialmente en los tiempos de desventura. Jesús es nuestro amigo verdadero. Siendo rico, se hizo pobre para hacernos ricos. Siendo Dios, se hizo hombre para salvarnos. Siendo bendito, se hizo maldición para hacernos benditos a los ojos del padre.

3
de diciembre

La integridad vale más que el dinero

Mejor es el pobre que camina en integridad, que el de perversos labios y fatuo.

PROVERBIOS 19:1

Vivimos una crisis colosal de integridad. Esa crisis pasa ante los ojos estupefactos de toda la nación. Está presente en los palacios de gobierno, en las chozas más pobres de los lugares más miserables de cada país. Está presente en la suprema corte, también en los poderes legislativo y ejecutivo. La ausencia de integridad colocó su maldita cuña en el comercio, en la industria y aun en la iglesia. Familias están siendo acabadas por esa crisis de integridad. Vivimos una especie de letargo ideológico y una vergonzosa inversión de valores. Las personas valoran más el tener que el ser. Las cosas valen más que las personas. En esa sociedad hedonista, los hombres aplauden la indecencia y escarnecen la virtud, enaltecen el vicio y se burlan de los valores morales absolutos. Tenemos que levantar nuestra voz para decir que es mejor ser pobre y honesto que mentiroso y necio. Es mejor tener una conciencia tranquila que poseer dinero deshonesto en los bolsillos. Es mejor comer un plato de hortalizas con paz en el alma que enaltecerse en banquetes refinados, pero con el corazón perturbado por la culpa. Es mejor ser pobre honesto que ser rico deshonesto. La integridad vale más que el dinero. El carácter es más importante que la apariencia. Lo que somos vale más que lo que tenemos.

4
de diciembre

El afán es enemigo de la perfección

El afán sin reflexión no es bueno, y aquel que se apresura con los pies, se extravía.

PROVERBIOS 19:2

Hay un dicho popular que dice: "quien adelante no mira, atrás se queda". Quien invierte tiempo en planeamiento trabaja menos y con más y mejores resultados. En cierta ocasión leí que los japoneses gastan once meses planeando algo y un mes para ejecutarlo; los latinos gastan un mes planeando y once ejecutando. Hacer antes de planear o realizar un proyecto sin un planeamiento cuidadoso es trabajar en error y sembrar para el fracaso. Quien no planea bien planea fracasar. El tiempo que se gasta en afilar el hacha no es tiempo perdido. ¿Quién empieza a construir una casa antes de tener la planta? ¿Quién va a la guerra sin antes calcular sus costos? ¿Quién empieza un proyecto sin antes evaluar sus ventajas y peligros? Actuar sin pensar no es bueno. El afán es enemigo de la perfección. Un emprendedor, por lo general, hace dos preguntas antes de empezar un negocio: ¿Cuánto voy a ganar si cierro ese negocio? ¿Cuánto voy a perder si cierro ese negocio? Tomar decisiones sin reflexión es insensatez. Hablar antes de pensar es necedad. Entrar en un negocio sin evaluar las oportunidades y los riesgos es pavimentar el camino del fracaso. Pero invertir lo mejor de su tiempo en planear es señal de prudencia, pues el afán es enemigo de la perfección. ¡No sea necio, sea sabio!

5

de diciembre

No culpe a Dios por sus fracasos

La insensatez del hombre tuerce su camino, y luego se irrita su corazón contra Jehová.

PROVERBIOS 19:3

Dios no es socio de sus locuras. Lo que el hombre siembre eso segara. Usted toma de su propia fuente. Usted come los frutos de su propia siembra. Usted se abastece de sí. El necio hace sus locuras y después se aíra contra Dios. Suelta la boca para hablar improperios y después quiere oír palabras dulces. Apresura los pies para el mal y después quiere recibir el bien. Sus manos son ágiles para cometer injusticia y después esperan buenas recompensas de sus acciones malignas. Y lo peor, al recibir la justa recompensa de sus obras malas, los necios colocan toda la culpa en Dios. La falta de juicio es lo que hace que la persona caiga en desgracia; sin embargo, esta le coloca la culpa a Dios. Cuando concibe el mal en el corazón y se apresura a ejecutarlo, no consulta a Dios. Cuando se entrega a la práctica del mal, tapa los oídos a los consejos de Dios. Pero en el momento de recibir el castigo justo por sus actos insensatos, la persona se siente que no hay justicia sobre ella y le atribuye la culpa al Señor. Esa actitud es la necedad consumada. Es querer cambiar lo incambiable: cosechamos lo que sembramos. No podemos sembrar el mal y segar el bien. No podemos plantar cizaña y cosechar trigo. No podemos sembrar discordia y segar armonía. No podemos plantar odio y cosechar amor.

6
de diciembre

Amigos por interés

Las riquezas atraen a muchos amigos; mas el pobre se ve apartado de su amigo.

PROVERBIOS 19:4

Hay amigos y amigos. Hay amigos de verdad y amigos de fachada. Amigos de corazón y amigos que nos apuñalan por la espalda. Hay amigos que nos aman y amigos que aman lo que tenemos. Hay amigos que están a nuestro lado en el día de la abundancia y amigos que nos abandonan en el momento de la escasez. Esos amigos de turno no son amigos verdaderos, sino apenas aprovechados. Esos amigos utilitaristas abren los labios con palabras dulces y nos hacen elogios aduladores, pero que se alejarán de nosotros a la señal de la primera crisis. Los ricos consiguen muchos amigos de esa categoría. Esos lobos con piel de oveja, con máscaras de amigos, siempre están buscando alguna ventaja personal. Siempre le están haciendo al rico los elogios más diferentes, mientras planean en el corazón oportunidades para sacar algún provecho. El pobre no consigue tener ese tipo de amistad. ¡Menos mal! Dice un dicho popular que es mejor estar solo que mal acompañado. El amigo verdadero ama todo el tiempo. Él está más unido que un hermano. No nos deja en el momento de la crisis, ni nos abandona en el momento de la aflicción. Jesús es el ejemplo más grande de amigo. Él dejó la gloria y bajó hasta nosotros. Nos amó no por causa de nuestra riqueza, sino a pesar de nuestra pobreza. Dio su vida por nosotros no por causa de nuestros méritos, sino a pesar de nuestros deméritos. ¿Usted es un amigo de verdad? ¿Usted tiene amigos verdaderos?

de diciembre

La mentira tiene piernas cortas

El testigo falso no quedará sin castigo, y el que habla mentiras no escapará.

PROVERBIOS 19:5

Los tribunales de la tierra están repletos de testigos falsos. Personas que juran decir la verdad, con la mano sobre la Biblia, y después abren la boca para decir mentiras. El resultado de ese teatro vergonzoso es que inocentes salen de esos tribunales condenados, y los culpables acaban libres y protegidos por la ley. No obstante, aunque la verdad sea burlada en los tribunales de la tierra, aunque la mentira se vista con la bata sagrada del derecho y desfile en la tarima de la justicia, su máscara caerá un día, y sus vergüenzas serán vistas por todos. La mentira tiene piernas cortas. El mentiroso no es consistente. Tarde o temprano él incurrirá en contradicción. Tropezará en su propia lengua. Será cogido en su propia trampa. Sus pies bajarán a la tumba que él abrió para su prójimo. El mal que intentó para el otro caerá sobre su propia cabeza. Eso porque las tinieblas no prevalecerán sobre la luz. La mentirá no triunfará sobre la verdad. El testigo falso no quedará impune ni conseguirá escapar del castigo. La mujer de Potifar, al acusar al joven José de Egipto por acoso moral, tuvo su reputación resguardada por algún tiempo. Pero la verdad vino a la luz, su trampa fue descubierta, y su nombre cayó en la calle del desprecio por generaciones sin fin.

8
de diciembre

El amigo falso huye
en la hora de la crisis

> Todos los hermanos del pobre le aborrecen; ¡cuánto más sus
> amigos se alejarán de él!
>
> **PROVERBIOS 19:7**

La Biblia dice: "En todo tiempo ama el amigo, y el hermano ha nacido para el tiempo de angustia" (Proverbios 17:17). Sin embargo, así como hay hermanos que nos abandonan en la hora de la crisis, también hay amigos que nos dejan en el momento de aprietos. En esas horas el pobre busca un amigo para socorrerlo, pero esos amigos tienen pies veloces para huir. Dichos "hermanos" y "amigos" son falsos. No son verdaderos. Son hermanos y amigos tan solo de palabra, pero no de hecho y en verdad. Se aproximan a usted solamente en la abundancia, pero desaparecen en la escasez. Frecuentan su casa apenas en los días de fiesta, pero salen corriendo en los días de enfermedad. Se sientan a su mesa apenas en las celebraciones de alegría, pero jamás ofrecen ayuda en el día de la calamidad. Lo cubren de elogios cuando esperan recibir algún favor, pero se alejan rápidamente de su casa cuando usted necesita algún tipo de ayuda. El amigo verdadero es aquel que llega cuando todos se fueron. El amigo verdadero no lo desampara cuando cae sobre su alma la noche oscura de la crisis. Él se sienta con usted en las cenizas. Llora con usted y le abre su corazón, sus manos y su bolsillo. Él no viene para recibir sino para dar.

9
de diciembre

Controle su lengua
y sus reacciones

La cordura del hombre detiene su furor, y es un honor para él
pasar por alto la ofensa.

PROVERBIOS 19:11

La discreción es una virtud rara en nuestros días, pero absolutamente necesaria para construir relaciones sólidas. Nadie confía en una persona que tiene suelta la lengua. Nadie construye puentes de amistad con aquellos que viven desenterrando el pasado de personas intentando traer a la luz aquello que fue sepultado en tiempos remotos. La Palabra de Dios dice que el amor cubre multitud de pecados. No debemos ejercer el papel de detective en la vida de nuestro prójimo, escarbando en busca de algún desliz. No somos llamados para ser arqueólogos, en busca de alguna cosa del pasado para descifrar los enigmas del presente. En vez de insistir en quitar la paja del ojo de nuestro hermano, debemos ver la viga en nuestro ojo. La gloria del hombre no es denunciar los errores de los otros ni exponerlos al ridículo por causa de sus fallos, sino perdonar las injurias. El hombre no es grande cuando usa la fuerza para vengarse, sino cuando paga el mal con el bien; cuando transforma al enemigo en amigo; cuando bendice a aquellos que lo maldicen y ora por aquellos que lo persiguen. No somos llamados a retribuir el mal con el mal, sino a ejercer misericordia y actuar como canales de la gracia de Dios inclusive con aquellos que nos cubren con injurias.

10

de diciembre

El rugido del león

Como rugido de león es la ira del rey, y su favor como el rocío sobre la hierba.

PROVERBIOS 19:12

La monarquía es un régimen de gobierno que atravesó los siglos y aún hoy es sostenido en algunas naciones. En el pasado, tuvimos imperios en los cuales el rey tenía el poder absoluto de la vida o muerte sobre sus súbditos. En Babilonia, por ejemplo, el rey estaba por encima de la ley. Era un régimen absolutista. Provocar al rey era jugarse la cabeza. Un día, los tres amigos de Daniel desafiaron la orden del rey Nabucodonosor. Rehusaron a postrarse delante de la imagen de oro que Nabucodonosor había hecho para su propia adoración. La ira de ese rey megalomaníaco se encendió de tal manera que mandó calentar el horno siete veces más y lanzar a los tres jóvenes en ese fuego ardiente. Su voz resonó en todo el imperio como el rugido de un león, y todo el pueblo se postró a sus órdenes soberanas para adorar la imagen, excepto aquellos tres jóvenes hebreos. Dios los libró en el horno y no del horno. El grito del rey se volvió como lluvia sobre el campo, y los tres jóvenes temerosos de Dios fueron librados y ascendidos, mientras que el nombre de Dios fue exaltado en Babilonia. Dios trasformó la ira en favor, el castigo en promoción, la sentencia de muerte en plataforma de vida.

11
de diciembre

El perezoso quedará pobre

La pereza hace caer en profundo sueño, y el alma negligente
padecerá hambre.

PROVERBIOS 19:15

La pereza es la madre de la pobreza y el reino de la miseria. Donde ella
domina, hay mucho sueño y poco trabajo, mucho descanso y poca fatiga, muchos devaneos y casi ninguna actividad, mucha pobreza y ninguna
prosperidad. A los perezosos les gusta el sueño, pero tienen alergia al trabajo.
Siempre ven las dificultades pero nunca ven las oportunidades. Tienen miedo
de los riesgos ficticios, pero caminan deprisa hacia la pobreza sin remedio.
Un individuo ocioso, con la mente llena de nada y las manos desocupadas de
trabajo, enfrentará un futuro sombrío. El hambre será su amiga inseparable.
La miseria habitará en su casa. Hay un grito que debe hacer eco en los oídos
del perezoso: "Observa a la hormiga, oh perezoso, mira sus caminos, y serás
sabio" (Proverbios 6:6). La hormiga trabaja en el verano para tener provisiones
para el invierno. Ella no descansa ni se entrega a la indolencia; por eso, cuando
llega la estación en la que no puede salir para el trabajo, tiene comida en abundancia y no tiene necesidades. Al hombre que duerme mientras debía trabajar,
que cruza los brazos mientras debería extenderlos para el trabajo, le sobreven-
drá la pobreza como un ladrón y la necesidad como un hombre armado.

12
de diciembre

La obediencia,
el camino de la longevidad

El que guarda el mandamiento guarda su alma; mas el que menosprecia sus caminos morirá.

PROVERBIOS 19:16

Los mandamientos de Dios nos fueron dados para ser fuente de vida. La obediencia al mandamiento es elixir de vida. Aquellos que obedecen a Dios prolongan sus días sobre la tierra y aun reciben la promesa de la vida por venir. No somos salvos por la obediencia a los mandamientos, sino por la fe en Jesús; pero cuando creemos en Jesús, recibimos poder para obedecer a los mandamientos. Guardarlos es guardar el alma de tribulaciones. Observar los mandamientos trae deleite para el corazón y refrigerio para el alma. Es en el banquete de la obediencia que saboreamos los ricos manjares de la gracia. Cuando estamos en la presencia de Dios disfrutamos de alegría sin fin y delicias perpetuas. Pero despreciar los caminos de Dios es entrar en ruta de colisión; es caminar por el camino ancho que conduce a la perdición; es colocar el pie en la calle de la muerte. Dios es el autor de la vida, el dador de la vida y el único que ofrece vida eterna. Despreciar sus caminos es optar por la muerte. Es colocarse bajo el juicio de condenación. Es entrar con los propios pies en una condenación irremediable e irreversible. Es redactar la propia sentencia de muerte. Sin embargo, la obediencia es el banquete de los manjares de Dios. Es el camino de la vida, el camino de la longevidad, la senda de la bienaventuranza.

La disciplina tiene límites

Castiga a tu hijo en tanto que hay esperanza; mas no se apresure tu alma para destruirlo.

PROVERBIOS 19:18

Sobre la disciplina de los hijos, hay dos extremos peligrosos que deben ser evitados. El primero es la ausencia de disciplina. Hijos mimados se vuelven hombres irresponsables e inconsecuentes. El segundo extremo es el exceso de disciplina. Hijos oprimidos serán hombres inseguros y rebeldes. La Biblia dice que los padres no deben provocar los hijos a la ira, para que no se queden desanimados. La corrección de los hijos es una necesidad, pues la insensatez está en el corazón del niño. La disciplina es un acto responsable de amor. Los padres que no ven nada ante la rebeldía de los hijos y los dejan de disciplinar están contribuyendo directamente para la ruina de los propios hijos. La Palabra de Dios habla sobre el sacerdote Eli, que amaba más a sus hijos que a Dios y por eso dejó de corregirlos. El resultado de esa actitud insensata fue la pérdida de los hijos y la destrucción de la familia. Por otro lado, padres que golpean a los hijos, agrediéndolos con rigor excesivo, están en total desacuerdo con la enseñanza de la Palabra de Dios. El propósito de la disciplina es la formación del carácter y no aplastar la autoestima. Tenemos que sazonar la disciplina con estímulo, firmeza, dulzura, y la represión con consuelo. La falta de disciplina genera hijos rebeldes; el exceso de disciplina genera hijos desanimados.

14
de diciembre

El camino de la sabiduría

Escucha el consejo, y recibe la corrección, para que seas sabio al final.

PROVERBIOS 19:20

Quien tiene oídos atentos al consejo y el corazón abierto a la instrucción coloca los pies en el camino de la sabiduría. A pesar de que el conocimiento no es sinónimo de sabiduría, por otro lado no existe sabiduría sin conocimiento. Los sabios anhelan aprender. Tienen los oídos atentos a la instrucción. La sabiduría es la utilización correcta del conocimiento. Es la aplicación adecuada de la instrucción. El positivismo de Auguste Comte se equivocó al decir que la necesidad más grande del mundo era el conocimiento. En el siglo XX, el hombre lleno de orgullo pensó que construiría un paraíso en la tierra con sus propias manos. Estábamos llegando al punto culminante del saber. Vivíamos en el territorio de lo extraordinario. No obstante, el conocimiento sin sabiduría nos llevó a dos guerras mundiales sangrientas. Aun lleno de conocimiento, el ser humano se volvió un monstruo criminal. Había mucha luz en su cabeza pero ninguna sabiduría en su corazón. Por otro lado, aquellos que cierran los oídos al conocimiento no alcanzan sabiduría. El que no siembre hoy en su instrucción no cosechará mañana los frutos de la sabiduría. La instrucción y la sabiduría caminan juntas. La sabiduría procede de la instrucción, y la instrucción es la base de la sabiduría.

15
de diciembre

El triunfo del propósito de Dios

Muchos proyectos hay en el corazón del hombre; mas el designio de Jehová es el que se cumplirá.

PROVERBIOS 19:21

E l hombre hace sus planes. Su mente se agita con muchas consideraciones. Sus pensamientos recorren la tierra y se multiplican en muchísimos propósitos. Pero no es la voluntad del hombre la que permanecerá, sino el propósito de Dios. El plan de Dios es perfecto y victorioso. Dios conoce el futuro en su eterno ahora. Él ve los detalles de nuestra vida en las esquinas del futuro. Está presente en nuestro mañana. No sabemos lo que es mejor para nosotros. Tenemos limitaciones inmensas. No sabemos ni orar como conviene. Muchas veces pedimos piedra pensando que estamos pidiendo un pan. Muchas veces deseamos ardientemente aquello que acabará destruyéndonos. Y no pocas veces Dios frustra nuestros designios para darnos lo mejor. El patriarca Job, después de pasar por varios reveses en la vida y conocer la majestad de Dios dijo: "Yo conozco que todo lo puedes, y que no puede estorbarse ningún propósito tuyo" (Job 42:2). El apóstol Pablo dice con entusiasmo: "Y sabemos que todas las cosas cooperan para bien de los que aman a Dios, de los que son llamados conforme a su propósito" (Romanos 8:28). Es bueno saber que los designios de Dios, y no nuestros propósitos, son los que permanecen, pues nuestro Dios es el Padre de las luces, la fuente de todo bien, verdadero en todas sus palabras y misericordioso en todas sus obras.

16
de diciembre

El temor del Señor, fuente de vida

El temor de Jehová es para vida, y con él vivirá lleno de reposo el hombre; no será visitado por el mal.

PROVERBIOS 19:23

El temor del Señor tiene dos corrientes. La primera habla del miedo que debemos tener de aquel que es el juez de vivos y de muertos, de aquel que tiene poder para lanzar en el fuego del infierno tanto al cuerpo como el alma. La segunda habla de la reverencia delante de aquel que asegura en sus omnipotentes manos nuestro destino. El temor del Señor no es apenas el principio de la sabiduría, sino también la fuente de la vida. El temor del Señor es un freno moral en nuestra vida. Quien teme a Dios no tiene recelo de desagradar a los hombres malos. Quien teme a Dios no se inmiscuye con el pecado. Quien teme a Dios huye de los esquemas perniciosos del mundo. Quien teme a Dios se deleita en él y protege su propia alma de muchos flagelos. Quien teme a Dios tiene una vida larga, feliz y victoriosa. Quien teme a Dios puede descansar en paz, libre de problemas. Están absolutamente equivocados aquellos que se imaginan que vivir con Dios es entrar en un gueto, sin libertad, sin alegría, privado de la verdadera felicidad. Dios no es un alguacil cósmico que nos mantiene con las riendas cortas para hacer amarga nuestra vida. Es la fuente de todo bien. Es en la presencia de Dios que existe plenitud de alegría, y solamente en su diestra hay delicias perpetuamente. Cuando tememos a Dios es que saboreamos los deliciosos manjares de su mesa y tomamos las copas de la verdadera felicidad.

17

Pereza hasta para comer

El perezoso mete su mano en el plato, y ni aun a su boca la lleva.

PROVERBIOS 19:24

La pereza es la madre de la pobreza. La pereza es más fuerte que el hambre. La pereza mata. Cierta vez oí una leyenda sobre un perezoso que estaba muriendo de hambre porque no tenía valor de trabajar. Entonces, sus vecinos resolvieron sepultarlo vivo, ya que él tenía pereza hasta para preparar la comida que alguien le regalaba. Cuando el entierro pasaba por una hacienda, el hacendado preguntó: "¿Quién murió?". Aquellos que llevaban el cortejo respondieron: "Nadie murió. Estamos llevando a ese hombre perezoso para sepultarlo vivo. Él tiene pereza de trabajar y por eso no merece vivir". Entonces el hacendado dijo: "No hagan eso. Yo tengo arroz suficiente para que ese hombre coma por el resto de la vida". Al oír estas palabras el perezoso levantó la tapa del cajón y preguntó: "¿El arroz está con cáscara o sin cáscara?". El hacendado respondió: "Claro que está con cáscara". Entonces el perezoso respondió: "Sigan adelante con el entierro". Hay gente tan negligente al punto de tener pereza hasta para llevar comida a la boca. Un individuo perezoso nunca está satisfecho con lo que usted hace. Siempre quiere algo más. Prefiere morir de hambre a trabajar. Prefiere dejar la comida en el plato que llevarla a la boca.

18
de diciembre

Quien es sabio aprende con los errores

> Hiere al escarnecedor, y el simple se hará avisado; y corrigiendo al entendido, aprenderá la ciencia.
>
> PROVERBIOS 19:25

El fracaso solamente es fracaso cuando no aprendemos con él. Cuando aprendemos con nuestros errores, o aun con los errores de los demás, nos volvemos sabios y crecemos en conocimiento. Claro, todos erramos. No es una cuestión de si erramos, sino de cuándo. Santiago dice en su epístola que todos tropezamos en muchas cosas. Una persona prudente, al ver el escarnecedor que es herido por sus errores, hace una reflexión y nota que si sigue por el mismo camino será una locura. El escarnecedor no se quebranta al ser reprendido, por eso es herido y aun así no aprende la lección. Pero el sabio actúa de forma diferente. Tiene humildad para aprender. Tiene el corazón quebrantado para ser disciplinado. Tiene disposición para hacer una revisión de ruta y cambiar de actitud. La Biblia dice que no debemos ser como el caballo y la mula que necesitan de freno para ser gobernados. Dios nos dio la inteligencia para que aprendamos con las circunstancias de la vida. Dios nos dio la percepción para que no repitamos los errores del pasado. Nuestros fracasos tienen que ser nuestros profesores y no nuestros sepultureros. La Biblia dice que el hombre que es reprendido muchas veces y endurece el corazón será quebrantado de un momento a otro sin que haya cura.

19
de diciembre

Hijos ingratos, la vergüenza de los padres

El que despoja a su padre y ahuyenta a su madre es hijo que causa vergüenza y acarrea oprobio.

PROVERBIOS 19:26

La ley de Dios puede ser sintetizada en dos mandamientos: amar a Dios y al prójimo. El amor no es tan solo el más grande de todos los mandamientos, sino también el cumplimiento de la ley y de los profetas. El amor no es solamente la más grande de todas las virtudes, sino también la señal distintiva de un verdadero cristiano. El amor es la prueba cabal de que somos convertidos, porque aquel que no ama no es nacido de Dios, ya que Dios es amor. Tampoco podemos amar a Dios sin amar al prójimo. Y no hay nadie más cercano a nosotros que nuestros padres. La orden divina para los hijos es honrar padre y madre y obedecerles en el Señor. Ese es el primer mandamiento con promesa. Los hijos que honran a los padres tienen larga vida y también prosperidad. Pero un hijo ingrato trae vergüenza para los padres y deshonra para la familia. Maltratar al padre y echar a la madre son actitudes abominables a los ojos de Dios, son crueldades muy grandes. Existen muchos hijos ingratos, que escupen en el plato que comieron. Agraden a los padres con palabras y actitudes y los abandonan a su suerte cuando llegan a viejos. Los hijos que maltratan a su padre o echan a la madre de la casa no tienen vergüenza y no sirven para nada. Los hijos que comenten tal desatino causan deshonra para la familia.

20
de diciembre

El aprendizaje
es un ejercicio continuo

Cesa, hijo mío, de escuchar las enseñanzas que te apartan de las razones de sabiduría.

PROVERBIOS 19:27

En la escuela de la vida nadie obtiene un diploma. Somos aprendices eternos. A cada etapa que avanzamos y mientras más aprendemos, más cosas tenemos que aprender. El sabio es aquel que no sabe nada. Lo que sabemos es infinitamente inferior de lo que no sabemos. Mientras más aprendemos, más tenemos la conciencia de que apenas estamos arañando la superficie del conocimiento. Solamente un insensato proclama su propia sabiduría. Solamente un tarro desocupado hace ruido. Solamente los ignorantes piensan que no tienen nada más que aprender. Nuestros oídos tienen que continuar atentos a la instrucción. Todo tiempo es tiempo de aprendizaje. Aquellos que dejan de oír la instrucción se desviarán de las palabras del conocimiento. Si usted para de aprender, olvidará lo que sabe. Quien para de aprender para de enseñar. Quien se ausenta de la escuela del aprendizaje entra en la fila de la ignorancia. El aprendizaje es un ejercicio continuo, un privilegio constante, una aventura diaria, una siembra de día y de noche y una cosecha a lo largo de la vida. Si hacemos una siembra abundante en el aprendizaje, tendremos una cosecha bendita, cuyos frutos nos deleitarán y nos fortalecerán para la jornada de la vida.

21
de diciembre

Una percepción profunda

El rey que se sienta en el trono de juicio, con su mirar disipa todo mal.

PROVERBIOS 20:8

Salomón está hablando sobre su propia experiencia. Él reinó sobre Israel durante cuarenta años. Al comienzo de su reinado, le pidió a Dios sabiduría para gobernar. Dios le dio sabiduría y riquezas. Muchas veces Salomón tuvo que juzgar las causas de su pueblo. Llegaban al rey demandas difíciles que exigían discernimiento para que fueran juzgadas con equidad. Ya vimos anteriormente como la sabiduría que Dios le dio a Salomón fue tan grande que en una ocasión, cuando vinieron dos madres trayendo un difícil problema, propuso una solución radical a nuestros ojos pero que lo llevó a concluir cuál estaba mintiendo por la decisión que cada una había tomado. Cuando un rey se sienta para juzgar, enseguida ve lo que está mal, y sus ojos disipan todo mal. ¿Cuando juzgamos lo hacemos con la sabiduría humana o vamos a Dios en oración para buscar su sabiduría? Debemos pedir a Dios, antes que riquezas y estatus, sabiduría para vivir de acuerdo a sus principios y poder tener la capacidad de disipar el mal con una mirada proveniente de lo que la Palabra de Dios nos muestra.

22
de diciembre

La justicia, alegría de unos, espanto de los otros

Es un placer para el justo el practicar la justicia; mas el espanto es para los que hacen iniquidad.

PROVERBIOS 21:15

Cuando la justicia prevalece, los malos se perturban, y los justos se alegran. Lo que es bálsamo para unos es tormento para los otros. La justicia no interesa a los que viven al margen de la ley. La verdad es una luz que incomoda los ojos enfermos de los inicuos. La justicia es como una herida en la carne de aquellos que operan el mal. Cuando se hace justicia, los malhechores se espantan y se llenan de pavor, mientras que los justos se alegran, pues para ellos la práctica de justicia es motivo de placer y deleite. El apóstol Pablo escribe a los romanos: "Porque los magistrados no están para infundir temor al que hace el bien, sino al malo. ¿Quieres, pues, no temer a la autoridad? Haz lo bueno, y tendrás alabanza de ella" (Romanos 13:3). El transgresor enseguida se aflige al ver un agente de la justicia. Un ladrón de inmediato se asusta al oír una sirena de un carro de la policía. Un conductor que es visto en una trasgresión de una ley de tránsito no se siente protegido al encontrarse con un agente de tránsito. Los que violan la ley y practican iniquidad quieren vivir en la oscuridad. La luz de la verdad les atormenta el alma, y el fulgor de la justicia les perturba el corazón. No es así la vida del justo. La práctica de la justicia es su refugio, y el fruto de la justicia, su placer.

23
de diciembre

No malgaste y tendrá abundancia

Tesoro precioso y aceite hay en la casa del sabio; mas el hombre insensato todo lo disipa.

PROVERBIOS 21:20

El que desperdicia todo lo que viene a sus manos es un insensato. La falta de previdencia lleva a la pobreza. El que malgasta tendrá falta de pan en su casa. Vivirá en la miseria y no conocerá la abundancia. Pero el sabio no gasta todo lo que gana. Es prevenido. Hace reservas y, por eso, hay riqueza en su casa y comida abundante en su mesa. De la misma manera que los ríos son formados por la suma de muchos afluentes, también la riqueza es la unión de los pocos recursos que llegan día a día. Quien gasta sin medida todo lo que entra en el presupuesto y no hace ahorro para el futuro, ese encontrará en las esquinas del mismo futuro la pobreza y la escasez. No podemos comer todas nuestras semillas. Tenemos que aprender con la hormiga, que trabaja sin descanso en el verano para tener su despensa llena en el invierno. Tenemos que trabajar con empeño, economizar con inteligencia, aplicar los recursos con sabiduría y contribuir con generosidad. En la casa del sabio hay riqueza y comodidad, en la mesa del prudente hay alimento delicioso, pero el insensato desperdicia tanto los tesoros deseables como los alimentos más deliciosos. El que malgasta tendrá los bolsillos desocupados y el estómago roncando de hambre, pero el hombre sensato tiene lo suficiente para vivir en la riqueza y en la abundancia.

24
de diciembre

Desafiar a Dios es insensatez

No hay sabiduría, ni inteligencia, ni consejo, contra Jehová.

PROVERBIOS 21:30

No hay actitud más insensata que la criatura desafíe al creador. No hay necedad más grande que el hombre se subleve contra Dios. Es una gran locura que el hombre emplee su supuesta sabiduría o su poca inteligencia y entrar en consejo contra el Señor, pues ¿quién puede luchar contra Dios y prevalecer? ¿Quién puede chocarse en esa piedra sin volverse polvo? ¿Quién puede desafiar su poder y escapar? Muchos siglos atrás los hombres entraron en consejo contra el Señor y tomaron una decisión de construir una torre, la torre de Babel, cuyo tope llegara hasta el cielo. Era una torre astrológica para lectura de los astros. Esa generación apóstata pensó que asumiría el comando del universo. Planeaban destronar a Dios de su gloria y lanzar sobre sí el yugo del Altísimo. El resultado fue la confusión de las lenguas y la dispersión de las razas entre las naciones. Dios no se deja escarnecer. De Dios no nos podemos burlar. Aquello que el hombre siembra, él cosecha. Ninguna sabiduría, inteligencia o consejo puede tener éxito contra el Señor. Ningún plan puede oponerse al Señor y salir victorioso. Todos los recursos de los hombres son nada ante Dios. ¡El eterno Dios, Creador y sustentador de la vida, Señor absoluto del universo, Juez de vivos y de muertos, aquel que está sentado en el trono y tiene las riendas de la historia en sus manos, es el vencedor invicto de todas las batallas!

25

de diciembre

Siga los avisos de señalización

El avisado ve el mal y se esconde; mas los simples pasan adelante y reciben el daño.

PROVERBIOS 22:3

Dios coloca avisos de señalización a lo largo de la carretera de la vida. El secreto de un viaje seguro es obedecer a esas señales. No observarlas es ir rumbo al desastre. Las luces rojas del mal se encienden en nuestro camino. Nos advierten sobre el peligro de continuar el viaje por esa carretera. El prudente no avanza ignorando esas advertencias. Solamente los necios cierran los ojos a esas señales y se tapan los oídos a esas advertencias. Seguir adelante cuando la prudencia nos ordena que paremos es sufrir inevitablemente la consecuencia de haber escogido de manera insensata. Cuando Pablo embarcó para Roma, avisó al capitán del barco sobre los peligros del viaje, de que entonces no era prudente partir. Pero el capitán no le dio oídos al siervo de Dios, y el viaje fue muy tormentoso; ellos enfrentaron vientos contrarios y tifones. La carga del barco se perdió, y el propio barco quedó todo despedazado. Eso porque el capitán no obedeció los avisos de señalización. La Palabra de Dios dice que el prudente advierte el peligro y busca refugio; el que no tiene experiencia sigue adelante y sufre las consecuencias. La persona sensata ve el mal y se esconde, pero la insensata sigue adelante y acaba mal. ¡Haga un viaje seguro; obedezca los avisos de señalización!

26
de diciembre

El galardón de la humildad

Riquezas, honor y vida son la remuneración de la humildad y
del temor de Jehová.

PROVERBIOS 22:4

La humildad es la reina de las virtudes. Es la puerta de entrada de las bienaventuranzas. Es la marca distintiva de los súbditos del reino de Dios. Jesús, el Hijo del Altísimo, era manso y humilde de corazón. La humildad y el temor del Señor son dos caras de la misma moneda. Es imposible ser humilde sin temer a Dios, así como también es imposible temer a Dios sin ser humilde. Tanto la humildad como el temor del Señor tienen recompensa garantizada. El galardonador es el propio Dios. Tres galardones son concedidos: riquezas, honra y vida. Riquezas sin honra tienen poco valor. Riquezas y honra sin vida no tienen provecho. Las tres bendiciones vienen consecutivas. Las riquezas que vienen como un galardón de Dios producen honra. La honra es señal de que las riquezas fueron conseguidas de manera honesta y concedidas por la bondad divina. La vida para disfrutar tanto de las riquezas como de la honra es la coronación de esas dádivas. La humildad va delante de la honra. Es la puerta de entrada de la riqueza. La humildad pavimenta el camino de la vida. El temor del Señor nos libra del mal, aleja nuestros pies de la caída, nos dirige por el camino de la prosperidad. El temor del Señor nos viste con la honra y nos concede la vida. Riquezas, honra y vida son todas dádivas de Dios. Proceden todas del cielo. Son todas destinadas a aquellos que se doblegan bajo la poderosa mano del Altísimo.

27
de diciembre

Trampas en el camino

Espinos y lazos hay en el camino del perverso; el que guarda su alma, se alejará de ellos.

PROVERBIOS 22:5

El camino del hombre malo está lleno de espinas y salpicado por muchas trampas. Es como un terreno minado, lleno de bombas mortales. Andar por ese camino es caminar para la muerte. Un camino lleno de espinas es una carretera de dolor y falta de comodidad. Las espinas hieren los pies y enredan los pasos. Las espinas nos impiden caminar victoriosamente. Lazos son tramas invisibles, pero reales. Son lazos que prenden, ardides que atraen y trampas que matan. Los placeres de la vida, las aventuras sexuales y la tentación de la ganancia fácil son banquetes que invitan. Las copas llenas de placeres resplandecen ante los ojos de los transeúntes que atraviesan ese camino. No obstante, esas copas contienen veneno, y no el vino de la alegría; generan esclavitud, en vez de libertad; promueven la muerte en lugar de la vida. El pecado es una gran falacia. Usa una máscara muy bonita y atrayente, pero por debajo de esa apariencia encantadora esconde una cara horrible, el espectro de la propia muerte. Quien guarda su alma se retira lejos del perverso. No anda en sus consejos, no se detiene en sus caminos ni se sienta en su mesa. El hombre sensato huye de las luces falsas del camino del perverso para andar en la luz verdadera de Cristo.

28

de diciembre

Ejemplo,
forma eficaz de enseñanza

Instruye al niño en el buen camino, y aun cuando envejezca no
se apartará de él.

PROVERBIOS 22:6

Los padres son los pedagogos de los hijos. Les corresponde a ellos la enseñanza de los hijos. Les compete la formación del carácter de los hijos. Pero ¿cómo se desarrolla ese proceso? Primero, los padres no deben enseñar el camino en el cual los hijos quieren andar, ya que la insensatez está en el corazón del niño. Segundo, los padres no deben enseñar el camino en el cual los hijos deben andar. Eso apenas significa apuntar una dirección para los hijos, sin estar presente en la caminata. Es lo mismo que imponer un patrón de comportamiento para los hijos, pero vivir de forma contraria a lo que se enseña. Tercero, los padres deben enseñar en el camino en el que los hijos deben andar. Enseñar en el camino significa caminar junto a los hijos, ser ejemplo para ellos, servirles de modelo y paradigma. Albert Schweitzer dijo que el ejemplo es apenas una forma de enseñar, pero la única forma eficaz de hacerlo. La actitud de los padres habla más alto que sus palabras. Los hijos no pueden escuchar la voz de los padres si la vida de ellos reprueba lo que enseñan. La enseñanza estribada en el ejemplo tiene efectos permanentes. Hasta el fin de la vida, el hijo no se desviará de ese camino aprendido con los padres.

29
de diciembre

Cuidado con los préstamos

El rico se enseñorea de los pobres, y el que toma prestado es
siervo del que presta.

PROVERBIOS 22:7

L a dependencia financiera genera esclavitud. La deuda es una especie de
collar que mantiene prisionero al endeudado. Es por eso que los ricos
mandan en los pobres, pues detienen el poder económico. Quien toma prestado queda rehén del que presta. La usura es una práctica criminal. Es una
forma injusta e inicua de aprovecharse de la miseria del pobre, prestándole
dinero en el momento de la angustia, con altas tasas de intereses, para después mantenerlo como rehén. Muchos ricos sin escrúpulos y avaros, movidos
por una ganancia insaciable, aprovechan el sofoco del pobre para prestarle
dinero en condiciones desfavorables, apenas para quitarle con violencia sus
pocos bienes. En el tiempo de Nehemías, gobernador de Jerusalén, los ricos
que prestaban dinero a los pobres ya habían tomado sus tierras, vides, casas e
inclusive esclavizado a sus hijos para saldar una deuda impagable. El profeta
Miqueas denuncia esa forma de opresión, diciendo que en su tiempo muchos
ricos estaban comiendo la carne de los pobres. Una persona sabia es contro-
lada en sus negocios y no cede a la presión ni a la seducción del consumismo.
No se aventura en deudas que crecen como hongos, pues sabe que el que toma
prestado es siervo del que presta.

30
de diciembre

Lo que el hombre siembre eso segará

El que siembra iniquidad, iniquidad segará, y la vara de su insolencia se consumirá.

PROVERBIOS 22:8

La ley de la siembra y la cosecha es un principio universal. No podemos sembrar el mal y segar el bien. No podemos sembrar vientos y cosechar bonanza. No podemos plantar espinas y cosechar higos. No es posible sembrar en la carne y cosechar vida eterna. Dios no se deja escarnecer. Él va a retribuir a cada uno según sus obras y dará la cosecha a cada uno de acuerdo a lo que sembró. "Pues todo lo que el hombre siembre, eso también segará" (Gálatas 6:7). El que siembre con injusticia cosechará males. Quien siembra maldad cosechará desgracia y será castigado por su propio odio. El castigo de su indignación será completo. Muchas personas actúan como si esa ley fuese una farsa. Pasan la vida sembrando la maldad y esperan al final cosechar bondades. Hacen de su historia una siembra maldita de odio y esperan cosechar los frutos de la santidad. Eso es absolutamente imposible. Así como no podemos negar ni alterar la ley de la gravedad, tampoco podemos alterar leyes morales y espirituales. Si queremos hacer una cosecha de justicia, deberemos proferir palabras verdaderas y regadas de amor y realizar buenas obras que bendicen a las personas y glorifican a Dios.

La recompensa de la generosidad

> El ojo misericordioso será bendecido, porque da de su pan
> al indigente.
>
> **PROVERBIOS 22:9**

L a generosidad es el camino de la prosperidad. En el reino de Dios, usted
tiene lo que da y pierde lo que retiene. Quien cierra las manos con usura
deja escapar entre los dedos lo que intenta retener, pero quien abre las manos
para bendecir será lleno de abundancia. El alma generosa prospera, pero quien
retiene más de lo que es justo sufre grandes pérdidas. Quien le da al pobre le
presta a Dios. Aquello que le hacemos al prójimo, le hacemos a Jesús. Hasta
un vaso de agua fría que le damos a alguien en nombre de Cristo no quedará
sin recompensa. Moisés orientó, de la parte de Dios, el pueblo de Israel en los
siguientes términos: "Cuando haya en medio de ti algún menesteroso entre
tus hermanos en alguna de tus ciudades, en la tierra que Jehová tu Dios te da,
no endurecerás tu corazón, ni cerrarás tu mano contra tu hermano pobre, sino
que abrirás a él tu mano liberalmente, y en efecto le prestarás lo que necesi-
te. Guárdate de tener en tu corazón pensamiento perverso, diciendo: Cerca
está el año séptimo, el de la remisión, y mires con malos ojos a tu hermano
menesteroso para no darle; porque él podrá clamar contra ti a Jehová, y se te
contará por pecado. Sin falta le darás, y no serás de mezquino corazón cuando
le des; porque por ello te bendecirá Jehová tu Dios en todos tus hechos, y en
todo lo que emprendas" (Deuteronomio 15:7-10).

Notas

1 Todos los textos bíblicos están tomados de la edición Reina Valera 1977, excepto cuando se menciona otra fuente.

2 La Biblia de las Américas (LBLA), Lockman Foundation. La Habra (CA), Editorial Fundación, Casa Editorial para La Fundación Bíblica Lockman, 1998 (edición electrónica).

3 La Santa Biblia, Nueva Traducción Viviente (NTV), Carol Stream (IL), Tyndale House Publishers, 2009.

4 *Dios Habla Hoy* (DHH), Edición interconfesional de estudio (castellano peninsular), Sociedades Bíblicas Unidas, 2002.

5 Santa Biblia: Reina-Valera Actualizada (RVA), El Paso, Baptist Spanish Publishing House, 1989 (edición electrónica de la edición de 1989).

OTROS TÍTULOS
DE LA COLECCIÓN DEVOCIONALES

LECTURAS MATUTINAS
365 lecturas diarias
C. H. Spurgeon

DE DÍA EN DÍA
365 verdades por las cuales vivir
William MacDonald

EN POS DE LO SUPREMO
365 lecturas devocionales
Oswald Chambers

CREER Y COMPRENDER
365 reflexiones para un cristianismo integral
Arturo I. Rojas Ruiz

CREER Y PENSAR
365 reflexiones para un cristianismo integral
Arturo I. Rojas Ruiz

GOTAS DE ALEGRÍA PARA EL ALMA
365 reflexiones diarias
Hernandes Dias Lopes

GOTAS DE CONSUELO PARA EL ALMA
365 reflexiones diarias
Hernandes Dias Lopes

GOTAS DE SABIDURÍA PARA EL ALMA
365 reflexiones diarias
Hernandes Dias Lopes

GOTAS DE ALEGRÍA, CONSUELO Y SABIDURÍA PARA EL ALMA
365 reflexiones diarias
Hernandes Dias Lopes